RÉALISEZ VOTRE SITE WEB AVEC

HTML 5 et CSS 3

DANS LA MÊME COLLECTION

J. Pardanaud, S. de la Marck. – **Découvrez le langage JavaScript.**
N°14399, 2017, 478 pages.

A. Bacco. – **Développez votre site web avec le framework Symfony3.**
N°14403, 2016, 536 pages.

M. Chavelli. – **Découvrez le framework PHP Laravel.**
N°14398, 2016, 336 pages.

R. De Visscher. – **Découvrez le langage Swift.**
N°14397, 2016, 128 pages.

M. Lorant. – **Développez votre site web avec le framework Django.**
N°21626, 2015, 285 pages.

E. Lalitte. – **Apprenez le fonctionnement des réseaux TCP/IP.**
N°21623, 2015, 300 pages.

M. Nebra, M. Schaller. – **Programmez avec le langage C++.**
N°21622, 2015, 674 pages.

SUR LE MÊME THÈME

H. Bersini. – **La programmation orientée objet.**
N°67399, 7e édition, 2017, 696 pages.

P. Martin, J. Pauli, C. Pierre de Geyer, É. Daspet. – **PHP 7 avancé.**
N°14357, 2016, 732 pages.

E. Biernat, M. Lutz. – **Data science : fondamentaux et études de cas.**
N°14243, 2015, 312 pages.

B. Philibert. – **Bootstrap 3 : le framework 100 % web design.**
N°14132, 2015, 318 pages.

C. Delannoy. – **Le guide complet du langage C.**
N°14012, 2014, 844 pages.

Mathieu Nebra

RÉALISEZ VOTRE SITE WEB AVEC

HTML 5 et CSS 3

2e édition

OPENCLASSROOMS

EYROLLES

ÉDITIONS EYROLLES
61, bd Saint-Germain
75240 Paris Cedex 05
www.editions-eyrolles.com

ISBN : 978-2-212-67476-7

Avant-propos

Vous souhaitez créer vos propres sites web ? Dans ce livre, vous apprendrez comment utiliser HTML 5 et CSS 3, les deux langages de programmation à la base de tous les sites web actuels. Nous mettrons un point d'honneur à vous enseigner ces langages tels que nous aurions voulu qu'ils nous soient enseignés.

Vous pensez peut être que vous n'êtes pas fait pour apprendre un langage informatique, mais ne vous inquiétez pas : HTML et CSS sont des langages simples, que nous allons découvrir pas à pas, au cours de nombreux exercices. Vous serez bientôt capable d'ajouter du texte à votre site, de construire un menu de navigation, d'insérer des images… Et bien plus encore !

Alors prêt à réaliser un site web de A à Z ?

Objectifs pédagogiques

À la fin de cet ouvrage, vous saurez…

- maîtriser les langages HTML et CSS ;
- créer des pages web en HTML et CSS ;
- structurer une page web ;
- transformer une maquette en page web ;
- envoyer un site en ligne.

Aucun pré-requis n'est nécessaire.

Structure de l'ouvrage

Le plan de ce livre a été conçu pour faciliter votre apprentissage du HTML 5 et du CSS 3. Quatre parties vous sont ainsi proposées pour apprendre les bases du HTML 5, découvrir les joies de la mise en forme avec CSS, mettre en page un site web et enfin y ajouter des fonctionnalités évoluées comme des tableaux, des formulaires, du son ou de la vidéo.

S'ajoute à cela un TP qui vous permettra de créer un site pas à pas, du maquettage du design à l'organisation du contenu en HTML en passant par la mise en forme CSS ou la validation du code source.

Enfin, dernier détail et non des moindres, trois annexes ont été ajoutées pour vous permettre de publier votre site sur le Web et découvrir les principales balises HTML en plus des propriétés CSS les plus utilisées.

Comment lire ce livre ?

Suivez l'ordre des chapitres

Lisez ce livre comme on lit un roman. Il a été conçu pour cela. Contrairement à beaucoup de livres techniques où il est courant de lire en diagonale et de sauter certains chapitres, il est ici fortement recommandé de suivre l'ordre du livre, à moins que vous ne soyez déjà, au moins un peu, expérimenté.

Pratiquez en même temps

Pratiquez régulièrement. N'attendez pas d'avoir fini de lire ce livre pour allumer votre ordinateur.

Les compléments web

Pour télécharger le code source des exemples de cet ouvrage, veuillez vous rendre à cette adresse : http://www.editions-eyrolles.com/dl/0067476.

Remerciements

Je souhaite remercier un certain nombre de personnes qui, de près ou de loin, ont contribué à la naissance de cet ouvrage :

Ma famille, qui continue de me témoigner sa confiance et qui suit toujours avec attention mes projets.

Élodie, pour son soutien, indéfectible. Cet ouvrage t'es dédié en souvenir de cette magnifique journée d'été.

Pierre Dubuc, qui continue à soulever des montagnes pour faire vivre notre projet commun.

L'ensemble de l'équipe d'OpenClassrooms.

Johann Pardanaud et Julien Villetorte, pour leur relecture et leurs conseils avisés.

Vous tous, chers lecteurs, avec qui je prends toujours autant de plaisir à partager mes connaissances. Bonne lecture !

Table des matières

Première partie

Les bases de HTML 5

Vous n'avez peut-être jamais entendu parler du HTML, ou alors seulement de façon très vague. Pas de panique, les explications arrivent dès le premier chapitre… et la pratique suit juste après !

Nous commencerons par présenter comment les sites web fonctionnent, puis nous téléchargerons tous les programmes (gratuits) nécessaires pour bien travailler.

À la fin de cette partie, vous saurez déjà insérer du texte, des liens et des images.

1 Comment fait-on pour créer des sites web ?

Vidéo d'introduction

Mathieu Nebra nous présente dans cette vidéo de près de 6 minutes, accessible depuis cette adresse *https://goo.gl/GUkJkm*, comment créer des sites web.

Bonjour et bienvenue à toutes et à tous !

Voici donc le premier chapitre de ce cours pour débutants, qui va vous apprendre à créer votre site web.

Nous allons passer un certain temps ensemble ; tout dépendra de la vitesse à laquelle vous apprendrez. Si vous lisez ce cours régulièrement et à une bonne vitesse, vous l'aurez terminé en une à deux semaines. Si vous avez besoin d'un délai plus long, ne vous inquiétez pas : le principal est d'aller à votre rythme, de préférence en prenant du bon temps.

Commençons par la question la plus simple, mais aussi la plus importante : **comment fonctionnent les sites web ?**

Le fonctionnement des sites web

Comment fonctionnent les sites web ?

N'ayez pas peur de poser des questions, même si vous pensez qu'elles sont « bêtes ». Il est très important d'en parler un peu avant de nous lancer dans la création de sites.

Vous consultez des sites web tous les jours. Pour cela, vous lancez un programme appelé le navigateur en cliquant sur l'une des icônes représentées à la figure suivante.

Les icônes des navigateurs web les plus répandus

Avec le navigateur, vous pouvez consulter n'importe quel site. Voici par exemple un navigateur affichant le célèbre Wikipédia :

Le site web Wikipédia

Aujourd'hui, tout le monde sait aller sur le Web… mais qui sait vraiment comment il fonctionne ? Comment créer des sites web comme celui-ci ?

J'ai entendu parler de HTML, de CSS ; est-ce que cela a un rapport avec le fonctionnement des sites web ?

Tout à fait ! Il s'agit de **langages informatiques** qui servent à créer des sites web ; ils sont incontournables et universels aujourd'hui. Ils sont à la base même du Web. Le langage HTML a été inventé par un certain Tim Berners-Lee en 1991…

Tim Berners-Lee a créé le *World Wide Web Consortium* (W3C, http://www.w3.org/), qui définit les nouvelles versions des langages utilisés pour construire les sites. Il a par ailleurs créé plus récemment la *World Wide Web Foundation*, qui analyse et suit l'évolution du Web.

De nombreuses personnes confondent (à tort) Internet et le Web. Il faut savoir que le Web *fait partie* d'Internet.

Internet est un grand ensemble qui comprend, entre autres : le Web, les e-mails, la messagerie instantanée, etc.

Tim Berners-Lee n'est donc pas l'inventeur d'Internet, mais « seulement » celui du Web.

Les langages HTML et CSS sont à la base du fonctionnement de tous les sites. Quand vous utilisez votre navigateur, il faut savoir que, en coulisses, des rouages s'activent pour permettre au site web de s'afficher. L'ordinateur se base sur ce qu'on lui a expliqué en HTML et CSS pour savoir ce qu'il doit afficher.

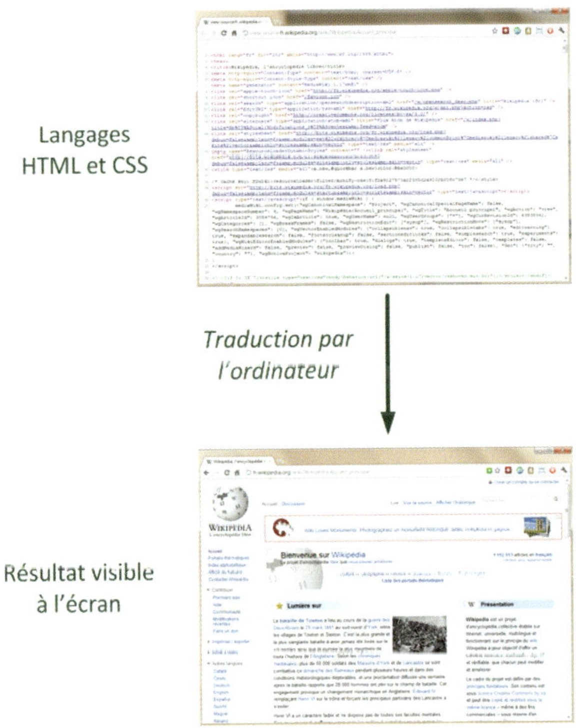

Du HTML à l'écran

HTML et CSS sont deux « langues » qu'il faut savoir parler pour créer des sites. C'est le navigateur qui fera la traduction entre ces langages informatiques et ce que vous verrez s'afficher à l'écran.

HTML et CSS : deux langages pour créer un site web

Pour créer un site, on doit donner des instructions à l'ordinateur. Il ne suffit pas simplement de taper le texte qui devra figurer à l'écran (comme on le ferait dans un traitement de texte) ; il faut aussi indiquer où placer ce texte, insérer des images, faire des liens entre les pages, etc.

Les rôles de HTML et CSS

Pour expliquer à l'ordinateur ce que vous voulez faire, il va falloir utiliser un langage qu'il comprend. Et c'est là que les choses se corsent, parce qu'*il va falloir apprendre deux langages* !

Pourquoi avoir créé deux langages ? Un seul aurait suffi, non ?

Vous devez vous dire que manipuler deux langages va être deux fois plus complexe et deux fois plus long à apprendre… mais ce n'est pas le cas ! Au contraire, c'est pour faciliter les choses. Nous aurons affaire à deux langages qui *se complètent,* car ils ont des rôles différents :

- **HTML** *(HyperText Markup Language)* : il a fait son apparition dès 1991 lors du lancement du Web. Son rôle est de gérer et organiser le contenu. C'est donc en HTML que vous écrirez ce qui doit être affiché sur la page : du texte, des liens, des images… Vous direz par exemple : « Ceci est mon titre, ceci est mon menu, voici le texte principal de la page, voici une image à afficher, etc. ».
- **CSS** (*Cascading Style Sheets*, aussi appelées *feuilles de styles*) : le rôle du CSS est de gérer l'apparence de la page web (agencement, positionnement, décoration, couleurs, taille du texte…). Ce langage est venu compléter le HTML en 1996.

Vous avez peut-être aussi entendu parler du langage XHTML. Il s'agit d'une variante du HTML qui se veut plus rigoureuse, donc un peu plus délicate à manipuler. Elle n'est plus vraiment utilisée aujourd'hui.

Dans ce cours, nous allons travailler sur la dernière version de HTML (HTML 5), qui est aujourd'hui le langage d'avenir que tout le monde est incité à utiliser.

Vous pouvez très bien créer un site web uniquement en HTML, mais il ne sera pas très beau : l'information apparaîtra « brute ». C'est pour cela que le langage CSS vient toujours le compléter.

Pour vous donner une idée, la figure suivante montre ce que donne la même page sans puis avec le CSS.

Le HTML définit le contenu. Le CSS permet, lui, d'arranger le contenu et de définir la présentation : couleurs, image de fond, marges, taille du texte…

Comme vous vous en doutez, le CSS a besoin d'une page HTML pour fonctionner. C'est pour cela que nous allons d'abord apprendre les bases du HTML, avant de nous occuper de la décoration en CSS.

Vos premières pages ne seront donc pas les plus esthétiques, mais qu'importe ! Cela ne durera pas longtemps.

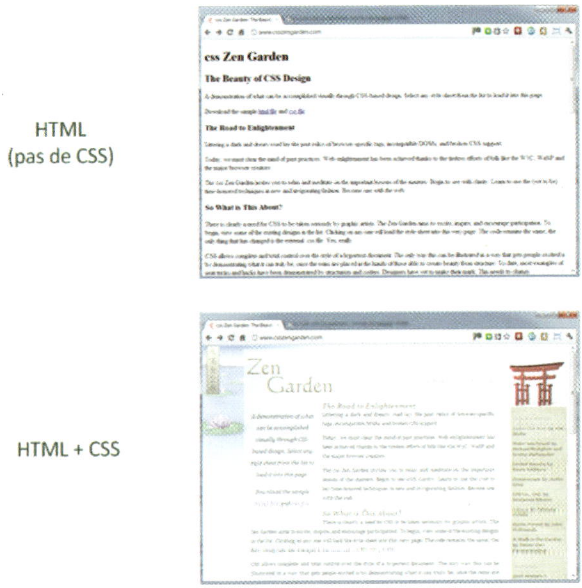

Avec et sans CSS

Les différentes versions de HTML et CSS

Au fil du temps, les deux langages, HTML et CSS, ont beaucoup évolué. Dans la toute première version de HTML, il n'était même pas possible d'afficher des images !

Les versions de HTML

- **HTML 1** : c'est la toute première version créée par Tim Berners-Lee en 1991.
- **HTML 2** : la deuxième version du HTML apparaît en 1994. C'est elle qui posera les bases des versions suivantes du langage. Ses règles et son fonctionnement sont dictés par le W3C (tandis que la première version avait été créée par un seul homme).
- **HTML 3** : apparue en 1996, cette nouvelle version ajoute de nombreuses possibilités au langage comme les tableaux, les applets, les scripts, le positionnement du texte autour des images, etc.
- **HTML 4** : cette version aura été utilisée un long moment durant les années 2000. Elle apparaît pour la première fois en 1998 et propose l'utilisation de frames (qui

découpent une page web en plusieurs parties), des tableaux plus complexes, des améliorations sur les formulaires, etc. Surtout, cette version permet pour la première fois d'exploiter des feuilles de styles, notre fameux CSS !

- **HTML 5** : c'est la version actuelle. De plus en plus répandue, elle fait beaucoup parler d'elle car elle apporte de nombreuses améliorations comme l'inclusion facile de vidéos, un meilleur agencement du contenu, de nouvelles fonctionnalités pour les formulaires, etc. C'est elle que nous allons découvrir ensemble.

Les versions de CSS

- **CSS 1 :** dès 1996, on dispose de la première mouture du CSS. Elle pose les bases pour présenter sa page web, comme les couleurs, les marges, les polices de caractères, etc.
- **CSS 2 :** apparue en 1999 puis complétée par CSS 2.1, cette nouvelle version ajoute de nombreuses options. On peut désormais utiliser des techniques de positionnement très précises, pour afficher les éléments où on le souhaite sur la page.
- **CSS 3 :** c'est la version actuelle, qui apporte des fonctionnalités particulièrement attendues comme les bordures arrondies, les dégradés, les ombres, etc.

Notez que HTML 5 et CSS 3 ne sont pas encore des versions « officiellement » finalisées par le W3C. Cependant, même s'il peut y avoir des changements mineurs dans ces langages, je vous recommande chaudement de commencer dès aujourd'hui avec ces nouvelles versions. Leurs apports sont nombreux et en valent vraiment la peine. Les sites web professionnels se construisent aujourd'hui pour la plupart sur ces dernières versions.

L'éditeur de texte

De quel logiciel vais-je avoir besoin pour créer mon site web ? Vais-je devoir casser ma tirelire pour acheter un logiciel très complexe que je vais mettre des mois à comprendre ?

Il existe effectivement de nombreux logiciels dédiés à la création de sites web. Cependant, vous n'aurez pas à débourser un seul centime. Pourquoi aller chercher un logiciel payant et compliqué, alors que vous avez déjà tout ce qu'il faut chez vous ?

Eh oui, il suffit de… Bloc-Notes ! On peut tout à fait créer un site web uniquement avec ce logiciel d'édition de texte intégré par défaut à Windows.

Il y a cependant des logiciels plus puissants aujourd'hui et personne n'utilise vraiment Bloc-Notes. On peut classer ces logiciels de **création de site web** en deux catégories :

- Les **WYSIWYG** (*What You See Is What You Get* – Ce que vous voyez est ce que vous obtenez). Ce sont des programmes qui se veulent très faciles d'emploi. Ils permettent de créer des sites web sans apprendre de langage particulier. Parmi les plus connus d'entre eux, citons Mozilla Composer, Microsoft Expression Web, Dreamweaver… et même Word ! Leur principal défaut est la qualité souvent assez mauvaise du code qui est automatiquement généré par ces outils. Un bon créateur de site web doit tôt ou tard connaître HTML et CSS ; c'est pourquoi je ne recommande pas l'usage de ces outils.

- Les **éditeurs de texte**. Ce sont des programmes dédiés à l'écriture de code. On peut en général les utiliser pour de multiples langages, pas seulement HTML et CSS. Ils se révèlent être de puissants alliés pour les créateurs de sites web !

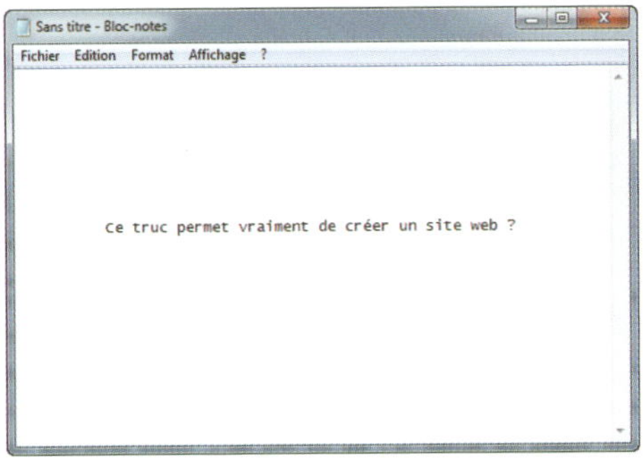

Le logiciel Bloc-notes de Windows

Vous l'aurez compris, je vais vous inviter à utiliser un éditeur de texte dans ce cours.

De nombreux éditeurs de texte fonctionnent, que vous soyez sous Windows, Mac OS X ou Linux (ils sont disponibles partout). Je vais vous en proposer plusieurs pour que vous ayez le choix, même si ma préférence va à Sublime Text.

Sublime Text

Sublime Text (*http://www.sublimetext.com/*) est devenu très populaire parmi les développeurs. On l'utilise aussi bien pour développer en HTML et CSS que dans d'autres langages (Python, Ruby, etc.). Il fonctionne sur Windows, Mac OS X et Linux.

Il a l'avantage d'être simple, épuré et facile à lire dès le départ ; pas de centaines de boutons dont on ne comprend pas à quoi ils servent.

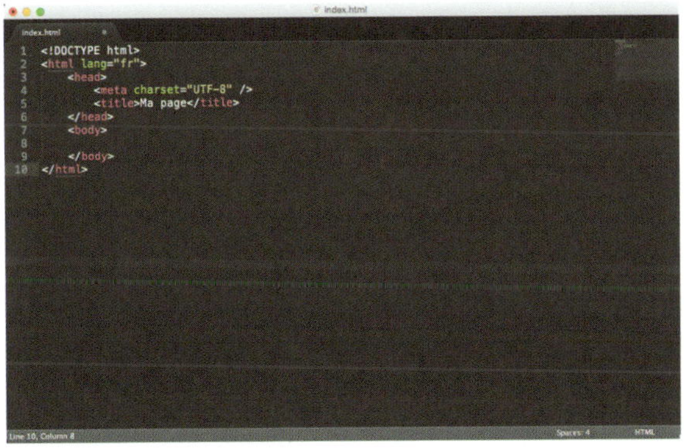

L'éditeur Sublime Text : c'est beau, c'est propre, c'est pur.

Malgré les apparences, il ne faut pas croire qu'il est limité. Au contraire : il est possible de l'étendre avec tout un système de plug-in. Cela devient un peu plus compliqué et on ne rentrera pas là-dedans, mais il faut savoir que certains personnalisent énormément leur Sublime Text pour gagner du temps.

En somme, **Sublime Text est à la fois simple et puissant**. Même pour l'usage basique que nous allons avoir, il s'avérera très pratique.

Sublime Text peut tout à fait être utilisé gratuitement mais, de temps en temps, un écran vous rappellera que ce serait bien de rétribuer son auteur si vous appréciez son logiciel.

Personnellement, je considère qu'il en vaut vraiment le coup et je l'ai acheté.

Sous Windows

Voici quelques logiciels que vous pouvez essayer sous Windows si vous voulez en tester plusieurs :

- Sublime Text *http://www.sublimetext.com/* (j'insiste) ;
- Notepad++ *https://notepad-plus-plus.org/fr/* ;
- Brackets *http://brackets.io/* ;
- jEdit *http://jedit.org/* ;
- PSpad *http://telecharger.tomsguide.fr/PSPad,0301-1325.html* ;
- ConTEXT *http://telecharger.tomsguide.fr/ConTEXT,0301-918.html* ;
- … et bien d'autres si vous recherchez « Éditeur de texte » sur le Web.

Sous Mac OS X

Voici une petite sélection :

- Sublime Text *http://www.sublimetext.com/* ;
- Brackets *http://brackets.io/* ;
- jEdit *http://telecharger.tomsguide.fr/jEdit,0301-5665-3233.html* ;
- Smultron *http://telecharger.tomsguide.fr/Smultron,0301-5969.html* ;
- TextWrangler *http://telecharger.tomsguide.fr/TextWrangler,0301-46204.html*.

Sous Linux

Les éditeurs de texte sont légion sous Linux. Certains d'entre eux sont installés par défaut, d'autres peuvent être téléchargés facilement *via* le centre de téléchargement (sous Ubuntu notamment) ou au moyen de commandes comme `apt-get` et `aptitude`. En voici quelques-uns que vous pouvez tester :

- Sublime Text *http://www.sublimetext.com/* ;
- Brackets *http://brackets.io/* ;
- gEdit ;
- Kate ;
- vim *http://telecharger.tomsguide.fr/Vim,0301-11950-6689.html* ;
- Emacs ;
- jEdit *http://telecharger.tomsguide.fr/jEdit,0301-5665-3234.html*.

Les navigateurs

Pourquoi le navigateur est-il important ?

Le navigateur est le programme qui nous permet de voir les sites web. Son travail consiste à interpréter le code HTML et CSS pour afficher un résultat visuel à l'écran. Si votre code CSS dit « Les titres sont en rouge », alors le navigateur affichera les titres en rouge. Le rôle de ce dernier est donc essentiel !

Un navigateur est un programme extrêmement complexe. En effet, comprendre le code HTML et CSS n'est pas une mince affaire. Le principal problème, vous vous en rendrez vite compte, c'est que *les différents navigateurs n'affichent pas le même site exactement de la même façon* ! Il faudra vous y faire et prendre l'habitude de vérifier régulièrement que votre site fonctionne correctement sur la plupart d'entre eux.

Les navigateurs sur ordinateur

Télécharger les navigateurs

Les principaux à connaître sont présentés dans le tableau suivant.

Il est conseillé d'installer plusieurs navigateurs sur son ordinateur pour s'assurer que son site fonctionne correctement sur chacun d'eux. De manière générale, je conseille de tester son site web régulièrement au moins sur Chrome, Firefox et Internet Explorer/Edge.

Notez que Safari et Chrome affichent les sites web quasiment de la même façon. Il n'est pas forcément nécessaire de tester son site sur Safari et Google Chrome, même si c'est toujours plus sûr.

NAVIGATEUR	SYSTÈME	TÉLÉCHARGEMENT	COMMENTAIRES
Google Chrome	Windows Mac Linux	*http://telecharger.tomsguide.fr/Google-Chrome,0301-22858-15489.html*	Le navigateur de Google, simple d'emploi et très rapide.
Mozilla Firefox	Windows Mac Linux	*http://telecharger.tomsguide.fr/Mozilla-Firefox,0301-7374-39660.html*	Le navigateur de la fondation Mozilla, célèbre et réputé.
Internet Explorer	Windows	(Déjà installé sur Windows)	Le navigateur de Microsoft, qui équipe tous les PC sous Windows jusqu'à la version 10.
Edge	Windows	(Déjà installé sur Windows 10)	Le nouveau navigateur de Microsoft, qui équipe tous les PC à partir de Windows 10. Il ressemble à Internet Explorer (les logos sont proches), mais c'est une toute nouvelle version bien plus à jour. Edge est le remplaçant d'Internet Explorer. Internet Explorer → Edge
Safari	Windows Mac	*http://telecharger.tomsguide.fr/Safari-navigateur-internet,0301-9899-38100.html* (Déjà installé sur Mac OS X)	Le navigateur d'Apple, qui équipe tous les Mac.
Opera	Windows Mac Linux	*http://telecharger.tomsguide.fr/Opera,0301-24290-47848.html*	L'éternel *outsider*. Il est moins utilisé mais propose de nombreuses fonctionnalités.

La figure suivante vous montre un aperçu du résultat produit par quelques-uns de ces principaux navigateurs sur la page d'accueil de Google.

Aperçu de quelques navigateurs

Comprendre les différences entre navigateurs

À première vue, ces navigateurs se ressemblent beaucoup. Toutefois, ils n'affichent pas toujours un site web *exactement* de la même façon. Cela est dû au fait qu'ils ne connaissent pas toujours les dernières fonctionnalités de HTML et CSS. Par exemple, Internet Explorer a longtemps été en retard sur certaines fonctionnalités CSS (et paradoxalement, il a aussi été en avance sur quelques autres).

Pour compliquer les choses, **plusieurs versions des navigateurs co-existent**. Aujourd'hui par exemple, Chrome sort une nouvelle version presque tous les mois. Les mises à jour sont (heureusement) de plus en plus fréquentes.

Chaque version prend en charge de nouvelles fonctionnalités mais, si les utilisateurs ne mettent pas à jour leur(s) navigateur(s), cela devient un problème pour les **webmasters** comme vous qui créent des sites web.

Chrome a résolu en grande partie le problème en mettant en place des mises à jour automatiques, sans intervention de l'utilisateur. Firefox a semble-t-il décidé de suivre le rythme lui aussi. Internet Explorer est de plus en plus à jour et son remplaçant Edge n'a pas à rougir des autres navigateurs.

Aujourd'hui, les navigateurs reconnaissent un grand nombre de fonctionnalités. La compatibilité reste toujours un problème malgré tout, mais ce n'est pas aussi grave qu'il y a quelques années.

Le célèbre site **caniuse.com** (*http://caniuse.com/*) tient à jour une liste des fonctionnalités prises en charge par les différentes versions de chaque navigateur (figure suivante).

Les problèmes viennent le plus souvent d'anciennes versions d'Internet Explorer (IE7, IE8...), mais celles-ci sont aujourd'hui si peu utilisées que vous pouvez les ignorer.

Il est possible de tester son site sous le navigateur Internet Explorer à l'aide d'une machine virtuelle comme VirtualBox (*https://www.virtualbox.org/*, gratuite). Le site *modern.ie* (*http://dev.modern.ie/tools/vms/*) de Microsoft offre des « images disque » qui vous permettent de faire tourner sur votre ordinateur n'importe quelle version de Windows avec Internet Explorer ou Edge. Attention cependant : ces images sont grosses et consomment de la mémoire.

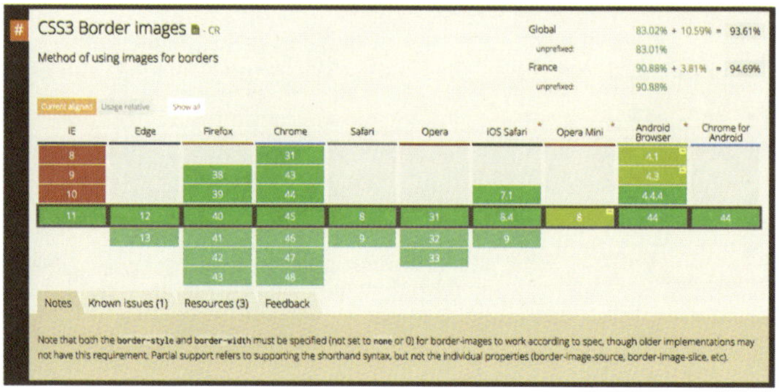

caniuse.com vous informe sur la compatibilité d'une fonctionnalité.

Les navigateurs sur mobile

Il existe des variantes des navigateurs précédemment cités conçues pour les téléphones portables, en particulier pour les **smartphones**.

De plus en plus de personnes consultent aujourd'hui des sites web sur leur portable. Il faut donc connaître un minimum le fonctionnement des navigateurs des téléphones.

En fait, vous n'allez pas être dépaysé : dans la plupart des cas, on retrouve les mêmes navigateurs que sur ordinateur, dans une version plus légère adaptée aux mobiles. Tout dépend du type de téléphone.

- **iPhone :** sur l'iPhone d'Apple, le navigateur utilisé est Safari Mobile. Il s'agit d'une version *light* et néanmoins très complète de Safari pour ordinateur.
- **Android :** les portables sous Android bénéficient du navigateur Chrome Mobile. Là encore, il s'agit d'une version adaptée.
- **Windows Phone :** sous Windows Phone, on retrouve… Internet Explorer/Edge Mobile !
- **Blackberry :** les Blackberry font exception car ils ont leur propre navigateur (il n'existe pas d'équivalent sur ordinateur). Néanmoins, les versions les plus récentes de ce navigateur se basent sur un noyau commun à Safari et Chrome (il s'agit du moteur de rendu Webkit). Par conséquent, l'affichage est en général similaire. Enfin, il faut reconnaître que les Blackberry sont de moins en moins utilisés.

Les navigateurs pour mobiles prennent en charge la plupart des dernières fonctionnalités de HTML et CSS. De plus, le système de mise à jour automatisé des mobiles nous garantit que les utilisateurs auront le plus souvent les dernières versions.

Sachez néanmoins que des différences existent entre ces navigateurs mobiles et qu'il est conseillé de tester son site sur ces appareils aussi ! En particulier, l'écran étant beaucoup moins large, il faudra vérifier que votre site s'affiche correctement.

Les tablettes tactiles sont équipées des mêmes navigateurs, l'écran est simplement plus large. Ainsi, l'iPad est fourni avec Safari Mobile.

En résumé

- Le Web a été inventé par Tim Berners-Lee au début des années 1990.
- Pour créer des sites web, on utilise deux langages informatiques :
  - HTML pour écrire et organiser le contenu de la page (paragraphes, titres...) ;
  - CSS pour mettre en forme la page (couleur, taille...).
- Il y a eu plusieurs versions des langages HTML et CSS. Les dernières sont HTML 5 et CSS 3.
- Le navigateur web est un programme qui sert à afficher des sites web. Il lit le code HTML et CSS pour savoir ce qu'il doit afficher.
- Il existe de nombreux navigateurs différents : Chrome, Firefox, Internet Explorer, Safari, Opera... Chacun affiche un site web de manière légèrement différente des autres.
- Dans ce cours, nous allons apprendre à utiliser les langages HTML et CSS. Nous travaillerons dans un programme appelé « éditeur de texte » (Sublime Text, Notepad++, jEdit, vim...).

2 Votre première page web en HTML

Vidéo d'introduction

Mathieu Nebra nous présente dans cette vidéo de près de 5 minutes, accessible depuis cette adresse *https://goo.gl/3mcYp1*, comment concevoir votre première page en HTML.

Ça y est, vous avez installé tous les logiciels. Vous devriez maintenant avoir un éditeur de texte pour *créer votre site* (comme Sublime Text) et plusieurs navigateurs pour le *tester* (Firefox, Chrome...).

Commençons à pratiquer ! Nous allons découvrir les bases du langage HTML et enregistrer notre toute première page web. Bien sûr, ne vous attendez pas encore à réaliser une page exceptionnelle dès ce second chapitre, mais patience... cela viendra !

Créer une page web avec l'éditeur

Nous allons créer notre site dans un éditeur de texte. Dans la suite de ce cours, je travaillerai avec Sublime Text.

Ouverture de Sublime Text

Qu'allons-nous écrire sur cette feuille blanche (euh... noire) ?

On va faire un petit essai. Je vous invite à écrire quelques lignes, ce qui vous passe par la tête.

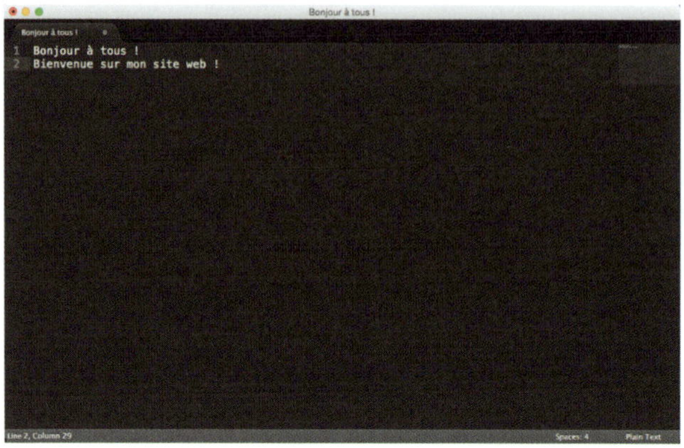

Du texte dans Sublime Text

Maintenant, enregistrons ce fichier : ***Fichier>Enregistrer*** (ou ***File>Save*** en anglais). Enregistrez-le où vous voulez et donnez-lui le nom de votre choix, en terminant par `.html`.

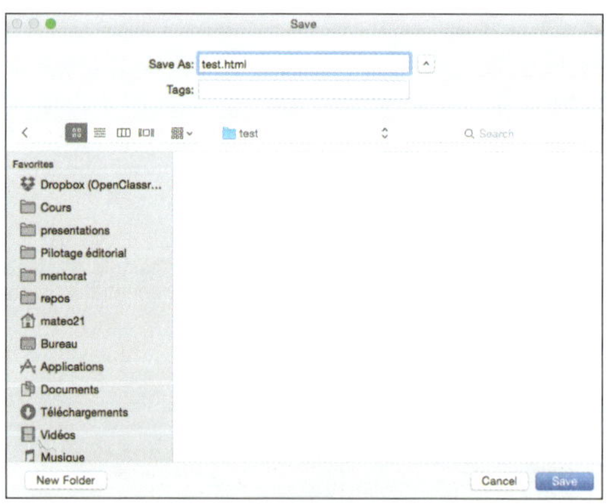

Enregistrement d'un fichier sous Sublime Text

Je vous recommande de créer un nouveau dossier dans vos documents, qui contiendra les fichiers de votre site. Pour ma part j'ai créé un dossier `test` dans lequel j'ai enregistré mon fichier `test.html`.

Ouvrez maintenant l'explorateur de fichiers dans le dossier où vous avez enregistré votre page (l'Explorateur sous Windows ou le Finder sous Mac). Vous y voyez le fichier que vous venez de créer :

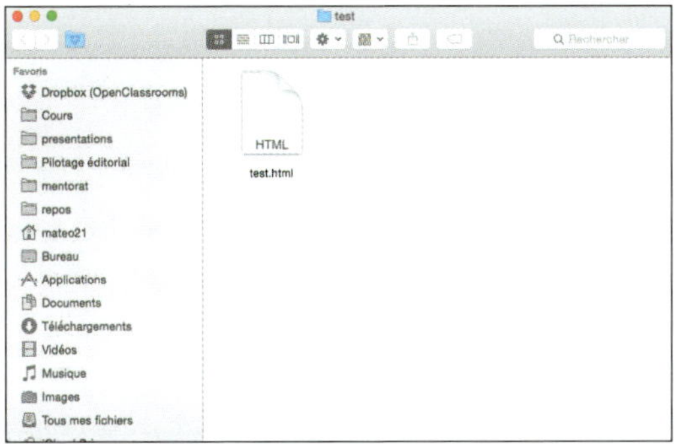

Le fichier dans l'explorateur

L'icône qui représente le fichier dépend en général de votre navigateur web par défaut. Vous pouvez voir une icône de Firefox, de Chrome... ou un aperçu comme dans la figure précédente. N'y prêtez pas attention. Double-cliquez sur ce fichier et… votre navigateur s'ouvre et affiche le texte que vous avez écrit.

La page web affichée

Cela ne marche pas bien, on dirait ! Tout le texte s'affiche sur la même ligne alors qu'on avait écrit deux lignes de texte différentes !?

En effet ! Pour créer une page web, il ne suffit pas de saisir simplement du texte comme on vient de le faire. Il faut aussi ajouter ce qu'on appelle des **balises**, qui vont donner des instructions à l'ordinateur comme « aller à la ligne », « afficher une image », etc.

Les balises et leurs attributs

Tout cela était trop facile. Évidemment, il a fallu que les informaticiens s'en mêlent et compliquent les choses. Il ne suffit pas d'écrire « simplement » du texte dans l'éditeur ; il faut aussi donner des instructions à l'ordinateur. En HTML, on utilise pour cela des **balises**.

Les balises

Les pages HTML sont remplies de balises. Elles sont invisibles à l'écran pour vos visiteurs, mais elles indiquent à l'ordinateur comment comprendre ce qu'il doit afficher.

Les balises se repèrent facilement. Elles sont entourées de « chevrons », c'est-à-dire des symboles < et >, comme ceci : `<balise>`.

Elles indiquent la nature du texte qu'elles encadrent. Elles signifient par exemple : « Ceci est le titre de la page », « Ceci est une image », « Ceci est un paragraphe de texte », etc.

On en distingue deux types : les balises en paires et les balises orphelines.

Les balises en paires

Elles s'ouvrent, contiennent du texte et se ferment plus loin. Voici à quoi elles ressemblent :

```
<titre>Ceci est un titre</titre>
```

On distingue une balise ouvrante (`<titre>`) et une balise fermante (`</titre>`). Cet exemple signifie pour l'ordinateur que tout ce qui *n'est pas* entre ces deux balises… n'est pas un titre.

```
Ceci n'est pas un titre <titre>Ceci est un titre</titre> Ceci n'est pas un
titre
```

Les balises orphelines

Ces balises servent le plus souvent à insérer un élément à un endroit précis, par exemple une image. Il n'est pas nécessaire de délimiter le début et la fin de l'image ; on veut juste dire à l'ordinateur : « Insère une image ici ». Une balise orpheline s'écrit comme ceci :

```
<image />
```

Notez que le / de fin n'est pas obligatoire. On pourrait écrire seulement `<image>`. Néanmoins, pour ne pas les confondre avec le premier type de balise, les webmasters recommandent d'ajouter ce symbole à la fin des balises orphelines.

Les attributs

Les attributs sont un peu les options des balises. Ils viennent les compléter pour donner des informations supplémentaires. L'attribut se place après le nom de la balise ouvrante et a le plus souvent une valeur :

```
<balise attribut="valeur">
```

Prenons la balise `<image />`. Seule, elle ne sert pas à grand-chose. On doit notamment ajouter un attribut qui indique le nom de l'image à afficher :

```
<image nom="photo.jpg" />
```

L'ordinateur comprend alors qu'il doit afficher le contenu du fichier `photo.jpg`.

Dans le cas d'une balise fonctionnant « par paire », on n'écrit les attributs que dans la balise ouvrante. Par exemple, le code suivant indique que la citation est de Neil Armstrong et qu'elle date du 21 juillet 1969 :

```
<citation auteur="Neil Armstrong" date="21/07/1969">
C'est un petit pas pour l'homme, mais un bond de géant pour l'humanité.
</citation>
```

Toutes les balises que nous venons de voir sont fictives. Les vraies balises ont des noms en anglais. Nous allons les découvrir dans la suite de ce cours.

Structure de base d'une page HTML 5

Reprenons notre éditeur de texte. Saisissez le code source ci-après dans votre éditeur de texte. Il correspond à la base d'une page web en HTML 5.

```
<!DOCTYPE html>
```

```
<html>
    <head>
        <meta charset="utf-8" />
        <title>Titre</title>
    </head>

    <body>

    </body>
</html>
```

J'ai mis des espaces au début de certaines lignes pour « décaler » les balises. Ce n'est pas obligatoire et cela n'a aucun impact sur l'affichage de la page, mais cela rend le code source plus lisible. On appelle cela l'**indentation**. Dans votre éditeur, il suffit d'appuyer sur la touche ***Tab*** pour avoir le même résultat.

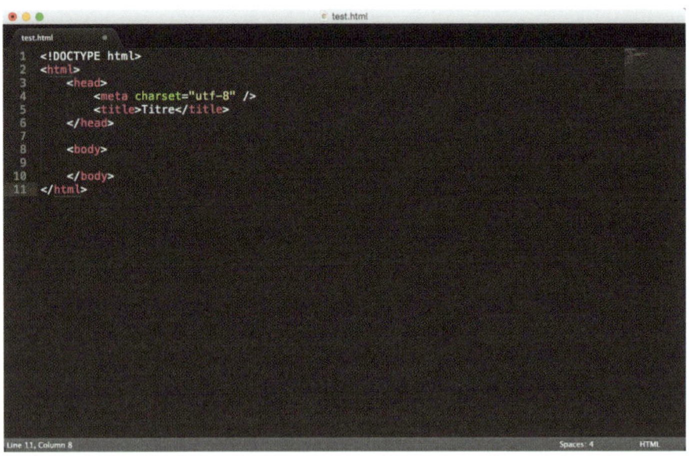

Code HTML 5 minimal

Vous noterez que les balises s'ouvrent et se ferment dans un ordre précis. En particulier, `<html>` est la première qu'on ouvre et c'est aussi la dernière qu'on ferme (tout à la fin du code, avec `</html>`). *Les balises doivent être fermées dans le sens inverse de leur ouverture* :

- `<html><body></body></html>` : **correct**. Une balise qui est ouverte à l'intérieur d'une autre doit aussi être fermée à l'intérieur.
- `<html><body></html></body>` : **incorrect**, les balises s'entremêlent.

Ne prenez pas peur en voyant toutes ces balises d'un coup, je vais vous expliquer leur rôle !

Le doctype

```
<!DOCTYPE html>
```

La toute première ligne s'appelle le **doctype**. Elle est indispensable car c'est elle qui indique qu'il s'agit bien d'une page web HTML.

Ce n'est pas vraiment une balise comme les autres (elle commence par un point d'exclamation). C'est un peu l'exception qui confirme la règle.

> Cette ligne du doctype était autrefois incroyablement complexe. Il était impossible de la retenir de tête. Pour XHTML 1.0, il fallait écrire :
> `<!DOCTYPE html PUBLIC "-//W3C//DTD XHTML 1.0 Strict//EN" "http://www.w3.org/TR/xhtml1/DTD/xhtml1-strict.dtd">`.
> Dans le cadre de HTML 5, il a été décidé de la simplifier, pour le plus grand bonheur des webmasters. Quand vous voyez une balise doctype courte (`<!DOCTYPE html>`), cela signifie que la page est écrite en HTML 5.

La balise <html>

```
<html>

</html>
```

C'est la balise principale du code. Elle englobe tout le contenu de votre page. Comme vous pouvez le voir, la balise fermante `</html>` se trouve tout à la fin du code !

L'en-tête <head> et le corps <body>

Une page web est constituée de deux parties :

- L'en-tête `<head>` : cette section donne quelques informations générales sur la page comme son titre, l'encodage (pour la gestion des caractères spéciaux), etc. Cette section est généralement assez courte. Les informations que contient l'en-tête ne sont pas affichées sur la page. Ce sont simplement des informations générales à destination de l'ordinateur. Elles sont cependant très importantes !
- Le corps `<body>` : c'est là que se trouve la partie principale de la page. Tout ce que nous ajouterons ici sera affiché à l'écran. C'est à l'intérieur du corps que nous écrirons la majeure partie de notre code.

Pour le moment, le corps est vide (nous y reviendrons plus loin). Intéressons-nous aux deux balises contenues dans l'en-tête…

L'encodage (charset)

```
<meta charset="utf-8" />
```

Cette balise indique l'encodage utilisé dans votre fichier `.html`.

Sans entrer dans les détails, l'encodage indique la façon dont le fichier est enregistré. C'est lui qui détermine comment les caractères spéciaux vont s'afficher (accents, idéogrammes chinois et japonais, caractères arabes).

Il existe plusieurs techniques d'encodage portant des noms bizarres et utilisées en fonction des langues : ISO-8859-1, OEM 775, Windows-1253... Une seule cependant devrait être utilisée aujourd'hui autant que possible : UTF-8. Elle permet d'afficher sans aucun problème pratiquement tous les symboles de toutes les langues de notre planète.

Il ne suffit pas de *dire* que votre fichier est en UTF-8. Il faut aussi que votre fichier soit bien *enregistré* en UTF-8. C'est heureusement le cas désormais par défaut dans la plupart des éditeurs de texte.

> Si les accents s'affichent mal par la suite, c'est qu'il y a un problème avec l'encodage. Vérifiez que la balise `meta` indique bien UTF-8 et que votre fichier est bien enregistré dans ce format (sous Sublime Text, allez dans le menu ***File>Save with Encoding>UTF-8*** pour vous en assurer).

Le titre principal de la page

```
<title>
```

C'est le titre de votre page, probablement l'élément le plus important ! Toute page doit avoir un titre qui décrit ce qu'elle contient.

Il est conseillé de le garder assez court (moins de 100 caractères en général).

Le titre ne s'affiche pas dans votre page, mais en haut de celle-ci, souvent dans l'onglet du navigateur.

Le titre de la page apparaît en haut du navigateur.

Il faut savoir que le titre apparaît aussi dans les résultats de recherche, comme sur Google.

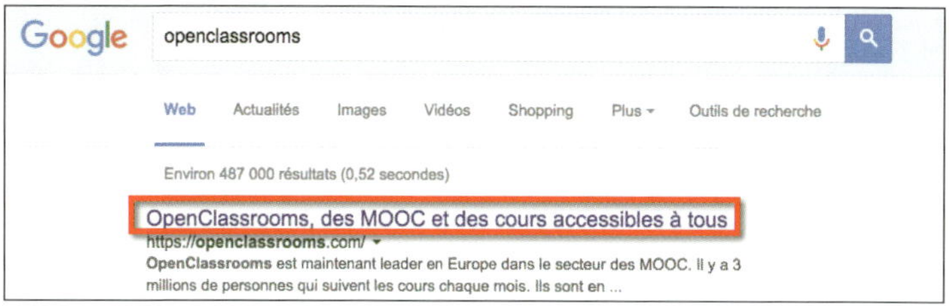

Le titre de la page apparaît dans les recherches Google.

Autant vous dire que bien choisir son titre est important !

Les commentaires

Nous avons appris à créer notre première *vraie* page HTML dans ce chapitre. Avant de terminer, j'aimerais vous présenter le principe des commentaires.

Un **commentaire** en HTML est un texte qui sert simplement de mémo. Il n'est pas affiché, il n'est pas lu par l'ordinateur, il ne change rien à l'affichage de la page.

Bref, cela ne sert à rien ?

Eh bien si ! Cela sert à *vous* et aux personnes qui liront le code source de votre page. Vous pouvez utiliser les commentaires pour laisser des indications sur le fonctionnement de votre code, utiles si vous y revenez après un long moment d'absence. Ne rigolez pas, cela arrive à tous les webmasters.

Insérer un commentaire

Un commentaire est une balise HTML avec une forme bien spéciale :

```
<!-- Ceci est un commentaire -->
```

Vous pouvez le mettre où vous voulez au sein de votre code source : il n'a aucun impact sur votre page, mais vous pouvez vous en servir pour vous aider à vous repérer dans votre code source (surtout s'il est long).

```
<!DOCTYPE html>
<html>
    <head>
        <!-- En-tête de la page -->
        <meta charset="utf-8" />
        <title>Titre</title>
    </head>
```

```
    <body>
        <!-- Corps de la page -->
    </body>
</html>
```

Votre code HTML est public

Terminons par une remarque importante : *tout le monde peut voir le code HTML de votre page* une fois celle-ci mise en ligne sur le Web. Il suffit de cliquer-droit sur la page et de sélectionner ***Afficher le code source de la page*** (l'intitulé peut changer selon votre navigateur).

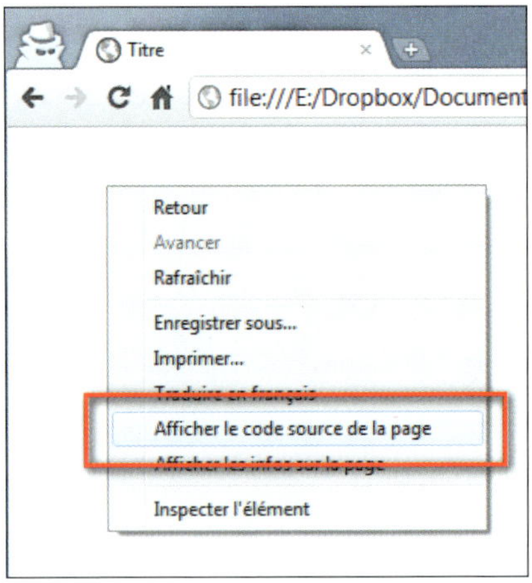

Menu afficher le code source

Affichage du code source

Vous pouvez tester cette manipulation sur n'importe quel site web. Cela s'explique assez facilement : le navigateur *doit* obtenir le code HTML pour savoir ce qu'il faut afficher. Le code HTML de tous les sites est donc public.

La morale de l'histoire ?

Tout le monde pourra voir votre code HTML et vous ne pouvez pas l'empêcher. Par conséquent, ne mettez pas d'informations sensibles comme des mots de passe dans les commentaires... et soignez votre code source, car je pourrai venir vérifier si vous avez bien suivi mon cours à la lettre !

Lorsque vous regarderez le code de certains sites web, ne prenez pas peur s'il vous paraît long ou ne pas respecter les mêmes règles que celles que je vous présente dans ce livre. Tous les sites ne sont pas écrits en HTML 5 (loin de là) et, parfois, certains webmasters rédigent très mal leur code, ce ne sont pas toujours des exemples à suivre !

En résumé

- On utilise l'éditeur de texte pour créer un fichier ayant l'extension `.html` (par exemple : `test.html`). Ce sera notre page web.
- Ce fichier s'ouvre dans le navigateur, simplement en double-cliquant sur son nom.
- À l'intérieur du fichier, nous écrirons le contenu de notre page, accompagné de balises HTML.
- Les balises peuvent prendre plusieurs formes :
  - `<balise></balise>` : balises en paires, elles s'ouvrent et se ferment pour délimiter le contenu (début et fin d'un titre, par exemple).
  - `<balise />` : balises orphelines (on ne les insère qu'en un seul exemplaire). Elles servent à insérer un élément à un endroit précis (par exemple une image).
- Les balises sont parfois accompagnées d'attributs pour donner des indications supplémentaires (exemple : `<image nom="photo.jpg" />`).
- Une page web est constituée de deux sections principales : un en-tête `<head>` et un corps `<body>`.
- On peut afficher le code source de n'importe quelle page web en cliquant-droit puis en sélectionnant ***Afficher le code source de la page***.

3 Organiser son texte

Vidéo d'introduction

Mathieu Nebra nous présente dans cette vidéo de près de 5 minutes, accessible depuis cette adresse https://goo.gl/Crf7AE, comment organiser son texte.

Votre site web risque d'avoir un succès mitigé si vous le laissez en l'état.

Nous allons découvrir de nombreuses balises HTML dans ce chapitre. Certaines existent depuis la toute première version de HTML, d'autres ont été introduites plus récemment, dans HTML 5.

Nous allons successivement présenter comment :

- rédiger des paragraphes ;
- structurer sa page avec les titres ;
- donner de l'importance à certains mots de son texte ;
- organiser les informations sous forme de listes.

Les paragraphes

La plupart du temps, lorsqu'on écrit du texte dans une page web, on le fait à l'intérieur de paragraphes. Le langage HTML propose justement la balise <p> pour délimiter ces derniers.

```
<p>Bonjour et bienvenue sur mon site !</p>
```

- <p> signifie « Début du paragraphe ».
- </p> signifie « Fin du paragraphe ».

Le contenu du site web s'inscrit entre les balises <body> et </body>. Il nous suffit donc de mettre notre paragraphe entre ces deux balises et nous aurons enfin notre première vraie page web avec du texte !

Reprenons exactement le même code que celui du chapitre précédent, en y ajoutant un paragraphe :

```
<!DOCTYPE html>
<html>
   <head>
      <meta charset="utf-8" />
      <title>Paragraphes</title>
   </head>

   <body>
      <p>Bonjour et bienvenue sur mon site !</p>
   </body>
</html>
```

Essayez, vous allez voir le résultat ! Bon, d'accord, ce n'est pas encore exceptionnel, mais c'est un bon début.

Ne nous arrêtons pas en si bon chemin. Nous allons voir maintenant quelque chose d'un peu particulier en HTML : le saut de ligne. Cela paraît simple et pourtant, cela ne fonctionne pas vraiment comme dans un traitement de texte habituel…

Sauter une ligne

En HTML, si vous appuyez sur la touche ***Entrée***, cela ne crée pas une nouvelle ligne comme vous en avez l'habitude. Essayez donc le code suivant :

```
<!DOCTYPE html>
<html>
   <head>
      <meta charset="utf-8" />
      <title>Essais de sauts de ligne</title>
   </head>

   <body>
      <p>Bonjour et bienvenue sur mon site !
          Ceci est mon premier test, alors soyez indulgents s'il vous plaît,
j'apprends petit à petit comment cela marche.
          Pour l'instant c'est un peu vide, mais revenez dans 2-3 jours
quand j'aurai appris un peu plus de choses, je vous assure que vous allez
être surpris !</p>
   </body>
</html>
```

Tout le texte s'affiche sur la même ligne alors qu'on est bien allé à la ligne dans le code ! Taper frénétiquement sur la touche ***Entrée*** dans l'éditeur de texte ne sert donc strictement à rien.

Comme vous devez vous en douter, il y a pourtant bien un moyen d'imposer des sauts de ligne en HTML. En fait, si vous voulez écrire un deuxième paragraphe, il vous suffit d'utiliser une deuxième balise <p>. Votre code HTML devrait donc être rempli de balises de paragraphe :

```
<!DOCTYPE html>
<html>
   <head>
      <meta charset="utf-8" />
      <title>Paragraphes</title>
   </head>

   <body>
      <p>Bonjour et bienvenue sur mon site !
         Ceci est mon premier test, alors soyez indulgents s'il vous plaît,
j'apprends petit à petit comment cela marche.</p>

      <p>Pour l'instant c'est un peu vide, mais revenez dans 2-3 jours quand
j'aurai appris un peu plus de choses, je vous assure que vous allez être
surpris !</p>
   </body>
</html>
```

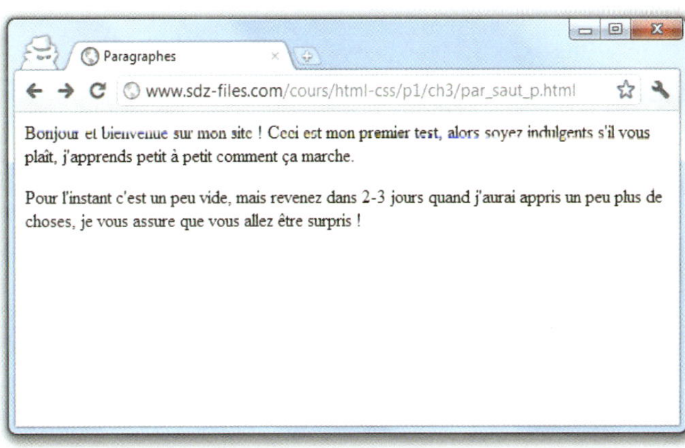

Deux paragraphes avec deux balises <p>

Oui, mais si je veux seulement aller à la ligne dans un paragraphe et non pas sauter une ligne ?

Eh bien il existe une balise « Aller à la ligne » !

C'est une balise **orpheline** qui sert juste à indiquer qu'on doit aller à la ligne :
 (comme *break*). Vous devez obligatoirement la mettre *à l'intérieur d'un paragraphe*.

```
<!DOCTYPE html>
<html>
   <head>
      <meta charset="utf-8" />
      <title>Sauts de ligne</title>
   </head>

   <body>
      <p Bonjour et bienvenue sur mon site !<br />
         Ceci est mon premier test, alors soyez indulgents s'il vous plaît,
j'apprends petit à petit comment cela marche.</p>

      <p>Pour l'instant c'est un peu vide, mais revenez dans 2-3 jours quand
j'aurai appris un peu plus de choses, je vous assure que vous allez être
surpris !</p>
   </body>
</html>
```

Vous pouvez théoriquement mettre plusieurs balises <br /> d'affilée pour faire plusieurs sauts de lignes, mais on considère que c'est une mauvaise pratique qui rend le code délicat à maintenir. Pour décaler un texte avec plus de précision, on utilisera le CSS, ce langage qui vient compléter le HTML et dont je vous parlerai un peu plus loin.

Récapitulons :

- <p></p> pour organiser son texte en paragraphes ;
-
 pour aller à la ligne.

Voyons maintenant comment créer des titres.

Les titres

Lorsque le contenu de votre page va s'étoffer avec de nombreux paragraphes, il va devenir difficile pour vos visiteurs de se repérer. C'est là que les titres deviennent utiles.

En HTML, on a le droit d'utiliser six niveaux de titres différents. Cela signifie qu'on peut dire « Ceci est un titre très important », « Ceci est un titre un peu moins important », « Ceci est un titre encore moins important », etc. On a donc six balises de titres différentes :

- <h1></h1> : « titre très important ». En général, on s'en sert pour afficher le titre de la page au début de celle-ci.
- <h2></h2> : « titre important ».
- <h3></h3> : « titre un peu moins important » (on peut dire un « sous-titre » si vous voulez).
- <h4></h4> : « titre encore moins important ».

- <h5></h5> : « titre pas important ».
- <h6></h6> : « titre vraiment pas important du tout ».

> Ne confondez pas la balise du niveau de titre avec la balise <title> ! Cette dernière affiche le titre de la page dans la barre de titre du navigateur comme nous l'avons vu. Les balises <h1> à <h6>, elles, servent à créer des titres qui seront affichés *dans* la page web.

Ne vous laissez pas impressionner par toutes ces balises. En fait, six niveaux de titres, c'est beaucoup. Dans la pratique, les balises <h1>, <h2> et <h3> suffisent amplement. Votre navigateur affiche le titre très important en très gros, le titre un peu moins important en un peu moins gros, etc.

> Ne choisissez pas votre balise de titre en fonction de la taille qu'elle applique au texte ! Il faut impérativement bien structurer sa page en commençant par un titre de niveau 1 (<h1>), puis un titre de niveau 2 (<h2>), etc. Il ne devrait pas y avoir de sous-titre, sans titre principal !
>
> Si vous voulez modifier la taille du texte, sachez que nous apprendrons à faire cela en CSS un peu plus tard.

Essayez de créer une page web avec des titres pour voir ce que cela donne :

```
<!DOCTYPE html>
<html>
  <head>
    <meta charset="utf-8" />
    <title>Niveaux de titres</title>
  </head>

  <body>
    <h1>Titre super important</h1>
    <h2>Titre important</h2>
    <h3>Titre un peu moins important (sous-titre)</h3>

    <h4>Titre pas trop important</h4>
    <h5>Titre pas important</h5>
    <h6>Titre vraiment pas important du tout</h6>
  </body>
</html>
```

Voici un exemple d'utilisation des titres dans une page web (vous allez voir que je ne me sers pas de toutes les balises) :

```
<!DOCTYPE html>
<html>
  <head>
    <meta charset="utf-8" />
    <title>Présentation d'OpenClassrooms</title>
  </head>
```

```
  <body>
    <h1>Bienvenue sur OpenClassrooms !</h1>

      <p>Bonjour et bienvenue sur mon site : OpenClassrooms.<br />
         OpenClassrooms, qu'est-ce que c'est ?</p>

    <h2>Des cours pour débutants</h2>

      <p>OpenClassrooms vous propose des cours (tutoriels) destinés aux
débutants : aucune connaissance n'est requise pour lire ces cours !</p>

      <p>Vous pourrez ainsi apprendre, sans rien y connaître auparavant, à
créer un site web, à programmer, à construire des mondes en 3D !</p>

    <h2>Une communauté active</h2>

      <p>Vous avez un problème, un élément du cours que vous ne comprenez
pas ? Vous avez besoin d'aide pour créer votre site ?<br />
      Rendez-vous sur les forums ! Vous y découvrirez que vous n'êtes pas
le seul dans ce cas et vous trouverez très certainement quelqu'un qui vous
aidera aimablement à résoudre votre problème.</p>
  </body>
</html>
```

Voilà une page web qui prend forme !

Oui, mais moi je veux centrer mon titre, l'écrire en rouge et le souligner !

Nous ferons tout cela lorsque nous apprendrons le CSS (dès la deuxième partie du cours). Il faut savoir que `<h1>` ne signifie pas « Times New Roman, taille 16 pt », mais « *Titre important* ».

Grâce au langage CSS, vous pourrez dire « Je veux que mes titres importants soient centrés, rouges et soulignés ». Pour le moment, en HTML, nous ne faisons que structurer notre page. *Nous rédigeons le contenu avant de nous amuser à le mettre en forme.*

La mise en valeur

Au sein de vos paragraphes, certains mots sont parfois plus importants que d'autres et vous aimeriez les faire ressortir. HTML vous propose différents moyens de mettre en valeur le texte de votre page.

Mettre un peu en valeur

Pour mettre *un peu* en valeur votre texte, vous devez encadrer les mots importants avec les balises `<em>` et `</em>`.

```
<!DOCTYPE html>
<html>
   <head>
      <meta charset="utf-8" />
      <title>Emphase</title>
   </head>

   <body>
      <p>Bonjour et bienvenue sur mon site !<br />
         Ceci est mon premier test, alors <em>soyez indulgents</em> s'il
vous plaît, j'apprends petit à petit comment cela marche.</p>
   </body>
</html>
```

Comme vous le constatez, utiliser la balise `<em>` a pour conséquence de mettre le texte en *italique*. En fait, c'est le navigateur qui choisit comment afficher les mots. On lui dit que les mots sont assez importants et, pour faire ressortir cette information, il change l'apparence du texte en utilisant l'italique.

Mettre bien en valeur

Pour mettre un texte bien en valeur, on utilise la balise `<strong>` qui signifie « fort », ou « important » si vous préférez. Elle s'utilise exactement de la même manière que `<em>` :

```
<!DOCTYPE html>
<html>
   <head>
      <meta charset="utf-8" />
      <title>Forte emphase</title>
   </head>

   <body>
      <p>Bonjour et bienvenue sur mon site !<br />
         Ceci est mon premier test, alors <strong>soyez indulgents</strong>
s'il vous plaît, j'apprends petit à petit comment cela marche.</p>
   </body>
</html>
```

Vous voyez sûrement le texte s'afficher en gras. Là encore, ce n'est qu'une *conséquence* : le navigateur a choisi d'afficher en gras les mots importants pour les faire ressortir davantage.

La balise `<strong>` ne signifie pas « mettre en gras », mais « important ». On pourra décider plus tard, en CSS, d'afficher les mots « importants » d'une autre façon si on le souhaite.

Marquer le texte

La balise <mark> permet de faire ressortir visuellement une portion de texte. L'extrait n'est pas forcément considéré comme important, mais on veut qu'il se distingue bien du reste du texte. Cela peut être utile pour faire ressortir un texte pertinent après une recherche sur votre site par exemple.

```
<!DOCTYPE html>
<html>
   <head>
      <meta charset="utf-8" />
      <title>Marquage du texte</title>
   </head>

   <body>
      <p>Bonjour et bienvenue sur mon site !<br />
         Ceci est mon premier test, alors <mark>soyez indulgents</mark> s'il
vous plaît, j'apprends petit à petit comment cela marche.</p>
   </body>
</html>
```

Par défaut, <mark> a pour effet de surligner le texte. On pourra changer l'affichage en CSS (décider de surligner dans une autre couleur, d'encadrer le texte, etc.). C'est le même principe que pour les balises précédentes : elles indiquent le *sens* des mots et non pas comment ceux-ci doivent s'afficher.

N'oubliez pas : HTML pour le fond, CSS pour la forme

Il est très important qu'on se comprenne bien, car les débutants font souvent la même grosse erreur à ce stade. Ils ont vu les balises <em>, <strong>, <mark>… et ils se disent : « Chouette, j'ai découvert comment mettre en italique, en gras et comment surligner du texte en HTML ! ».

Et pourtant… ce n'est pas à cela que servent ces balises ! Leur rôle est d'indiquer le *sens* du texte. Ainsi, <strong> indique à l'ordinateur « Ce texte est important ». C'est tout.

Et pour *montrer* que le texte est important, l'ordinateur décide de le mettre en gras (mais il pourrait aussi bien l'écrire en rouge !). Pour la plupart, les navigateurs affichent les textes importants en gras, mais rien ne les y oblige.

Je ne comprends pas. Pourquoi faut-il que l'ordinateur sache qu'un texte est important ?

De nombreux programmes analysent le code source des pages, à commencer par les robots des moteurs de recherche (Google ou Bing, par exemple). Ces robots parcourent le Web en lisant le code HTML de tous les sites. Les mots-clés « importants » ont tendance à avoir plus de valeur pour eux ; donc, si quelqu'un fait une recherche sur ces mots, il a plus de chances de tomber sur votre site.

Bien entendu, c'est une explication grossière et il ne faut pas croire qu'utiliser la balise `<strong>` à tout-va améliorera votre référencement. Il faut simplement faire confiance aux ordinateurs : ils comprennent ce qu'un texte « important » veut dire et peuvent se servir de cette information.

> Mais alors, comment fait-on pour mettre spécifiquement du texte en gras, en rouge, etc. ?

Tout cela se fait en CSS.

- Le HTML définit le fond (contenu, logique des éléments).
- Le CSS définit la forme (apparence).

Nous verrons le CSS plus loin ; pour l'instant, nous nous concentrons sur le HTML et ses balises, qui ont chacune un sens particulier.

Les listes

Les listes aident à mieux structurer notre texte et à ordonner nos informations.

Nous allons découvrir ici deux types de listes :

- les listes non ordonnées ou listes à puces ;
- les listes ordonnées ou listes numérotées ou encore énumérations.

Liste non ordonnée

C'est un système qui liste des éléments sans notion d'ordre (il n'y a pas de « premier » ni de « dernier »). Une liste non ordonnée ressemble à ceci :

- fraises,
- framboises,
- cerises.

Créer une liste non ordonnée est très simple. Il suffit d'utiliser la balise <ul> qu'on referme un peu plus loin avec </ul> :

```
<ul></ul>
Maintenant, on va écrire chacun des éléments de la liste entre deux
balises <li></li>, situées entre <ul> et </ul> :
<ul>
   <li>Fraises</li>
   <li>Framboises</li>
   <li>Cerises</li>
</ul>
```

Notez que la liste doit être placée à l'intérieur de <body></body>. À partir de maintenant, je ne mets pas tout le code de la page pour rester lisible.

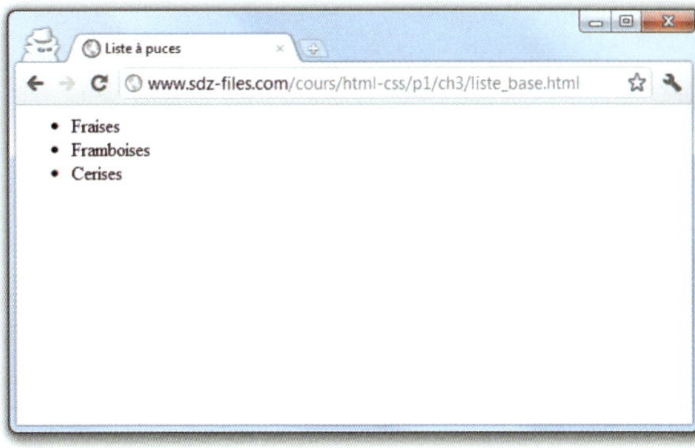

Une liste non ordonnée

Retenez donc ces deux balises :

- <ul></ul> délimitent toute la liste.
- <li></li> délimitent un élément de la liste (une puce).

Vous pouvez mettre autant d'éléments que vous voulez dans la liste à puces ; vous n'êtes pas limité à trois éléments.

Pour ceux qui ont besoin de structures plus complexes, sachez que vous pouvez *imbriquer* des listes à puces (créer une liste à puces **dans** une liste à puces). Pour cela, ouvrez une seconde balise <ul> **à l'intérieur** d'un élément <li></li>.

Si vous fermez les balises dans le bon ordre, vous n'aurez pas de problème. Attention néanmoins, cette technique est un peu compliquée à maîtriser.

Liste ordonnée

Une liste ordonnée fonctionne de la même façon, seule une balise change : il faut remplacer <ul></ul> par <ol></ol>. À l'intérieur de la liste, on ne modifie rien : on utilise toujours des balises <li></li> pour délimiter les éléments.

L'ordre dans lequel vous placez les éléments de la liste est important. Le premier <li></li> sera l'élément n°1, le second sera le n°2 etc...

```
<h1>Ma journée</h1>

<ol>
   <li>Je me lève.</li>
   <li>Je mange et je bois.</li>
   <li>Je retourne me coucher.</li>
</ol>
```

Une liste ordonnée

Cette fois-ci, tout ce qu'on a eu à changer est donc la balise <ol>.

Pour information, il existe un troisième type de liste, beaucoup plus rare : la liste de définitions. Elle fait intervenir les balises <dl> (pour délimiter la liste), <dt> (pour délimiter un terme) et <dd> (pour délimiter la définition de ce terme).

En résumé

- Le HTML comporte de nombreuses balises qui servent à organiser le texte de notre page. Elles donnent des indications comme « Ceci est un paragraphe », « Ceci est un titre », etc.
- Les paragraphes sont définis par les balises <p></p> et les sauts de ligne par la balise <br />.
- Il existe six niveaux de titre, de <h1></h1> à <h6></h6>, à utiliser selon l'importance du titre.
- On peut mettre en valeur certains mots avec les balises <strong>, <em> et <mark>.
- Pour créer des listes, on doit utiliser la balise <ul> (liste à puces, non ordonnée) ou <ol> (liste ordonnée). À l'intérieur, on insère les éléments avec une balise <li> pour chaque item.

4 Créer des liens

Vidéo d'introduction

Mathieu Nebra nous présente dans cette vidéo de près de 5 minutes, accessible depuis cette adresse *https://goo.gl/yeeCFC*, comment créer des liens.

Au chapitre précédent, vous avez appris à créer une page HTML toute simple. Même si elle n'était pas franchement magnifique, c'était quand même une vraie page HTML.

Or, comme vous le savez, un site web est composé de plusieurs pages. Comment faire pour passer de l'une à l'autre ?

À l'aide de liens pardi ! Dans ce chapitre, nous allons apprendre à créer des liens entre elles. Je suppose que chacun d'entre vous sait ce qu'est un lien : il s'agit d'un texte sur lequel on peut cliquer pour se rendre sur une autre page.

Il existe des liens entre les différentes pages d'un même site, on peut aussi créer un lien d'une page `a.html` vers une page `b.html`, ou encore vers un autre site. Dans les deux cas, nous allons voir que le fonctionnement est le même.

Un lien vers un autre site

Il est facile de reconnaître les liens sur une page : ils se présentent d'une façon différente (par défaut, en bleu et soulignés) et un curseur en forme de main apparaît lorsqu'on pointe dessus.

Essayons de coder le lien qui amène vers OpenClassrooms.

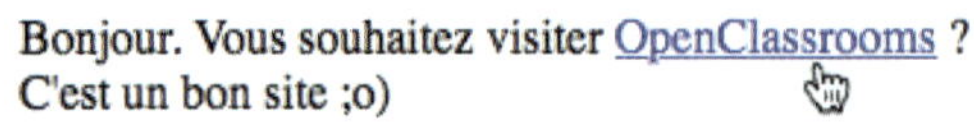

Lien vers OpenClassrooms

Pour créer un lien, la balise que nous allons utiliser est très simple à mémoriser : `<a>`. Il faut cependant lui ajouter un attribut, `href`, pour indiquer vers quelle page le lien doit conduire, ici à l'adresse *https://openclassrooms.com* :

```
<a href="https://openclassrooms.com">OpenClassrooms</a>
```

Nous allons placer ce lien au sein d'un paragraphe. Voici donc comment reproduire l'exemple de la figure précédente :

```
<p>Bonjour. Vous souhaitez visiter <a href="https://openclassrooms.
com">OpenClassrooms</a> ?<br />
C'est un bon site ;o)</p>
```

Par défaut, le lien s'affiche en bleu souligné. Si vous avez déjà ouvert la page, le lien s'affiche en violet. Nous verrons comment changer cette apparence avec le CSS.

Si vous voulez ajouter un lien vers un autre site, il suffit donc de copier son adresse (on parle d'URL) en *http://*, *https://* (sites sécurisés, comme OpenClassrooms) ou d'autres préfixes (*ftp://*…).

Si vous créez un lien vers une page dont l'adresse contient des & (par exemple, *http://www.site.com/?data=15&name=mateo21*), vous devrez remplacer tous les & par *&* : *http://www.site.com/?data=15&name=mateo21*.
Vous ne verrez pas la différence, mais cela est nécessaire pour que la page web soit correctement construite en HTML 5.

Les liens que nous venons de voir sont appelés **liens absolus** car on indique l'adresse complète. Nous allons maintenant voir qu'on peut les écrire d'une façon un peu différente, ce qui nous sera utile pour relier les pages de notre site.

Un lien vers une autre page de son site

Nous venons d'apprendre à créer des liens vers des sites existants. Mais je suis sûr que vous aimeriez faire des liens entre les différentes pages de votre site, non ?

> Comment faire un lien vers une autre page de mon site ? Je commence à peine à le créer, je ne connais pas son adresse en http://...

En effet, pour le moment, vous êtes en train de créer votre site sur votre ordinateur. Vous êtes le seul à pouvoir le voir et il n'a pas encore « d'adresse URL » qui commence en *http://* comme la plupart des sites. Heureusement, cela ne va pas nous empêcher de travailler.

Deux pages situées dans un même dossier

Pour commencer, nous allons créer deux fichiers correspondant à deux pages HTML différentes : `page1.html` et `page2.html`. Nous les placerons *dans le même dossier*.

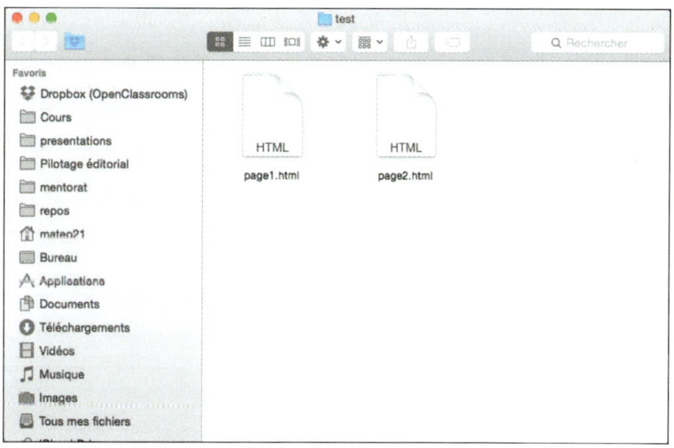

Plusieurs fichiers HTML dans un même dossier

page1.html

```
<p>Bonjour. Souhaitez-vous consulter <a href="page2.html">la page 2</a> ?</p>
```

page2.html

```
<h1>Bienvenue sur la page 2 !</h1>
```

Lorsque les deux fichiers sont situés dans le même dossier, il suffit d'écrire comme cible du lien le nom du fichier vers lequel on veut pointer, par exemple `<a href="page2.html">`. On dit que c'est un **lien relatif**.

Deux pages situées dans des dossiers différents

Les choses se corsent un petit peu si les pages sont situées dans des dossiers différents. Idéalement, elles ne devraient pas être trop loin l'une de l'autre (dans un sous-dossier par exemple).

Imaginons que `page2.html` se trouve dans un sous-dossier appelé `contenu`.

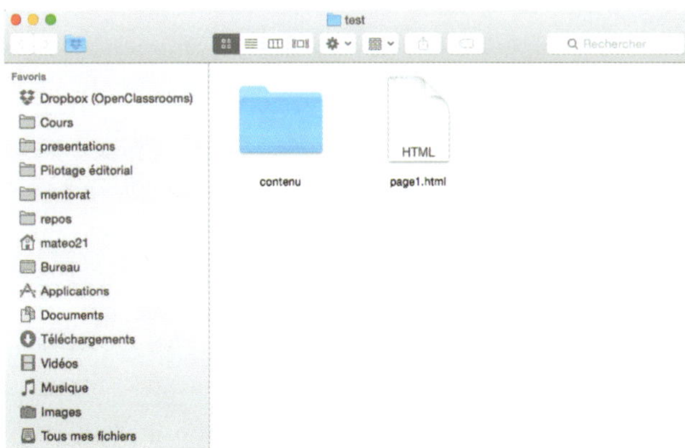

Le fichier page2.html se trouve à l'intérieur du dossier contenu

Dans ce cas de figure, le lien doit être rédigé comme suit :

```
<a href="contenu/page2.html">
```

S'il y avait plusieurs sous-dossiers, on écrirait ceci :

```
<a href="contenu/autredossier/page2.html">
```

Et si le fichier ne se trouve pas dans un sous-dossier mais dans un dossier « parent », comment fait-on

Si votre fichier cible est placé dans un dossier qui se trouve « plus haut » dans l'arborescence, il faut écrire deux points :

```
<a href="../page2.html">
```

Résumé en images

Les liens relatifs ne sont pas bien compliqués à utiliser, une fois qu'on a compris le principe. Il suffit de regarder dans quel « niveau de dossier » se trouve le fichier cible. La figure suivante fait la synthèse des différents liens relatifs possibles.

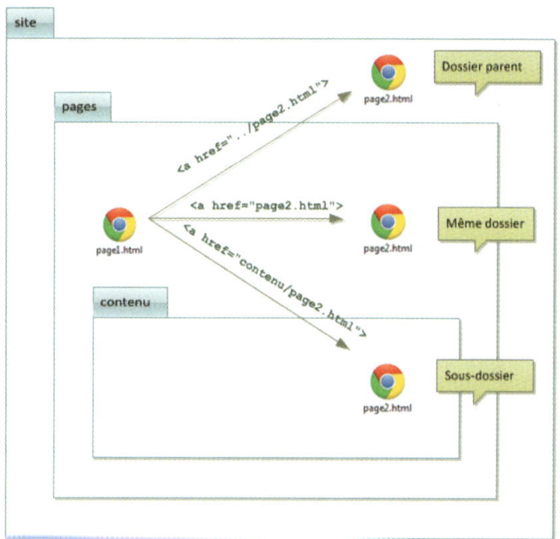

Les différents liens relatifs

Un lien vers une ancre

Une **ancre** est une sorte de point de repère que vous pouvez mettre dans vos pages HTML lorsqu'elles sont très longues.

En effet, il est alors utile d'ajouter un lien amenant plus bas dans la même page pour que le visiteur puisse sauter directement à la partie qui l'intéresse.

Pour créer une ancre, il suffit d'ajouter l'attribut `id` à une balise qui va alors servir de repère. Ce peut être n'importe quelle balise, un titre par exemple.

Utilisez l'attribut `id` pour donner un nom à l'ancre :

```
<h2 id="mon_ancre">Titre</h2>
```

Ensuite, il suffit de créer un lien comme d'habitude, mais cette fois l'attribut `href` contiendra un dièse (#) suivi du nom de l'ancre :

```
<a href="#mon_ancre">Aller vers l'ancre</a>
```

Normalement, si vous cliquez sur le lien, cela vous amènera plus bas dans la même page (à condition que celle-ci comporte suffisamment de texte pour que les barres de défilement se déplacent automatiquement).

Voici un exemple de page contenant beaucoup de texte et utilisant les ancres :

```
<h1>Ma grande page</h1>

<p>
  Aller directement à la partie traitant de :<br />
  <a href="#cuisine">La cuisine</a><br />
  <a href="#rollers">Les rollers</a><br />
  <a href="#arc">Le tir à l'arc</a><br />
</p>

<h2 id="cuisine">La cuisine</h2>
<p>... (beaucoup de texte) ...</p>

<h2 id="rollers">Les rollers</h2>
<p>... (beaucoup de texte) ...</p>

<h2 id="arc">Le tir à l'arc</h2>
<p>... (beaucoup de texte) ...</p>
```

S'il ne se passe rien quand vous cliquez sur les liens, c'est qu'il n'y a pas assez de texte. Dans ce cas, vous pouvez réduire la taille de la fenêtre de votre navigateur pour faire apparaître les barres de défilement sur le côté.

L'attribut id sert à donner un nom « unique » à une balise, pour s'en servir de repère. Vous n'avez pas fini d'entendre parler de cet attribut. Ici, on s'en sert pour faire un lien vers une ancre mais, en CSS, il nous sera très utile pour « repérer » une balise précise

Évitez cependant de créer des id avec des espaces ou des caractères spéciaux. Utilisez simplement, dans la mesure du possible, des lettres et des chiffres pour que la valeur soit reconnue par tous les navigateurs.

Lien vers une ancre située dans une autre page

Pour compliquer un peu l'exercice, créons un lien qui ouvre une autre page ET qui amène directement à une ancre située plus bas sur cette dernière.

En pratique, c'est assez simple : il suffit de taper le nom de la page, suivi d'un dièse (#), suivi du nom de l'ancre (par exemple, <a href="ancres.html#rollers">).

Voici une page qui contient trois liens, chacun amenant vers une des ancres de l'exemple précédent :

```
<h1>Le Mégamix</h1>
<p>
  Rendez-vous quelque part sur une autre page :<br />
  <a href="ancres.html#cuisine">La cuisine</a><br />
```

```
    <a href="ancres.html#rollers">Les rollers</a><br />
    <a href="ancres.html#arc">Le tir à l'arc</a><br />
</p>
```

Cas pratiques d'utilisation des liens

Voyons quelques cas pratiques d'utilisation des liens. Par exemple, saviez-vous qu'il est très facile d'ajouter des liens qui lancent un téléchargement ? Qui créent un nouvel e-mail ? Ou qui ouvrent une nouvelle fenêtre ?

Un lien qui affiche une infobulle au survol

Vous pouvez utiliser l'attribut facultatif `title` qui affiche une bulle d'aide lorsqu'on pointe sur le lien.

Une infobulle

La bulle d'aide est utile pour informer le visiteur avant même qu'il n'ait cliqué sur le lien. Voici comment reproduire ce résultat :

```
<p>Bonjour. Souhaitez-vous visiter <a href="https://openclassrooms.com"
title="Vous ne le regretterez pas !">OpenClassrooms</a> ?</p>
```

Un lien qui ouvre une nouvelle fenêtre

Il est possible de « forcer » l'ouverture d'un lien dans une nouvelle fenêtre. Pour cela, on ajoutera `target="_blank"` à la balise `<a>` :

```
<p>Bonjour. Souhaitez-vous visiter <a href="https://openclassrooms.com"
title="Vous ne le regretterez pas !" target="_blank">OpenClassrooms</a> ?</p>
```

Selon la configuration du navigateur, la page s'affichera dans une nouvelle fenêtre ou un nouvel onglet. Vous ne pouvez pas choisir l'un ou l'autre.

N'abusez pas de cette technique car elle perturbe la navigation. Il est préférable de laisser le visiteur décider lui-même s'il veut ouvrir le lien dans une nouvelle fenêtre, en faisant ***Maj+Clic*** sur le lien pour l'ouvrir dans une nouvelle fenêtre ou ***Ctrl+Clic*** pour l'ouvrir dans un nouvel onglet.

Un lien pour envoyer un e-mail

Si vous voulez que vos visiteurs puissent vous envoyer un e-mail, utilisez des liens de type `mailto`. Rien ne change au niveau de la balise, vous devez simplement modifier la valeur de l'attribut `href` comme suit :

```
<p><a href="mailto:votrenom@bidule.com">Envoyez-moi un e-mail !</a></p>
```

Il suffit donc de faire commencer le lien par `mailto:` et d'écrire l'adresse électronique où on peut vous contacter. Si vous cliquez sur le lien, un nouveau message vide s'ouvre, prêt à être envoyé à votre adresse e-mail.

Un lien pour télécharger un fichier

Beaucoup d'entre vous se demandent comment télécharger un fichier… Il faut procéder exactement comme pour un lien vers une page web, mais en indiquant cette fois le nom du fichier à télécharger.

Par exemple, si vous voulez proposer `monfichier.zip`. Placez-le simplement dans le même dossier que votre page web (ou dans un sous-dossier) et ajoutez un lien pointant vers ce fichier :

```
<p><a href="monfichier.zip">Télécharger le fichier</a></p>
```

C'est tout ! Le navigateur, voyant qu'il ne s'agit pas d'une page web à afficher, va lancer la procédure de téléchargement lorsqu'on cliquera sur le lien.

En résumé

- Les liens permettent de changer de page et sont, par défaut, écrits en bleu et soulignés.
- Pour insérer un lien, on utilise la balise `<a>` avec l'attribut `href` pour indiquer l'adresse de la page cible. Exemple : `<a href="https://openclassrooms.com">`.
- On crée un lien vers une autre page de son site simplement en écrivant le nom du fichier : `<a href="page2.html">`.
- Les liens permettent aussi d'amener vers d'autres endroits sur la même page. Il faut créer une ancre avec l'attribut `id` pour « marquer » un endroit dans la page, puis ajouter un lien vers l'ancre : `<a href="#ancre">`.

5 Les images

Vidéo d'introduction

Mathieu Nebra nous présente dans cette vidéo de près de 4 minutes, accessible depuis cette adresse *https://goo.gl/3Bo63H*, comment ajouter des images dans une page web.

Insérer une image dans une page web ? Vous allez voir, c'est d'une facilité déconcertante… Il existe différents **formats** d'image qu'on peut utiliser sur des sites web et on ne doit pas les choisir au hasard. En effet, les images sont parfois volumineuses, ce qui ralentit le temps de chargement de la page (beaucoup plus que le texte).

Pour que vos pages restent lisibles et rapides à télécharger, suivez donc activement mes conseils !

Les différents formats d'image

Quand vous travaillez sur une image, vous avez la possibilité de l'enregistrer dans plusieurs « formats » différents. Son poids (en Ko, voire en Mo) sera plus ou moins élevé selon le format choisi et sa qualité va changer.

Par exemple, le logiciel de dessin Paint (même si c'est loin d'être le meilleur) vous propose de choisir entre plusieurs formats lorsque vous enregistrez une image (figure suivante).

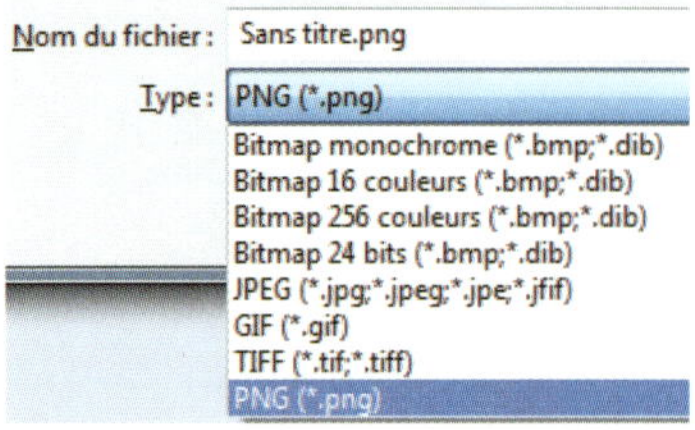

Différents formats d'image proposés par Paint

Certains formats sont plus adaptés que d'autres selon l'image (photo, dessin, image animée…). Notre but ici est de faire le tour des différents formats utilisés sur le Web pour que vous les connaissiez et sachiez choisir celui qui convient le mieux à votre image.

Toutes les images diffusées sur Internet ont un point commun : elles sont **compressées**. Cela veut dire que l'ordinateur fait des calculs pour qu'elles soient moins lourdes et donc plus rapides à charger.

Le JPEG

Les images au format JPEG *(Joint Photographic Expert Group)* sont très répandues sur le Web. Ce format est conçu pour réduire le poids des photos (c'est-à-dire la taille du fichier associé), qui peuvent comporter plus de 16 millions de couleurs différentes. La figure suivante est une photo enregistrée au format JPEG.

Une photo de montagne en JPEG

Les images JPEG sont enregistrées avec l'extension `.jpg` ou `.jpeg`.

Notez que le JPEG détériore un peu la qualité de l'image, d'une façon généralement imperceptible. C'est ce qui le rend si efficace pour réduire le poids des photos ; on ne peut généralement pas détecter la perte de qualité. En revanche, si ce n'est pas une photo, vous risquez de voir l'image un peu « baver ». Dans ce cas, il vaut mieux utiliser le format PNG.

Le PNG

Le PNG *(Portable Network Graphics)* est le plus récent de tous. Ce format est adapté à la plupart des graphiques (je serais tenté de dire « à tout ce qui n'est pas une photo »). Il a deux gros avantages : il peut être rendu transparent et il n'altère pas la qualité de l'image.

Le PNG a été inventé pour concurrencer le GIF, à l'époque où il fallait payer des royalties pour pouvoir utiliser ce format. Depuis, le PNG a bien évolué et c'est devenu le format le plus puissant pour enregistrer la plupart des images.

Le PNG existe en deux versions, en fonction du nombre de couleurs que doit comporter l'image :

- PNG 8 bits : 256 couleurs ;
- PNG 24 bits : 16 millions de couleurs (autant qu'une image JPEG).

La figure suivante est une image PNG en 24 bits, représentant Zozor, qui sera notre mascotte tout au long de ce cours.

Zozor en PNG

Si le PNG 24 bits peut afficher autant de couleurs qu'une image JPEG et si, en plus, il peut être rendu transparent sans modifier la qualité de l'image… quel est l'intérêt du JPEG ?

La compression du JPEG est plus puissante sur les photos. Une photo enregistrée en JPEG se chargera toujours beaucoup plus vite qu'en PNG. Je vous conseille donc toujours de réserver le format JPEG aux photos.

Le GIF

C'est un format assez vieux, qui a été très utilisé (et le reste encore par habitude). Aujourd'hui, le PNG est globalement bien meilleur : les images sont généralement plus légères et la transparence est de meilleure qualité. Je vous recommande donc d'utiliser le PNG autant que possible.

Le GIF est limité à 256 couleurs, alors que le PNG peut aller jusqu'à plusieurs millions de couleurs. Néanmoins, ce format conserve un certain avantage que le PNG n'a pas : il peut être animé, d'où l'explosion, ces dernières années, des GIF animés sur le Web (aussi appelés *reaction gifs*).

Image faite à partir d'un GIF animé

Il existe un format adapté à chaque image

Si on résume, voici quel format adopter en fonction de l'image que vous avez :

- **Une photo :** utilisez un JPEG.
- **N'importe quel graphique avec peu de couleurs** (moins de 256) : utilisez un PNG 8 bits ou éventuellement un GIF.
- **N'importe quel graphique avec beaucoup de couleurs :** utilisez un PNG 24 bits.
- **Une image animée :** utilisez un GIF animé.

Les erreurs à éviter

Bannissez les autres formats

Les autres formats non cités ici, comme le BITMAP (`*.bmp`), sont à bannir car, bien souvent, ils ne sont pas compressés. Ils ne sont pas du tout adaptés au Web. On peut en mettre sur son site, mais le chargement sera *extrêmement* long !

Choisissez bien le nom de votre image

Si vous voulez éviter des problèmes, prenez l'habitude d'enregistrer vos fichiers avec des noms en minuscules, sans espace ni accent, par exemple : `mon_image.png`.

Vous pouvez remplacer les espaces par le caractère de soulignement (*underscore* « _ ») comme je l'ai fait ici.

Insérer une image

Revenons maintenant au code HTML pour découvrir comment placer des images dans nos pages web.

La balise qui va nous permettre d'insérer une image est <img />. C'est une balise **orpheline** (comme <br />). Cela veut dire qu'on n'a pas besoin de l'écrire en deux exemplaires comme la plupart des autres balises que nous avons vues jusqu'ici. En effet, nous n'avons pas besoin de délimiter une portion de texte, nous voulons juste insérer une image à un endroit précis.

Elle doit être accompagnée de deux attributs obligatoires :

- src : indique où se trouve l'image qu'on veut insérer, sous forme soit de chemin absolu (ex. src="http://www.site.com/fleur.png"), soit de chemin relatif (ce qu'on fait le plus souvent). Ainsi, si votre image est dans un sous-dossier images, vous devrez taper : src="images/fleur.png".
- alt : signifie « texte alternatif ». On doit *toujours* indiquer un texte alternatif à l'image, c'est-à-dire une courte description de ce qu'elle représente. Ce texte sera affiché à la place de l'image si celle-ci ne peut pas être téléchargée (cela arrive), ou dans les navigateurs de personnes handicapées qui ne peuvent pas voir l'image. Cela aide aussi les robots des moteurs de recherche. Pour la fleur, on mettrait par exemple : alt="Une fleur".

Les images doivent se trouver obligatoirement à l'intérieur d'un paragraphe (<p></p>) :

```
<p>
  Voici une photo que j'ai prise lors de mes dernières vacances à la
montagne :<br />
  <img src="images/montagne.jpg" alt="Photo de montagne" />
</p>
```

Bref, l'insertion d'image est quelque chose de très facile pour peu qu'on sache indiquer où se trouve le fichier, comme on avait appris à le faire avec les liens.

La plus grosse « difficulté » consiste à choisir le bon format. Ici, c'est une photo, donc c'est évidemment le format JPEG qu'on utilise.

Je le répète : évitez à tout prix les accents, majuscules et espaces dans vos noms de fichiers et de dossiers. Voici un chemin qui va poser problème :

"Images du site/Image toute bête.jpg".

Il vaut mieux supprimer les espaces (ou les remplacer par le symbole « _ »), supprimer les accents et tout mettre en minuscules, comme ceci :

"images_du_site/image_toute_bete.jpg".

Sachez donc que, si votre image ne s'affiche pas, c'est très certainement parce que le chemin est incorrect ! Simplifiez au maximum vos noms de fichiers et de dossiers et tout ira bien.

Ajouter une infobulle

L'attribut permettant d'afficher une bulle d'aide est le même que pour les liens : il s'agit de `title`. Il est facultatif (contrairement à `alt`).

```
<p>
  Voici une photo que j'ai prise lors de mes dernières vacances à la
montagne :<br />
  <img src="images/montagne.jpg" alt="Photo de montagne" title="C'est beau
les Alpes quand même !" />
</p>
```

Survolez la photo avec la souris pour voir l'infobulle apparaître.

Miniature cliquable

Si votre image est très grosse, il est conseillé d'en afficher la miniature sur votre site. Ajoutez ensuite un lien sur cette miniature pour que vos visiteurs puissent afficher l'image en taille originale.

De nombreux sites permettent de redimensionner des images, comme ResizeImage.net (*http://resizeimage.net/*). Vous disposerez de deux versions de votre photo : la miniature et l'image d'origine.

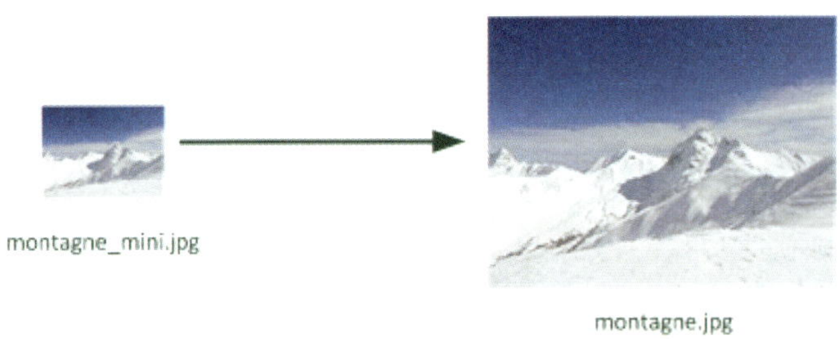

La miniature et son image d'origine

Placez-les toutes les deux dans un dossier appelé par exemple `img`. Affichez la version `montagne_mini.jpg` sur votre page et ajoutez un lien vers `montagne.jpg` pour que l'image agrandie s'affiche lorsqu'on clique sur la miniature :

```
<p>
  Vous souhaitez voir l'image dans sa taille d'origine ? Cliquez
dessus !<br />
  <a href="img/montagne.jpg"><img src="img/montagne_mini.jpg" alt="Photo de
montagne" title="Cliquez pour agrandir" /></a>
</p>
```

Parfois, certains navigateurs choisissent d'afficher un cadre bleu (ou violet) pas très esthétique autour de votre image cliquable.

Heureusement, nous pourrons retirer ce cadre dans peu de temps grâce au CSS.

Les figures

Au cours de la lecture de ce livre, vous avez déjà rencontré plusieurs fois des **figures**. Ce sont des éléments qui viennent enrichir le texte pour compléter les informations de la page.

Les figures peuvent être de différents types :

- images ;
- codes sources ;
- citations ;
- etc.

Bref, tout ce qui vient *illustrer* le texte est une figure. Nous allons ici nous intéresser aux images mais, contrairement à ce qu'on pourrait croire, les figures ne sont pas *forcément* des images : un code source aussi illustre le texte.

Création d'une figure

Reprenons par exemple cette capture d'écran du premier chapitre, représentée à la figure suivante.

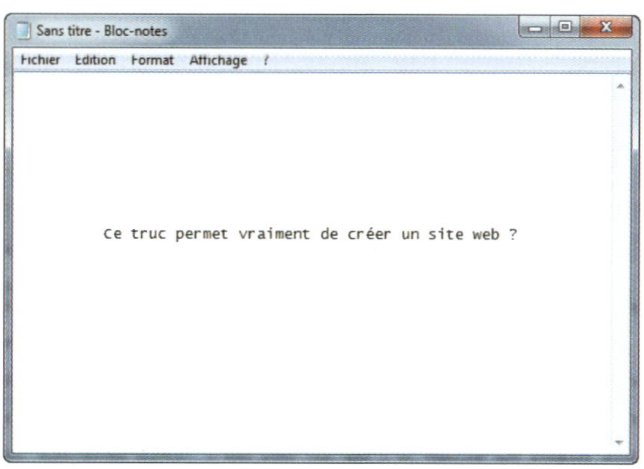

Le logiciel Bloc-Notes

En HTML 5, on dispose de la balise `<figure>`. Voici comment on pourrait l'utiliser :

```
<figure>
  <img src="images/blocnotes.png" alt="Bloc-Notes" />
</figure>
```

Pour ajouter une légende à votre image, utilisez la balise `<figcaption>`à l'intérieur de la balise `<figure>` :

```
<figure>
  <img src="images/blocnotes.png" alt="Bloc-Notes" />
  <figcaption>Le logiciel Bloc-Notes</figcaption>
</figure>
```

Bien comprendre le rôle des figures

Un peu plus tôt dans ce chapitre, je vous ai dit que les images devaient être situées dans des paragraphes (entre des balises `<p>` et `</p>`). Ce n'est pas tout à fait vrai.

Si vous faites de votre image une figure, elle peut être située en dehors d'un paragraphe.

```
<p>Connaissez-vous le logiciel Bloc-Notes ? On peut faire des sites web
avec !</p>

<figure>
  <img src="images/blocnotes.png" alt="Bloc-Notes" />
  <figcaption>Le logiciel Bloc-Notes</figcaption>
</figure>
```

Je ne vois pas vraiment de changement. Quand dois-je placer mon image dans un paragraphe et quand dois-je la placer dans une figure ?

Tout dépend de ce que votre image apporte au texte.

- Si elle n'apporte aucune information (c'est juste une illustration pour décorer), placez-la dans un paragraphe.
- Si elle apporte une information, placez-la dans une figure.

La balise `<figure>` a un rôle avant tout **sémantique** : elle indique à l'ordinateur que l'image a du sens et qu'elle est importante pour la compréhension du texte. Un programme pourra par exemple récupérer toutes les figures du texte et les référencer dans une table des figures.

Enfin, sachez qu'une figure peut très bien comporter plusieurs images. Voici un cas où cela se justifie :

```
<figure>
  <img src="images/internetexplorer.png" alt="Logo Internet Explorer" />
  <img src="images/firefox.png" alt="Logo Mozilla Firefox" />
  <img src="images/chrome.png" alt="Logo Google Chrome" />
  <figcaption>Logos des différents navigateurs</figcaption>
</figure>
```

En résumé

- Il existe plusieurs formats d'image adaptés au Web :
  - JPEG : pour les photos ;
  - PNG : pour toutes les autres illustrations ;
  - GIF : similaire au PNG, plus limité en nombre de couleurs mais qui peut être animé.
- On insère une image avec la balise `<img />`, qui doit obligatoirement comporter au moins les deux attributs `src` (nom de l'image) et `alt` (courte description de l'image).
- Si une image illustre le texte (et n'est pas seulement décorative), il est conseillé de la placer au sein d'une balise `<figure>`. La balise `<figcaption>` sert à lui associer une légende.

Deuxième partie

Les joies de la mise en forme avec CSS

Maintenant que vous connaissez les bases du HTML... donnez du *style* à votre page grâce au CSS !

6 Mettre en place le CSS

Vidéo d'introduction

Mathieu Nebra nous présente dans cette vidéo de près de 9 minutes, accessible depuis cette adresse *https://goo.gl/44MRUU*, comment mettre en place le CSS dans une page web.

Après avoir passé toute la première partie du cours à ne travailler que sur le HTML, nous allons maintenant découvrir le CSS. Le CSS n'est pas plus compliqué que le HTML, il vient le compléter pour vous aider à mettre en forme votre page web.

Commençons par un peu de théorie sur le CSS. Qu'est-ce que c'est ? À quoi cela ressemble-t-il ? Où est-ce qu'on écrit du code CSS ? Ces aspects théoriques ne sont pas bien compliqués, mais vous devez obligatoirement les connaître car c'est la base du CSS. C'est d'ailleurs la seule chose à retenir par cœur en CSS ; vous retrouverez le reste dans l'aide-mémoire en annexe C.

La petite histoire du CSS

Petit rappel : à quoi sert CSS ?

Nous avons déjà bien entamé notre découverte du HTML, même s'il reste encore de nombreuses choses à apprendre (nous y reviendrons dans quelques chapitres). Maintenant, il est temps de nous intéresser au CSS.

CSS *(Cascading Style Sheets)*, c'est cet autre langage qui vient compléter le HTML. Il sert à gérer la mise en forme de votre site.

C'est grâce à lui que vous choisissez la couleur de votre texte, la police utilisée sur votre site, la taille du texte, les bordures, le fond, etc.

C'est aussi lui qui permet de faire la mise en page de votre site. Vous pourrez dire : je veux que mon menu soit à gauche et occupe telle largeur, que l'en-tête de mon site soit calé en haut et qu'il soit toujours visible, etc.

Souvenez-vous de ce petit comparatif que nous avions vu dès le premier chapitre (figure suivante).

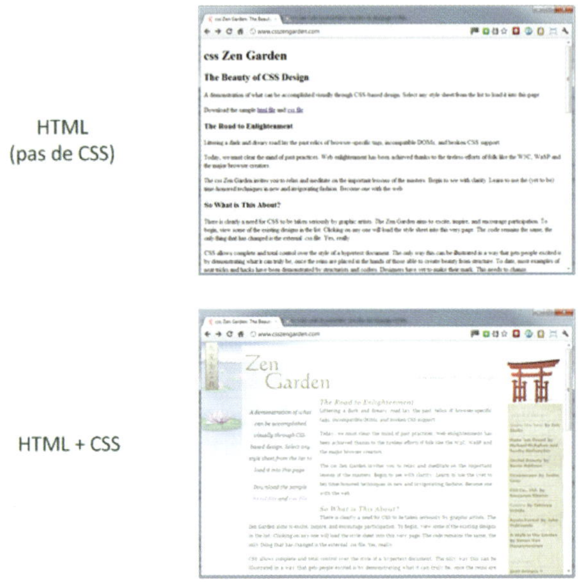

La même page HTML, sans et avec CSS (www.csszengarden.com)

Grâce au HTML, nous avons pu rédiger le contenu de notre site, mais il est brut de décoffrage. Le CSS vient compléter ce code pour mettre en forme tout cela et donner au contenu l'apparence qu'on souhaite.

CSS : des débuts difficiles

Aux débuts du Web, CSS n'existait pas. Le HTML est né en 1991 et CSS est arrivé en 1996. Avant 1996, la mise en forme se définissait alors uniquement en HTML. Par exemple, `<font color="#aab1c3">` servait à définir la couleur du texte.

Cependant, les pages HTML commençaient à devenir assez complexes. Avec de plus en plus de balises, c'était un joyeux mélange entre le fond et la forme, qui rendait la mise à jour des pages web de plus en plus complexe. C'est pour cela qu'on a créé le langage CSS.

Cependant, le CSS n'a pas été adopté immédiatement par les webmasters, loin de là. Il fallait se défaire de certaines mauvaises habitudes et cela a pris du temps. Encore aujourd'hui, on peut trouver des sites web avec des balises HTML de mise en forme, anciennes et obsolètes, comme <font>.

CSS : la prise en charge des navigateurs

Tout comme le HTML, le CSS a évolué. Il y a eu quatre versions importantes :

- CSS 1 ;
- CSS 2.0 ;
- CSS 2.1 ;
- CSS 3.

En fait, la version CSS 3 n'est pas encore totalement finalisée (ce n'est pas encore une version officielle). Cependant, elle est bien avancée et aujourd'hui déjà bien prise en charge par de nombreux navigateurs, ce qui fait qu'on peut déjà s'en servir.

Il serait dommage de passer à côté, car CSS 3 apporte de nombreuses fonctionnalités (leur nombre double par rapport à CSS 2.1). Nous nous baserons donc dans ce cours sur CSS 3, qui reprend et complète la plupart des fonctionnalités de CSS 2.1.

Ce sont les navigateurs web qui font le travail le plus complexe : ils doivent *lire* le code CSS et *comprendre* comment afficher la page.

Au début des années 2000, Internet Explorer était le navigateur le plus répandu, mais sa gestion du CSS est longtemps restée assez médiocre (pour ne pas dire carrément mauvaise). C'était la grande époque de la version 6 (IE6).

Depuis, de nombreux navigateurs sont arrivés et ont chahuté Internet Explorer : Firefox bien sûr, mais aussi Chrome et Safari. Cela a incité Microsoft à réagir et publier (après une longue période d'inactivité) IE7, puis IE8 et IE9, 10, 11... Et maintenant Edge.

Que faut-il retenir de tout cela ?

Les navigateurs ne connaissent pas toutes les propriétés CSS qui existent. Notamment, plus le navigateur est vieux, moins il connaît de fonctionnalités CSS.

Certaines des fonctionnalités CSS présentées dans ce chapitre ne fonctionneront pas forcément sur les navigateurs les plus vieux. Je ne peux pas l'éviter, *aucun navigateur ne connaît parfaitement toutes les fonctionnalités CSS*. Si le navigateur ne connaît pas une propriété, il l'ignore et ne la met pas en forme, mais cela ne fait pas planter votre page.

Je vous recommande fortement d'ajouter dans vos favoris le site *http://www.caniuse.com/*, qui propose des tables de compatibilité des fonctionnalités de HTML et CSS sur différents navigateurs (et sur leurs différentes versions) :

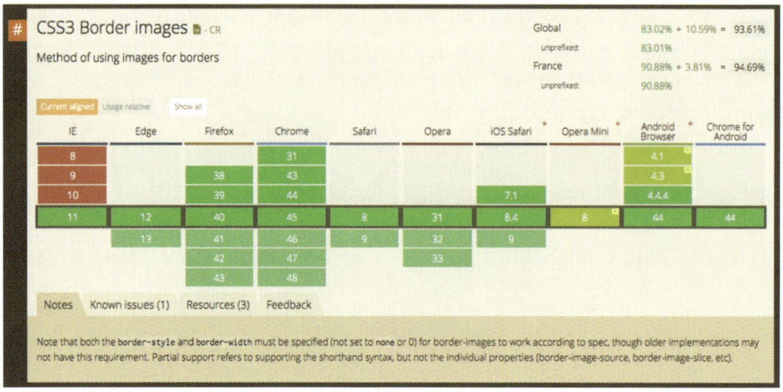

Table de compatibilité CSS sur caniuse.com

Où écrit-on le CSS ?

Vous avez le choix car on peut écrire du code en langage CSS à trois endroits différents :

- dans un fichier `.css` (*recommandé*) ;
- dans l'en-tête `<head>` du fichier HTML ;
- directement dans les balises du fichier HTML *via* un attribut `style` (*déconseillé*).

Je vais vous présenter ces trois méthodes, même si c'est la première qui doit être privilégiée.

Dans un fichier .css

On écrit le plus souvent le code CSS dans un fichier spécial ayant l'extension `.css`. C'est la méthode la plus pratique et la plus souple. Cela nous évite de tout mélanger dans un même fichier. J'utiliserai cette technique dans toute la suite de ce cours.

Commençons à pratiquer dès maintenant ! Nous allons partir du fichier HTML suivant :

```
<!DOCTYPE html>
<html>
  <head>
    <meta charset="utf-8" />
    <link rel="stylesheet" href="style.css" />
    <title>Premiers tests du CSS</title>
  </head>

  <body>
    <h1>Mon super site</h1>

    <p>Bonjour et bienvenue sur mon site !</p>
```

```
13.     <p>Pour le moment, mon site est un peu <em>vide</em>. Patientez
   encore un peu !</p>
14.   </body>
15. </html>
```

Vous noterez le contenu de la ligne 5, `<link rel="stylesheet" href="style.css" />` : c'est elle qui indique que ce code HTML est associé à un fichier appelé `style.css` et chargé de la mise en forme.

Enregistrez ce code sous le nom que vous voulez (par exemple `page.html`). Pour le moment, rien d'extraordinaire à part la nouvelle balise que nous avons ajoutée.

Maintenant, créez un *nouveau* fichier vide dans votre éditeur de texte et copiez-y le code CSS suivant :

```
p
{
    color: blue;
}
```

> Pour obtenir la coloration du code dans Sublime Text, enregistrez bien votre fichier avec l'extension `.css` d'abord.

Enregistrez le fichier en le nommant `style.css`. Placez-le dans le même dossier que votre fichier `.html`.

Dans Sublime Text, vous devriez observer quelque chose de similaire à la figure suivante.

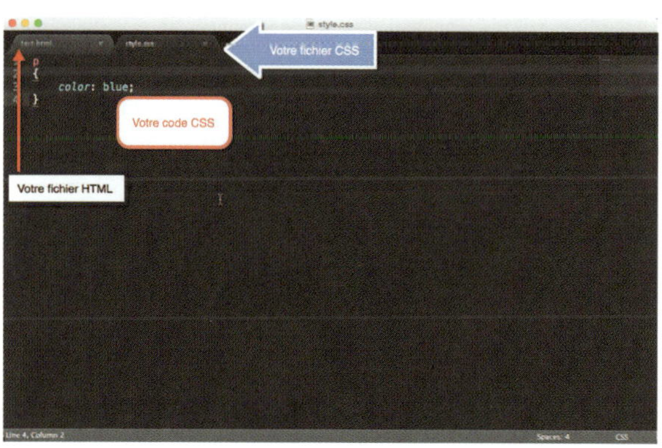

Fichiers HTML et CSS dans Sublime Text

Dans votre explorateur de fichiers, vous devriez les voir apparaître côte à côte : d'un côté le `.html`, de l'autre le `.css`.

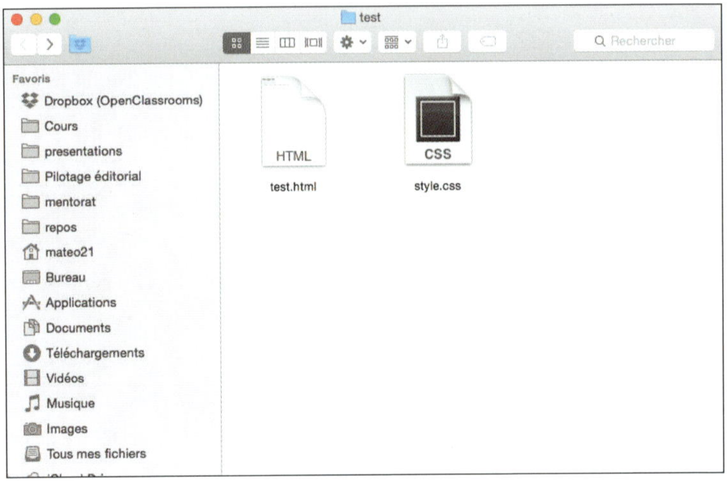

Fichiers HTML et CSS dans l'explorateur de fichiers

Ouvrez maintenant votre fichier `page.html` dans votre navigateur pour le tester, comme vous le faites d'habitude. Vos paragraphes sont écrits en bleu.

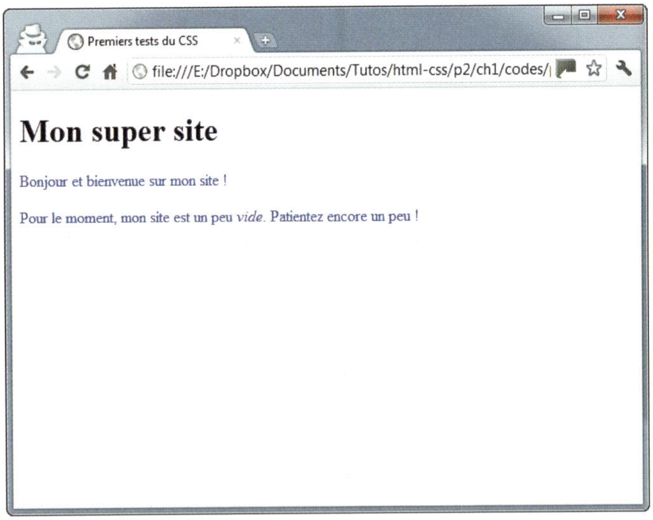

Le texte est écrit en bleu.

Il est inutile d'ouvrir directement le fichier `style.css` dans le navigateur C'est le fichier `page.html` qu'il faut ouvrir, il fera automatiquement appel au fichier `style.css`.

Dans l'en-tête <head> du fichier HTML

Il existe une autre méthode pour utiliser du CSS dans ses fichiers HTML : cela consiste à insérer le code CSS directement dans une balise `<style>`, à l'intérieur de l'en-tête `<head>`.

Voici comment obtenir exactement le même résultat avec un seul fichier `.html` qui contient le code CSS (lignes 5 à 10) :

```
1. <!DOCTYPE html>
2. <html>
3.    <head>
4.       <meta charset="utf-8" />
5.       <style>
6.          p
7.          {
8.             color: blue;
9.          }
10.      </style>
11.      <title>Premiers tests du CSS</title>
12.   </head>
13.
14.   <body>
15.      <h1>Mon super site</h1>
16.      <p>Bonjour et bienvenue sur mon site !</p>
17.      <p>Pour le moment, mon site est un peu <em>vide</em>. Patientez
   encore un peu !</p>
18.   </body>
19. </html>
```

Testez, vous verrez que le résultat est le même.

Directement dans les balises (déconseillé)

Voici une dernière méthode, à manipuler avec précaution : ajouter un attribut `style` à n'importe quelle balise et insérer votre code CSS directement dans cet attribut :

```
<!DOCTYPE html>
<html>
   <head>
      <meta charset="utf-8" />
      <title>Premiers tests du CSS</title>
   </head>

   <body>
      <h1>Mon super site</h1>
      <p style="color: blue;">Bonjour et bienvenue sur mon site !</p>
      <p>Pour le moment, mon site est un peu <em>vide</em>. Patientez
   encore un peu !</p>
   </body>
</html>
```

Cette fois, seul le texte du premier paragraphe (ligne 11), dont la balise contient le code CSS, sera coloré en bleu (figure suivante).

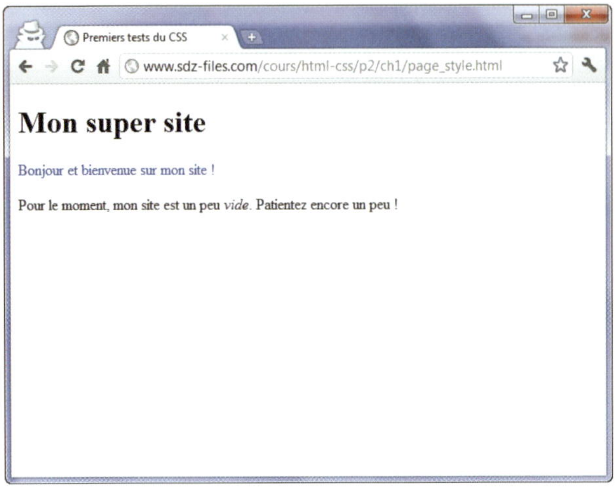

Le premier paragraphe est écrit en bleu.

Quelle méthode choisir ?

Je trouve que la première méthode est plus compliquée que les deux autres ! Pourquoi créer deux fichiers ? Ça me convenait bien, moi, un seul fichier `.HTML` !

Je vous recommande fortement de prendre l'habitude de travailler avec la première méthode parce que c'est celle utilisée par la majorité des webmasters…

Pour le moment, vous faites vos tests sur un seul fichier HTML. Cependant, votre site sera, par la suite, constitué de plusieurs pages.

Imaginez : si vous placez le code CSS directement dans des attributs `style`, il faudra le recopier dans tous les fichiers HTML de votre site ! Et si demain vous changez d'avis, par exemple pour que vos paragraphes soient écrits en rouge et non en bleu, il faudra modifier chaque fichier HTML, un à un.

Si vous travaillez avec un fichier CSS externe, vous n'aurez besoin d'écrire cette instruction qu'une seule fois, pour tout votre site.

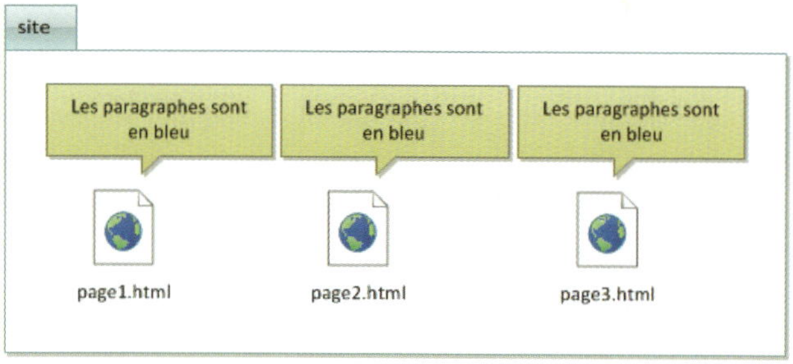

Le code CSS est répété dans chaque fichier HTML.

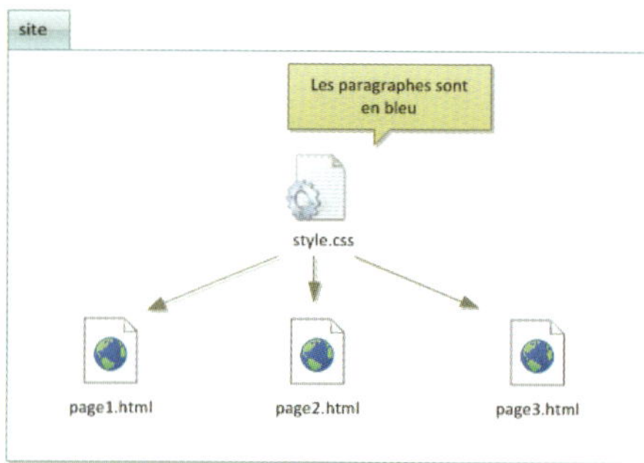

Le code CSS est donné une fois pour toutes dans un fichier CSS.

Appliquer un style : sélectionner une balise

Maintenant que nous savons où placer le code CSS, intéressons-nous de plus près à son fonctionnement. Reprenons l'exemple précédent :

```
p
{
   color: blue;
}
```

Dans un code CSS comme celui-ci, on trouve trois éléments différents :

- **Des noms de balises :** on écrit les noms des balises dont on veut modifier l'apparence. Pour modifier l'apparence de tous les paragraphes `<p>`, par exemple, il faut écrire `p`.
- **Des propriétés CSS :** les « effets de style » de la page sont rangés dans des propriétés. La propriété `color` permet d'indiquer la couleur du texte, `font-size` précise

la taille du texte, etc. Les propriétés CSS sont nombreuses et vous n'êtes pas obligé de les connaître toutes par cœur.

- **Les valeurs :** pour chaque propriété CSS, on doit indiquer une valeur. Par exemple, pour la propriété `color`, il faut indiquer le nom de la couleur ; pour `font-size`, la taille qu'on veut, etc.

Schématiquement, une feuille de styles CSS ressemble donc à ce qui suit :

```
balise1
{
    propriete1: valeur1;
    propriete2: valeur2;
    propriete3: valeur3;
}

balise2
{
    propriete1: valeur1;
    propriete2: valeur2;
    propriete3: valeur3;
    propriete4: valeur4;
}

balise3
{
    propriete1: valeur1;
}
```

Vous repérez dans cet extrait de code les balises, propriétés et valeurs dont je viens de vous parler.

Comme vous le voyez, on écrit le nom de la balise (par exemple `h1`) et on ouvre des accolades pour, à l'intérieur, ajouter les propriétés et valeurs qu'on souhaite. On peut mettre autant de propriétés qu'on veut. Chacune est suivie du symbole « deux-points » (`:`), puis de la valeur correspondante. Enfin, chaque ligne se termine par un point-virgule (`;`).

Vous apprendrez de nombreuses propriétés dans les chapitres suivants. Pour le moment, contentons-nous de changer la couleur pour l'entraînement.

Le code CSS que nous avons utilisé jusqu'ici :

```
p
{
  color: blue;
}
```

… signifie donc en français : « *Je veux que tous mes paragraphes soient écrits en bleu.* ». Le résultat est visible à la figure suivante.

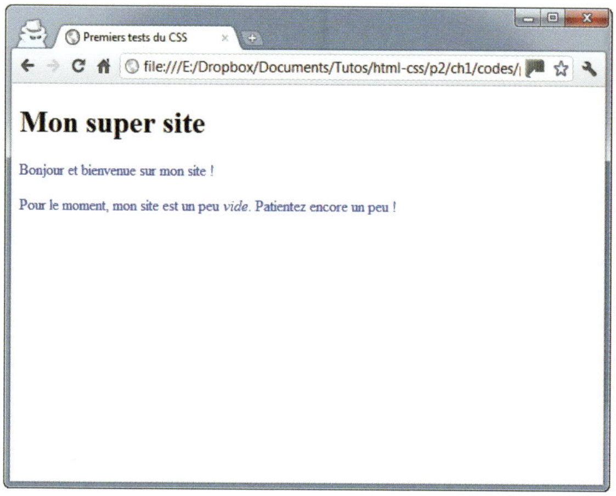

Paragraphes écrits en bleu

Essayez de changer le nom de la balise affectée par le code CSS. Par exemple, si j'écris `h1`, c'est le titre qui sera écrit en bleu :

```
h1
{
   color: blue;
}
```

Maintenant, ouvrez à nouveau votre page HTML (souvenez-vous, c'est la page HTML qu'on ouvre dans le navigateur, pas le fichier CSS !) : vous devriez voir son titre s'afficher en bleu.

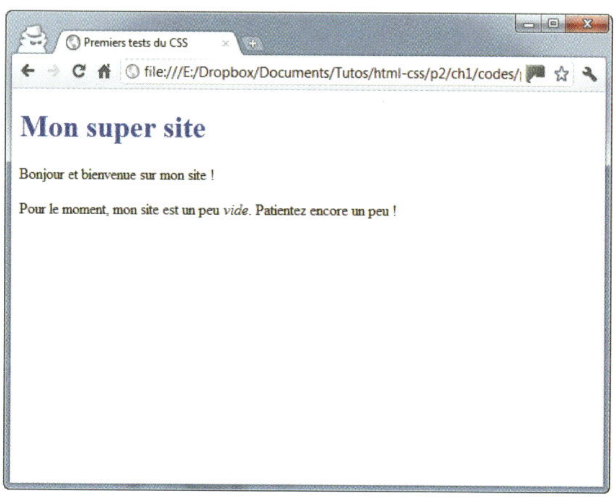

Titre écrit en bleu

Appliquer un style à plusieurs balises

Prenons le code CSS suivant :

```
h1
{
   color: blue;
}

em
{
   color: blue;
}
```

Il signifie que nos titres `<h1>` et nos textes importants `<em>` doivent s'afficher en bleu. C'est un peu répétitif, ne trouvez-vous pas ?

Heureusement, il existe un moyen en CSS d'aller plus vite si les deux balises doivent avoir la même présentation. Il suffit de combiner la déclaration en séparant les noms des balises par une virgule :

```
h1, em
{
   color: blue;
}
```

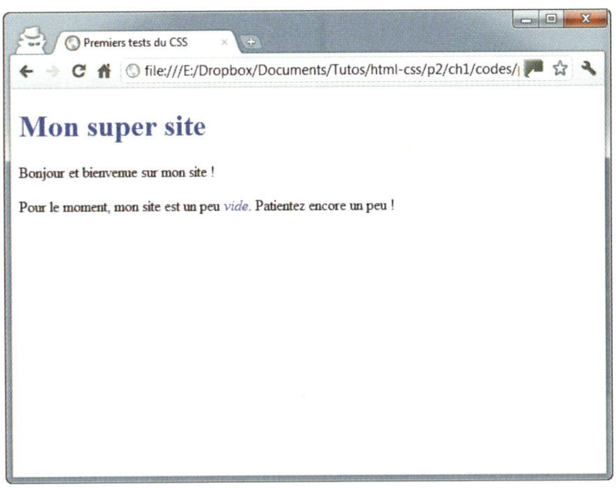

Titre et texte important écrits en bleu

Cela signifie : « *Je veux que le texte de mes* `<h1>` *et* `<em>` *soit écrit en bleu* ».

Vous pouvez indiquer autant de balises à la suite que vous le désirez.

Des commentaires dans du CSS

Comme en HTML, il est possible d'ajouter des commentaires. Ils ne seront pas affichés ; ils servent simplement à indiquer des informations pour vous, par exemple pour vous y retrouver dans un long fichier CSS.

D'ailleurs, vous vous rendrez vite compte qu'en général le fichier HTML est assez court et la feuille CSS plutôt longue (si elle contient tous les éléments de style de votre site, c'est un peu normal). Notez qu'il est possible de créer plusieurs fichiers CSS si vous en ressentez le besoin, afin de mieux les répartir entre les différentes sections de votre site, par exemple.

Pour ajouter un commentaire, c'est très simple ! Tapez votre texte (sur une ou plusieurs lignes) entre `/*` et `*/` :

```
/*
style.css
---------

Par Mathieu Nebra
*/

p
{
   color: blue; /* Les paragraphes seront en bleu */
}
```

Il est possible que j'utilise les commentaires dans la suite du cours, pour vous donner des explications à l'intérieur même des fichiers `.css`.

Appliquer un style : class et id

Ce que je vous ai montré jusqu'ici présente quand même un défaut : cela implique par exemple que TOUS les paragraphes possèdent la même apparence (ici, ils seront donc tous écrits en bleu).

Comment faire pour que certains paragraphes seulement soient écrits d'une manière différente ? On pourrait placer le code CSS dans un attribut `style`, sur la balise qu'on vise, mais comme je vous l'ai dit plus tôt, ce n'est pas recommandé, il vaut mieux utiliser un fichier CSS externe.

Pour résoudre le problème, on peut utiliser ces attributs spéciaux *qui fonctionnent sur toutes les balises* :

- l'attribut `class` ;
- l'attribut `id`.

Que les choses soient claires dès le début : les attributs `class` et `id` sont quasiment identiques. Une toute petite chose les différencie, je vous la dévoilerai plus loin.

Pour le moment et pour faire simple, on ne va s'intéresser qu'à l'attribut `class`. On peut l'associer à n'importe quelle balise, aussi bien un titre qu'un paragraphe, une image, etc.

```
<h1 class=""></h1>
<p class=""></p>
<img class="" />
```

Oui mais que donne-t-on comme valeur à l'attribut **`class`** ?

En fait, vous devez écrire un nom qui sert à identifier la balise ; ce que vous voulez, du moment que le nom commence par une lettre. Par exemple, je vais associer la classe `introduction` à mon premier paragraphe (ligne 12) :

```
1. <!DOCTYPE html>
2. <html>
3.    <head>
4.       <meta charset="utf-8" />
5.       <link rel="stylesheet" href="style.css" />
6.       <title>Premiers tests du CSS</title>
7.    </head>
8.
9.    <body>
10.      <h1>Mon super site</h1>
11.      <p class="introduction">Bonjour et bienvenue sur mon site !</p>
12.      <p>Pour le moment, mon site est un peu <em>vide</em>. Patientez
   encore un peu !</p>
13.   </body>
14. </html>
```

Maintenant que c'est fait, votre paragraphe est identifié. Il est nommé : `introduction`. Vous pourrez réutiliser ce nom dans le fichier CSS pour dire : « *Je veux que seules les balises qui portent le nom "introduction" soient affichées en bleu* ».

Pour réaliser cela en CSS, indiquez le nom de votre classe en commençant par un point :

```
.introduction
{
   color: blue;
}
```

Testez le résultat : seul votre paragraphe appelé `introduction` s'affiche en bleu.

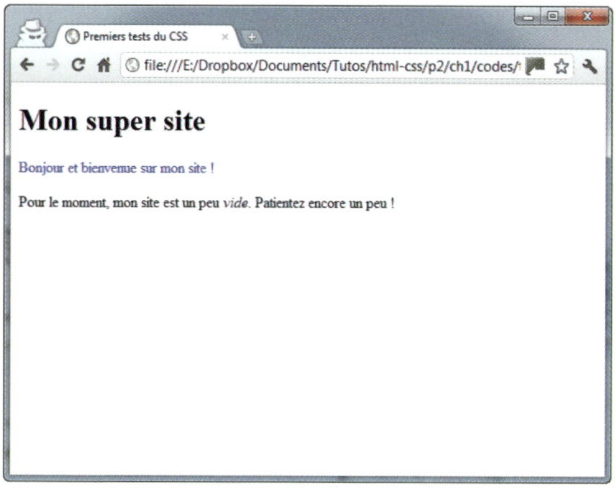

Seul le premier paragraphe s'affiche en bleu.

Et l'attribut **id**, alors ?

Il fonctionne exactement de la même manière que `class`, à un détail près : il ne peut être utilisé *qu'une fois* dans le code.

Quel en est l'intérêt ? Il y en a assez peu, pour tout vous dire ; cela vous sera utile si vous faites du JavaScript plus tard pour reconnaître certaines balises. D'ailleurs, nous avons déjà vu l'attribut `id`, dans le chapitre sur les liens (pour réaliser des ancres). En pratique, nous ne mettrons des `id` que sur des éléments qui sont uniques dans la page, par exemple le logo :

```
<img src="images/logo.png" alt="Logo du site" id="logo">
```

Si vous utilisez des `id`, lorsque vous définirez leurs propriétés dans le fichier CSS, il faudra faire précéder leur nom par un dièse (#) :

```
#logo
{
   /* Indiquez les propriétés CSS ici */
}
```

Si vous vous emmêlez les pinceaux entre `class` et `id`, retenez que deux balises peuvent avoir le même nom avec l'attribut `class`. Un nom d'`id` doit en revanche être unique dans la page HTML.

Les balises universelles

Il arrivera parfois que vous ayez besoin d'appliquer une `class` (ou un `id`) à certains mots qui, à l'origine, ne sont pas entourés par des balises.

En effet, le problème de `class`, c'est qu'il s'agit d'un attribut. Vous ne pouvez donc en mettre que sur une balise. Essayons par exemple de modifier uniquement « bienvenue » dans le paragraphe suivant :

```
<p>Bonjour et bienvenue sur mon site !</p>
```

Cela serait facile à faire s'il y avait une balise autour de ce mot mais, malheureusement, il n'y en a pas. Par chance, on a inventé… la balise-qui-ne-sert-à-rien.

En réalité il s'agit de deux balises dites **universelles**, qui n'ont aucune signification particulière (elles n'indiquent pas que le mot est important, par exemple). Il y a une différence minime (mais significative !) entre les deux :

- `<span></span>` : c'est une balise de type **inline**, c'est-à-dire qu'on la place au sein d'un paragraphe de texte, pour sélectionner certains mots uniquement (de la même façon que `<strong>` et `<em>`). C'est celle que nous allons utiliser pour colorer « bienvenue ».
- `<div></div>` : c'est une balise de type **block**, qui entoure un bloc de texte, comme `<p>`, `<h1>`, etc. Ces balises ont quelque chose en commun : elles créent un nouveau « bloc » dans la page et provoquent obligatoirement un retour à la ligne. `<div>` est fréquemment utilisée dans la construction d'un design, comme nous le verrons plus tard.

Pour le moment, nous allons utiliser `<span>`. On la met autour de « bienvenue », on lui ajoute une classe (du nom qu'on veut), on crée le CSS et c'est gagné !

```
<p>Bonjour et <span class="salutations">bienvenue</span> sur mon site !</p>
.salutations
{
    color: blue;
}
```

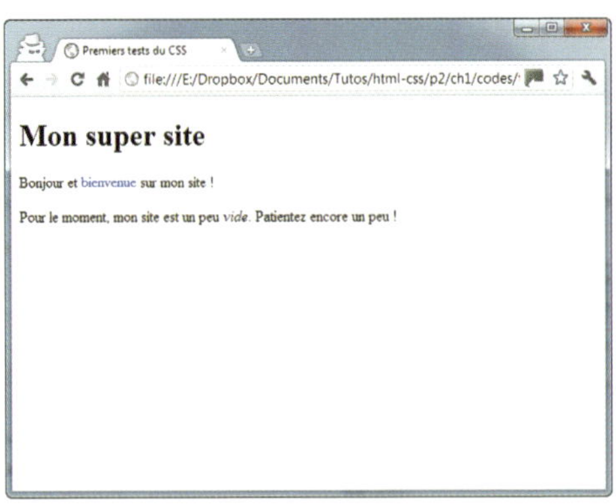

Le mot « bienvenue » est écrit en bleu.

Appliquer un style : les sélecteurs avancés

En CSS, le plus difficile est de savoir cibler le texte dont on veut changer la forme. Pour cibler (on dit « sélectionner ») les éléments de la page à modifier, on utilise ce qu'on appelle des **sélecteurs**. Vous en avez déjà utilisés quelques-uns un peu plus tôt dans ce chapitre, résumons-les pour commencer.

Les sélecteurs déjà connus

Ces sélecteurs, que nous avons vus précédemment, sont de loin les plus couramment utilisés. Il faut les connaître par cœur. Commençons par la base de la base :

```
p
{
...
}
```

... signifie « Je veux toucher tous les paragraphes ». Après, c'est à vous de dire ce que vous faites à ces paragraphes (vous les écrivez en bleu, par exemple).

Nous avons aussi vu :

```
h1, em
{
...
}
```

... qui signifie « Tous les titres et tous les textes importants ». Nous avons sélectionné deux balises d'un coup.

Et enfin, nous avons vu comment sélectionner des balises précises auxquelles nous avons donné un nom grâce aux attributs `class` et `id` :

```
.class
{
...
}

#id
{
...
}
```

Il existe des dizaines d'autres façons de cibler des balises en CSS ! Nous n'allons pas toutes les voir car il y en a beaucoup et certaines sont complexes, mais voici déjà de quoi vous permettre d'être plus efficaces en CSS !

Les sélecteurs avancés

* : sélecteur universel

```
*
{
...
}
```

Sélectionne toutes les balises sans exception. On l'appelle le sélecteur universel.

A B : une balise contenue dans une autre

```
h3 em
{
...
}
```

Sélectionne toutes les balises <em> situées à l'intérieur d'une balise <h3>. Notez qu'il n'y a pas de virgule entre les deux noms.

```
<h3>Titre avec <em>texte important</em></h3>
```

A + B : une balise qui en suit une autre

```
h3 + p
{
...
}
```

Sélectionne la première balise <p> située après un titre <h3>.

```
<h3>Titre</h3>
<p>Paragraphe</p>
```

A[attribut] : une balise qui possède un attribut

```
a[title]
{
...
}
```

Sélectionne tous les liens <a> qui possèdent un attribut title.

```
<a href="http://site.com" title="Infobulle">
```

A[attribut="Valeur"] : une balise, un attribut et une valeur exacte

```
a[title="Cliquez ici"]
{
...
}
```

C'est la même chose ici, mais l'attribut doit en plus avoir exactement pour valeur « Cliquez ici ».

```
<a href="http://site.com" title="Cliquez ici">
```

A[attribut="Valeur"] : une balise, un attribut et une valeur*

```
a[title*="ici"]
{
...
}
```

De même, mais l'attribut doit cette fois contenir le mot « ici » dans sa valeur (peu importe sa position).

```
<a href="http://site.com" title="Quelque part par ici">
```

D'autres sélecteurs existent

Vous avez ici un petit aperçu des sélecteurs CSS, mais si vous voulez une liste complète, renseignez-vous directement à la source : sur le site du W3C (*http://www.w3.org/Style/CSS3-selectors-updates/WD-CSS3-selectors-20010126.fr.html#selectors*). C'est très complet.

Nous découvrirons certains de ces autres sélecteurs dans la suite de ce cours.

En résumé

- CSS est un langage qui vient compléter le HTML. Son rôle est de mettre en forme votre page web.
- Il faut être vigilant sur la compatibilité des navigateurs avec certaines fonctionnalités récentes de CSS 3. Quand un navigateur ne connaît pas une instruction de mise en forme, il l'ignore simplement.
- On peut écrire le code CSS à différents endroits, le mieux étant de créer un fichier séparé portant l'extension `.css` (exemple : `style.css`).
- En CSS, on sélectionne quelles portions de la page HTML on veut modifier et on change leur présentation avec des propriétés :

```
balise1
{
  propriete1: valeur1;
  propriete2: valeur2;
}
```

- Il existe de nombreuses façons de sélectionner la portion de la page qu'on veut mettre en forme. Entre autres, on peut viser :
  - toutes les balises d'un même type, en écrivant simplement leur nom (`h1` par exemple) ;
  - certaines balises spécifiques, auxquelles on a donné des noms à l'aide des attributs `class` ou `id` (`.nomclasse` ou `#nomid`) ;
  - uniquement les balises qui se trouvent à l'intérieur d'autres balises (`h3 em`).
  - etc.

7

Formater le texte

Vidéo d'introduction

Mathieu Nebra nous présente dans cette vidéo de près de 9 minutes, accessible depuis cette adresse *https://goo.gl/TjK5TF*, comment mettre en forme du texte.

Nous arrivons maintenant à un chapitre qui devrait beaucoup vous intéresser.

Non, le « formatage du texte » n'a rien à voir avec la destruction de toutes les données présentes sur votre disque dur ! Cela signifie simplement qu'on va modifier son apparence (on dit qu'on le « met en forme »).

Nous allons réutiliser ce que nous avons appris dans le chapitre précédent. Nous allons donc travailler directement au sein du fichier `.css` que nous avons créé.

Ce chapitre va être l'occasion de découvrir de nombreuses propriétés pour modifier la taille du texte, changer la police, aligner le texte…

La taille

Pour modifier la taille du texte, on utilise la propriété CSS `font-size`. Toutefois, pour indiquer la taille du texte, les choses se corsent car plusieurs techniques vous sont proposées :

- Indiquer une **taille absolue** : en pixels, en centimètres ou en millimètres. Cette méthode est très précise, mais il est conseillé de ne l'utiliser que si c'est absolument nécessaire, car on risque d'indiquer une taille trop petite pour certains lecteurs.
- Indiquer une **taille relative** : en pourcentage, « em » ou « ex ». Cette technique a l'avantage d'être plus souple. Elle s'adapte plus facilement aux préférences de taille des visiteurs.

Une taille absolue

Pour indiquer une taille absolue, on utilise généralement les pixels :

```
font-size: 16px;
```

Dans cet exemple, les lettres auront une taille de 16 pixels.

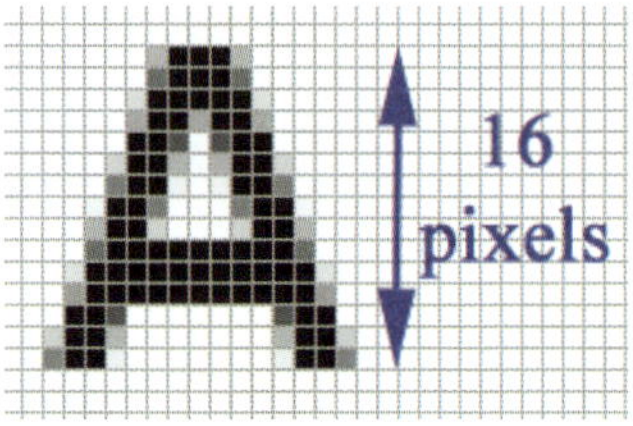

Une lettre de 16 pixels de hauteur

Voici un exemple d'utilisation (placez ce code dans votre fichier `.css`) :

```
p
{
   font-size: 14px; /* Paragraphes de 14 pixels */
}

h1
{
   font-size: 40px; /* Titres de 40 pixels */
}
```

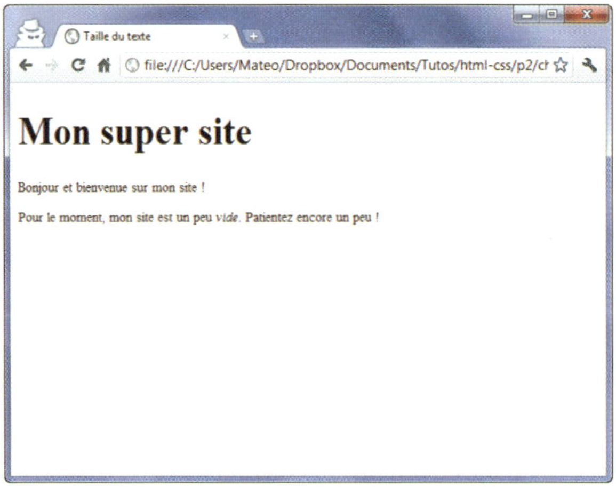

Différentes tailles de texte

Si vous le souhaitez, vous pouvez également définir des tailles en centimètres ou en millimètres. Remplacez « px » par « cm » ou « mm ». Ces unités sont cependant moins adaptées aux écrans.

Une valeur relative

C'est la méthode recommandée car le texte s'adapte alors plus facilement aux préférences de tous les visiteurs.

Il y a plusieurs moyens d'indiquer une valeur relative. Vous pouvez par exemple écrire la taille avec des mots en anglais :

- `xx-small` : minuscule ;
- `x-small` : très petit ;
- `small` : petit ;
- `medium` : moyen ;
- `large` : grand ;
- `x-large` : très grand ;
- `xx-large` : euh… gigantesque.

```
p
{
   font-size: small;
}

h1
{
   font-size: large;
}
```

Cette technique comporte un défaut : seulement sept tailles sont disponibles (car il n'y a que sept noms). Heureusement, il existe d'autres moyens. Ma technique préférée consiste à indiquer la taille en « em ».

- Si vous écrivez `1em`, le texte a une taille normale.
- Si vous voulez grossir le texte, inscrivez une valeur supérieure à 1, comme `1.3em`.
- Si vous voulez réduire le texte, inscrivez une valeur inférieure à 1, comme `0.8em`.

Pour les nombres décimaux, il faut mettre un point et non une virgule. Vous devez donc écrire « 1.4em » et non pas « 1,4em » !

```
p
{
   font-size: 0.8em;
}

h1
{
   font-size: 1.3em;
}
```

D'autres unités sont disponibles. Essayez le `ex` (qui fonctionne sur le même principe que le `em` mais qui est plus petit de base) et le pourcentage (80 %, 130 %...).

La police

Ah ! la police... On touche un point sensible.

En effet, il se pose un problème : pour qu'une police s'affiche correctement, il faut qu'elle soit installée sur l'ordinateur de tous vos visiteurs. Si un internaute n'a pas la même police que vous, son navigateur utilisera celle par défaut (une police standard), qui n'aura peut-être rien à voir avec ce à quoi vous vous attendiez.

La bonne nouvelle, c'est que depuis CSS 3, il est possible de faire télécharger automatiquement une police au navigateur. Je vous expliquerai dans un second temps comment faire cela.

Modifier la police utilisée

La propriété CSS qui indique la police à utiliser est `font-family` :

```
balise
{
   font-family: police;
}
```

Pour éviter les problèmes, on précise en général *plusieurs* noms de police, séparés par des virgules :

```
balise
{
   font-family: police1, police2, police3, police4;
}
```

Le navigateur essaiera d'abord d'utiliser la `police1`. S'il ne l'a pas, il essaiera la `police2`. S'il ne l'a pas, il passera à la `police3`, et ainsi de suite.

En général, on indique en tout dernier `serif`, ce qui correspond à une police par défaut (qui ne s'applique que si aucune autre police n'a été trouvée).

Il existe aussi une autre police par défaut appelée `sans-serif`. La différence entre les deux est la présence de petites pattes de liaison en bas des lettres, que la police `sans-serif` n'a pas.

Quelles sont les polices les plus courantes qu'on a le « droit » d'utiliser ?

Voici une liste de polices qui fonctionnent bien sur la plupart des navigateurs :

- Arial ;
- Arial Black ;
- Comic Sans MS ;
- Courier New ;
- Georgia ;
- Impact ;
- Times New Roman ;
- Trebuchet MS ;
- Verdana.

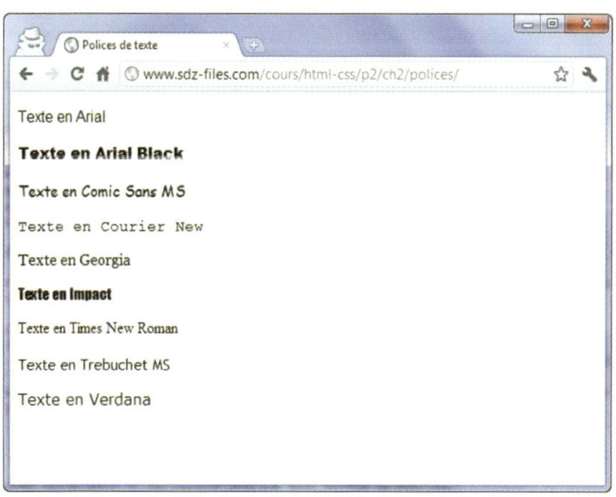

Différentes polices

```
p
{
  font-family: Impact, "Arial Black", Arial, Verdana, sans-serif;
}
```

Cet exemple signifie : « *Utilise la police Impact ou, si elle n'y est pas, Arial Black, ou sinon Arial, ou sinon Verdana ou, si tu n'as rien trouvé, une police standard (sans-serif)* ».

En général, il est bien d'indiquer un choix de trois ou quatre polices (+ serif ou sans-serif) afin de s'assurer qu'au moins l'une d'entre elles aura été trouvée sur l'ordinateur du visiteur.

Si le nom de la police comporte des espaces, je conseille de l'entourer de guillemets, comme je l'ai fait pour « Arial Black ».

Utiliser une police personnalisée avec @font-face

Je trouve le choix des polices trop limité. Comment puis-je utiliser ma police préférée sur mon site web ?

Pendant longtemps, cela n'était pas possible. Aujourd'hui, avec CSS 3, il existe heureusement un moyen d'utiliser n'importe quelle police sur son site et cela fonctionne bien avec la plupart des navigateurs.

Attention toutefois, il y a des défauts :

- Il faudra que le navigateur de vos visiteurs *télécharge* automatiquement le fichier de la police, dont le poids peut atteindre, voire dépasser 1 Mo…
- Les polices sont pour la plupart soumises au droit d'auteur ; il n'est donc *pas légal* de les utiliser sur son site. Heureusement, il existe des sites comme *fontsquirrel.com* et *dafont.com* qui proposent en téléchargement un certain nombre de polices libres de droits. Je recommande en particulier *fontsquirrel.com* car il permet de télécharger des packs prêts à l'emploi pour CSS 3.
- Il existe *plusieurs formats* de fichiers de polices et ceux-ci ne fonctionnent pas sur tous les navigateurs.

Voici les différents formats qui existent et qu'il faut connaître :

- `.ttf` : *TrueType Font*. Fonctionne sur IE9 et tous les autres navigateurs.
- `.eot` : *Embedded OpenType*. Fonctionne sur Internet Explorer uniquement, toutes versions. Ce format est propriétaire, produit par Microsoft.
- `.otf` : *OpenType Font*. Ne fonctionne pas sur Internet Explorer.
- `.svg` : *SVG Font*. Le seul format reconnu sur les iPhones et iPads pour le moment.
- `.woff` : *Web Open Font Format*. Nouveau format conçu pour le Web, qui fonctionne sur IE9 et tous les autres navigateurs.

En CSS, pour définir une nouvelle police, vous devez la déclarer comme ceci :

```
@font-face {
   font-family: 'MaSuperPolice';
   src: url('MaSuperPolice.eot');
}
```

Le fichier de police (ici `MaSuperPolice.eot`) doit ici être situé dans le même dossier que le fichier CSS (ou dans un sous-dossier, si vous utilisez un chemin relatif).

Les `.eot` ne fonctionnent que sur Internet Explorer. L'idéal est de proposer plusieurs formats pour la police : le navigateur téléchargera celui qu'il sait lire :

```
@font-face {
   font-family: 'MaSuperPolice';
   src: url('MaSuperPolice.eot') format('eot'),
        url('MaSuperPolice.woff') format('woff'),
        url('MaSuperPolice.ttf') format('truetype'),
        url('MaSuperPolice.svg') format('svg');
}
```

Pour tester le fonctionnement, je vous propose de télécharger une police, par exemple Learning Curve Pro (*http://www.fontsquirrel.com/fonts/Learning-Curve-Pro*). Cliquez sur ***@font-face Kit*** pour télécharger un kit prêt à l'emploi avec tous les formats pour cette police.

Votre fichier CSS ressemblera au final à ceci :

```
@font-face { /* Définition d'une nouvelle police nommée
LearningCurveProRegular */
   font-family: 'LearningCurveProRegular';
   src: url('LearningCurve_OT-webfont.eot');
   src: url('LearningCurve_OT-webfont.eot?#iefix')
format('embedded-opentype'),
        url('LearningCurve_OT-webfont.woff') format('woff'),
        url('LearningCurve_OT-webfont.ttf') format('truetype'),
        url('LearningCurve_OT-webfont.svg#LearningCurveProRegular')
format('svg');
}

h1 /* Utilisation de la police qu'on vient de définir sur les titres */
{
   font-family: 'LearningCurveProRegular', Arial, serif;
}
```

La première (grosse) section `@font-face` sert à définir un nouveau nom de police. Ensuite, nous utilisons ce nom avec la propriété `font-family`, que nous connaissons, pour modifier l'apparence des titres `<h1>`.

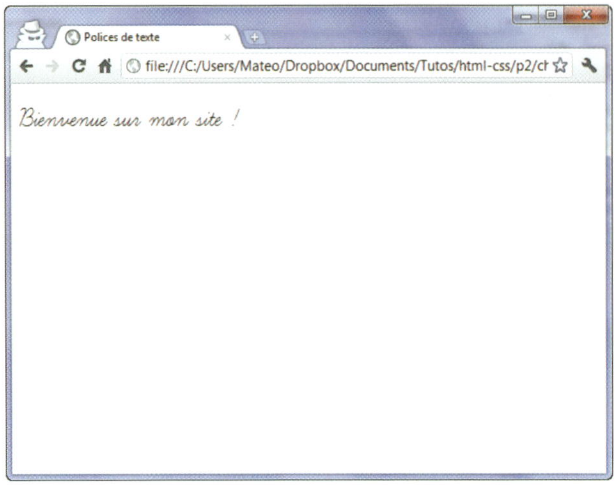

Affichage d'une police personnalisée

Vous noterez quelques bizarreries dans le CSS généré par le site Font Squirrel. Le but est de pallier certains bogues sur Internet Explorer car les anciennes versions ne comprennent pas quand on définit plusieurs formats. Cela explique donc la présence d'un `?#iefix` dans le code.

Italique, gras, souligné...

Il existe en CSS une série de propriétés classiques de mise en forme du texte. Nous allons découvrir ici comment afficher le texte en gras, italique, souligné... et, au passage, nous verrons qu'il est même possible de le faire clignoter !

Mettre en italique

Mais je croyais que la balise `<em>` permettait de mettre un texte en italique ?!

Je n'ai *jamais* dit que la balise `<em>` était faite pour mettre le texte en italique (de même que je n'ai jamais dit que `<strong>` était faite pour mettre en gras).

`<em>` est prévue pour insister sur des mots. Cela veut dire que les mots qu'elle entoure sont assez importants. Pour représenter cette importance, les navigateurs choisissent pour la plupart d'afficher le texte en italique, mais ce n'est pas une obligation.

Le CSS lui, permet de dire réellement : « Je veux que ce texte soit en italique ». Rien ne vous empêche, par exemple, de décider que tous vos titres seront en italique.

Concrètement, en CSS, pour mettre en italique, on utilise `font-style`, qui peut prendre trois valeurs :

- `italic` : le texte sera mis en italique.
- `oblique` : le texte sera passé en oblique (les lettres sont penchées, le résultat est légèrement différent de l'italique proprement dit).
- `normal` : le texte sera normal (par défaut). Cela vous permet d'annuler une mise en italique. Par exemple, si vous voulez que les textes entre `<em>` ne soient plus en italique, vous devrez écrire :

```
em
{
   font-style: normal;
}
```

Dans l'exemple suivant, `font-style` sert à mettre en italique tous les titres `<h2>` :

```
h2
{
   font-style: italic;
}
```

Mettre en gras

Là encore, n'oubliez pas que ce n'est pas `<strong>` qui sert à mettre en gras ; son rôle est d'indiquer que le texte est important, *donc* le navigateur l'affiche généralement en gras. Le graissage en CSS peut par exemple s'appliquer aux titres, à certains paragraphes entiers, etc. C'est à vous de voir.

La propriété CSS pour mettre en gras est `font-weight` et prend les valeurs suivantes :

- `bold` : le texte sera en gras ;
- `normal` : le texte sera écrit normalement (par défaut).

Voici par exemple comment écrire les titres en gras :

```
h1
{
   font-weight: bold;
}
```

Souligner et agrémenter le texte

La propriété CSS associée porte bien son nom : `text-decoration`. Elle sert, entre autres, à souligner le texte, mais pas seulement. Voici les différentes valeurs qu'elle peut prendre :

- `underline` : souligné ;
- `line-through` : barré ;
- `overline` : ligne au-dessus ;
- `blink` : clignotant. Ne fonctionne pas sur tous les navigateurs (Internet Explorer et Chrome, notamment) ;
- `none` : normal (par défaut).

Le CSS suivant vous servira à tester les effets de `text-decoration` :

```
h1
{
   text-decoration: blink;
}
.souligne
{
   text-decoration: underline;
}
.barre
{
   text-decoration: line-through;
}
.ligne_dessus
{
   text-decoration: overline;
}
```

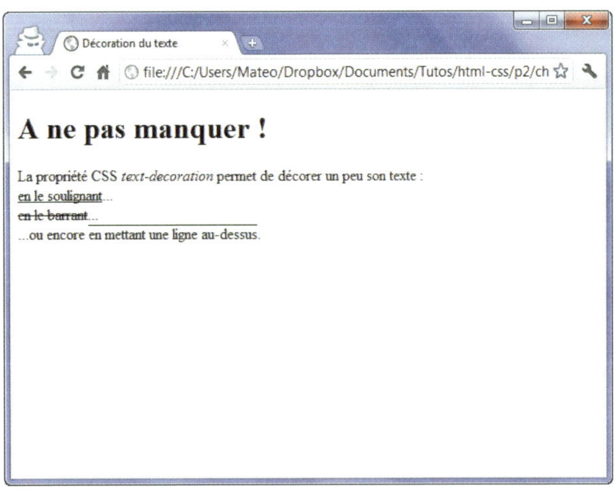

Différentes mises en forme du texte

L'alignement

Le langage CSS nous permet de faire tous les alignements connus : à gauche, centré, à droite et justifié.

Pour cela on utilise la propriété `text-align` en précisant ce qu'on souhaite :

- `left` : le texte sera aligné à gauche (c'est le réglage par défaut).
- `center` : le texte sera centré.
- `right` : le texte sera aligné à droite.
- `justify` : le texte sera « justifié », c'est-à-dire qu'il prendra toute la largeur possible sans laisser d'espace blanc à la fin des lignes. Les textes des journaux, par exemple, sont toujours justifiés.

```
h1
{
   text-align: center;
}

p
{
   text-align: justify;
}

.signature
{
   text-align: right;
}
```

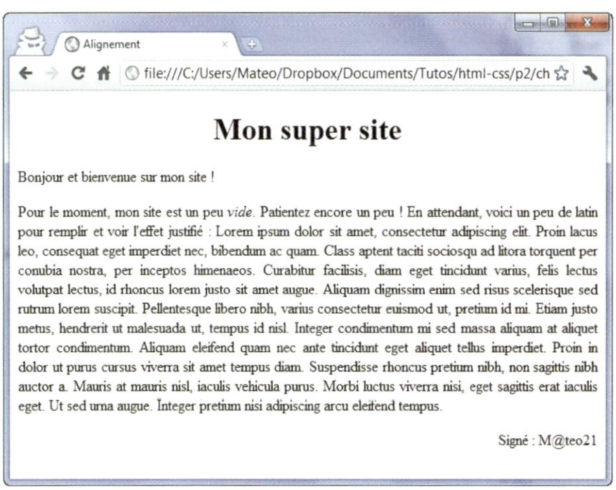

Alignements du texte

Vous ne pouvez pas modifier l'alignement du texte d'une balise *inline* (comme `<span>`, `<a>`, `<em>`, `<strong>`...). De façon logique, l'alignement ne fonctionne que sur des balises de type *block* (`<p>`, `<div>`, `<h1>`, `<h2>`, ...).
C'est donc en général le paragraphe entier qu'il vous faudra aligner.

Les flottants

Le CSS nous permet de faire flotter un élément autour du texte. On dit aussi qu'on fait un « habillage ».

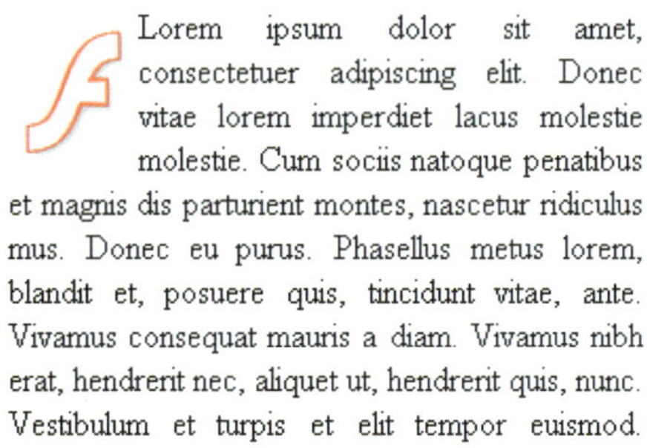

Une image flottante entourée par du texte

La propriété à appliquer est `float` (« flottant » en anglais). Elle peut prendre deux valeurs très simples :

- `left` : l'élément flottera à gauche ;
- `right` : l'élément flottera... à droite, oui bravo !

L'utilisation des flottants est très simple :

- vous appliquez un `float` à une balise ;
- puis vous continuez à écrire du texte à la suite normalement.

On peut aussi bien utiliser la propriété `float` sur des balises *block* que sur des balises *inline*. Il est courant de faire flotter une image pour qu'elle soit habillée par du texte, comme dans l'exemple.

Faire flotter une image

Nous allons apprendre ici à faire flotter une image. Voici le code HTML que nous devons taper dans un premier temps :

```
<p><img src="flash.gif" class="imageflottante" alt="Image flottante" />
Ceci est un texte normal de paragraphe, écrit à la suite de l'image et qui
l'habillera car l'image est flottante.</p>
```

Vous devez placer l'élément flottant en premier dans le code HTML. Si vous placez l'image après le paragraphe, l'effet ne fonctionnera pas.

Voici le seul bout de code CSS nécessaire pour faire flotter l'image à gauche :

```
.imageflottante
{
   float: left;
}
```

Amusez-vous aussi à faire flotter l'image à droite, c'est tout bête : il suffit d'indiquer la valeur `right`.

Stopper un flottant

Quand vous mettez en place un flottant, le texte autour l'habille. Mais comment faire si vous voulez qu'au bout d'un moment le texte continue *en dessous* du flottant ? On pourrait enchaîner plusieurs `<br />` à la suite mais cela ne serait ni élégant ni très propre...

En gros, on aimerait pouvoir obtenir le même résultat qu'à la figure suivante.

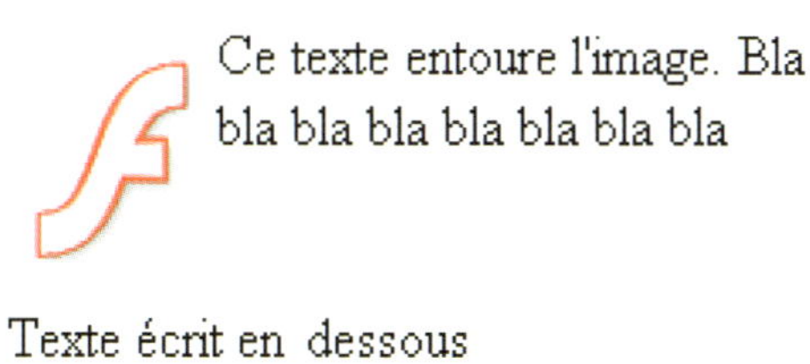

Le texte sous l'image ignore la propriété float.

Il existe en fait une propriété CSS qui dit : « *Stop, ce texte doit être en dessous du flottant et non plus à côté* ». C'est la propriété `clear`, qui peut prendre trois valeurs :

- `left` : le texte se poursuit en dessous après un `float: left;`
- `right` : le texte se poursuit en dessous après un `float: right;`
- `both` : le texte se poursuit en dessous, que ce soit après un `float: left;` ou après un `float: right;`.

Pour simplifier, on va utiliser le `clear: both` qui fonctionne dans tous les cas. Pour illustrer son fonctionnement, prenons le code HTML suivant :

```
<p><img src="flash.gif" class="imageflottante" alt="Image flottante" /></p>
<p>Ce texte est écrit à côté de l'image flottante.</p>
<p class="dessous">Ce texte est écrit sous l'image flottante.</p>
```

Voici le code CSS :

```
.imageflottante
{
   float: left;
}
.dessous
{
   clear: both;
}
```

On applique un `clear: both;` au paragraphe qu'on veut voir continuer sous l'image flottante et le tour est joué !

En résumé

- On modifie la taille du texte avec la propriété CSS `font-size`. On peut indiquer la taille en pixels (`16px`), en `em` (`1.3em`), en pourcentage (`110%`), etc.
- On change la police du texte avec `font-family`. Attention, seules quelques polices sont connues par tous les ordinateurs. Vous pouvez cependant utiliser une police personnalisée avec la directive `@font-face` : cela forcera les navigateurs à télécharger la police de votre choix.
- De nombreuses propriétés de mise en forme du texte existent : `font-style` pour l'italique, `font-weight` pour la mise en gras, `text-decoration` pour le soulignement, etc.
- Le texte peut être aligné avec `text-align`.
- On peut faire en sorte qu'une image soit habillée (« entourée ») de texte avec `float`.

8 La couleur et le fond

Vidéo d'introduction

Mathieu Nebra nous présente dans cette vidéo de près de 4 minutes, accessible depuis cette adresse *https://goo.gl/vBNooz*, comment gérer la couleur et le fond d'une page web.

Continuons notre tour d'horizon des propriétés CSS existantes. Nous allons nous intéresser ici à celles qui sont liées de près ou de loin à la couleur. Nous apprendrons entre autres à :

- changer la couleur du texte ;
- mettre une couleur ou une image d'arrière-plan ;
- ajouter des ombres ;
- jouer avec les niveaux de transparence.

Le CSS n'a pas fini de nous étonner.

Couleur du texte

Passons maintenant au vaste sujet de la couleur.

Comment ça, « vaste » ?

Vous connaissez déjà la propriété qui modifie la couleur du texte : il s'agit de `color`. Nous allons nous intéresser aux différentes façons d'indiquer la couleur, car il y en a plusieurs.

Indiquer le nom de la couleur

La méthode la plus simple et la plus pratique pour choisir une couleur consiste à taper son nom *(in english, of course)*.

Le seul défaut de cette méthode est qu'il n'existe que seize couleurs dites « standards ». D'autres couleurs officieuses existent, mais elles ne s'affichent pas forcément de la même manière sur tous les navigateurs.

La figure suivante vous montre les seize couleurs de base. Vous pouvez les apprendre par cœur si cela vous chante (en plus, cela vous fera réviser votre anglais).

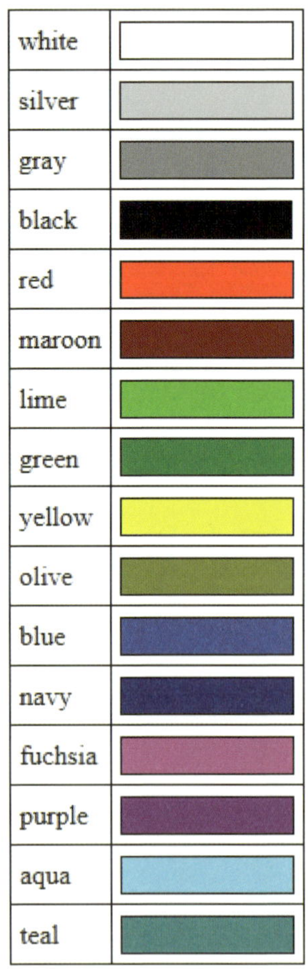

Les seize noms de couleurs utilisables en CSS

Pour passer tous les titres en marron, on écrira donc :

```
h1
{
   color: maroon;
}
```

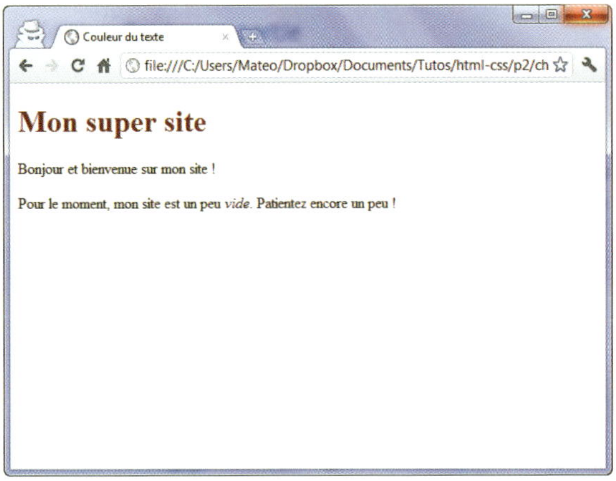

Le titre est écrit en marron.

La notation hexadécimale

Seize couleurs, c'est quand même très peu quand on sait que la plupart des écrans peuvent en afficher seize *millions*. D'un autre côté, s'il avait fallu donner un nom à chacune des seize millions de couleurs...

Heureusement, il existe en CSS plusieurs façons de choisir une couleur parmi toutes celles qui existent. La première que je vais vous montrer est la notation hexadécimale. Elle est couramment utilisée sur le Web.

Un nom de couleur en hexadécimal, cela ressemble à : #FF5A28. Pour faire simple, c'est une combinaison de lettres et de chiffres qui indiquent une couleur.

On doit toujours commencer par écrire un dièse (#), suivi de six lettres ou chiffres allant de 0 à 9 et de A à F.

Ces lettres ou chiffres fonctionnent deux par deux. Les deux premiers indiquent une quantité de rouge, les deux suivants une quantité de vert et les deux derniers une quantité de bleu. En mélangeant ces quantités, qui sont les composantes Rouge-Vert-Bleu de la couleur, on obtient la couleur qu'on veut.

Ainsi, #000000 correspond au noir et #FFFFFF au blanc. Maintenant, ne me demandez pas quelle est la combinaison qui produit de l'orange couleur « coucher de soleil » ; je n'en sais strictement rien.

Certains logiciels de dessin, comme Photoshop, Gimp (*http://telecharger.tomsguide.fr/The-Gimp,0301-513-214.html*) ou Paint.NET (*http://telecharger.tomsguide.fr/PaintNET,0301-4883.html*), vous indiquent les couleurs en hexadécimal. Il vous est alors facile de copier-coller ce code dans votre fichier CSS.

Voici par exemple comment on applique du blanc aux paragraphes en hexadécimal :

```
p
{
   color: #FFFFFF;
}
```

Notez qu'il existe une notation raccourcie : on peut écrire une couleur avec seulement trois caractères. Par exemple : #FA3 équivaut à écrire #FFAA33.

La méthode RGB

En anglais, Rouge-Vert-Bleu s'écrit *Red-Green-Blue*, ce qui s'abrège en « RGB ». Comme avec la notation hexadécimale, pour choisir une couleur, on doit définir une quantité de rouge, de vert et de bleu.

Encore cette histoire de quantité de rouge-vert-bleu ?

Oui mais là, vous allez voir que c'est beaucoup plus pratique et qu'avec un logiciel de dessin tout simple comme Paint, vous pouvez trouver la couleur que vous désirez. Voici la marche à suivre.

1. Si vous travaillez sous Windows, lancez le logiciel Paint depuis le menu ***Démarrer***.
2. Rendez-vous dans la section ***Modifier les couleurs***.
3. Une fenêtre s'ouvre. Dans la zone qui apparaît à droite, faites bouger les curseurs pour sélectionner la couleur qui vous intéresse. Supposons que vous soyez pris d'une envie folle d'écrire vos titres `<h1>` en rose bonbon. Sélectionnez la couleur dans la fenêtre.
4. Relevez les quantités de Rouge-Vert-Bleu correspondantes, indiquées en bas à droite de la fenêtre (ici 240-96-204). Recopiez-les dans cet ordre dans le fichier CSS :

```
p
{
   color: rgb(240,96,204);
}
```

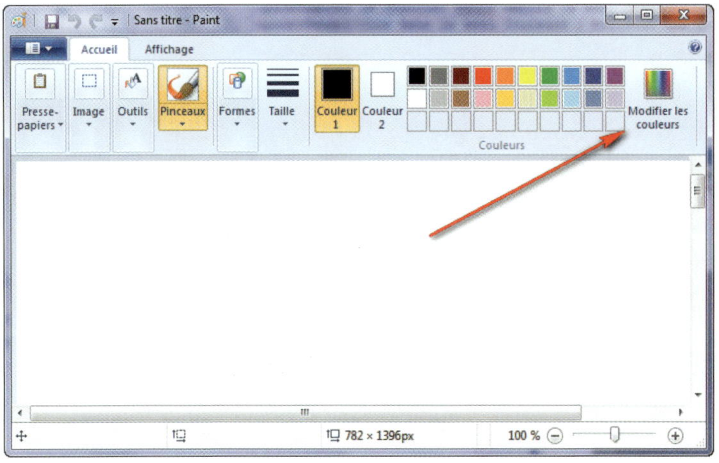

Modification des couleurs sous Paint

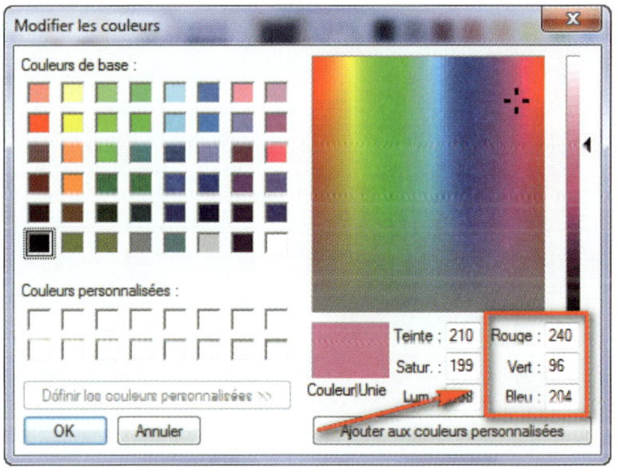

Sélection d'une couleur dans Paint

Comme vous le constatez dans l'exemple, il faut saisir `rgb(Rouge, Vert, Bleu)` en remplaçant « Rouge, Vert, Bleu » par les valeurs correspondantes. Pour information, ces quantités sont toujours comprises entre 0 et 255.

Et en bonus…

Tapez « Color Picker » dans votre moteur de recherches et vous trouverez plusieurs outils et sites qui vous aident à choisir une couleur.

Par exemple, *http://www.colorpicker.com/* renseigne facilement sur la valeur hexadécimale d'une couleur.

Le site ColorPicker.com

Par ailleurs, certaines extensions de navigateur permettent de « récupérer » n'importe quelle couleur qui vous plaît sur un site web :

- ColorPicker (*https://addons.mozilla.org/fr/firefox/addon/colorpicker/*) pour Firefox ;
- ColorZilla (*https://chrome.google.com/webstore/detail/colorzilla/bhlhnicpbhignbdhedgjhgdocnmhomnp*) pour Chrome.

Couleur de fond

Pour indiquer une couleur de fond, on utilise la propriété CSS `background-color`. Elle s'utilise de la même manière que la propriété `color`, c'est-à-dire que vous pouvez taper le nom d'une couleur, l'écrire en notation hexadécimale ou encore utiliser la méthode RGB.

Pour indiquer la couleur de fond de la page web, il faut travailler sur la balise `<body>`, qui correspond à l'ensemble de la page web.

Regardez très attentivement le fichier CSS suivant :

```
/* On travaille sur la balise body, donc sur TOUTE la page */
body
{
   background-color: black; /* Le fond de la page sera noir. */
   color: white; /* Le texte de la page sera blanc. */
}
```

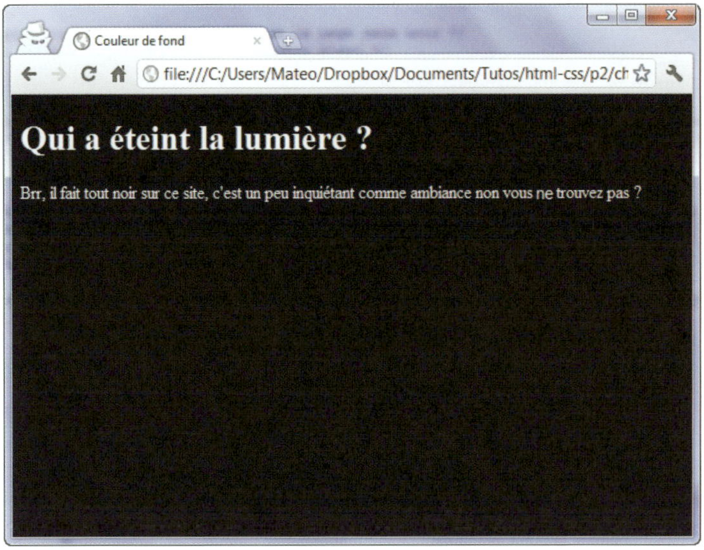

Texte en blanc sur fond noir

Tu as demandé à ce que le texte de la balise `<body>` soit écrit en blanc et tous les paragraphes `<p>` et titres `<h1>` ont pris cette couleur. Comment cela se fait-il ?

Je voulais justement profiter de l'occasion pour vous en parler. Ce phénomène s'appelle **l'héritage**. Je vous rassure tout de suite, personne n'est mort.

Le CSS et l'héritage

En CSS, si vous appliquez un style à une balise, toutes les balises qui se trouvent à l'intérieur le prendront aussi.

C'est en fait simple à comprendre et intuitif. La balise `<body>`, vous le savez, contient entre autres les balises de paragraphe `<p>` et de titre `<h1>`.

Si on applique une couleur de fond noire et une couleur de texte blanche à la balise `<body>`, tous les titres et paragraphes auront eux aussi un arrière-plan noir et un texte blanc… C'est ce phénomène qu'on appelle l'héritage : on dit que les balises qui se trouvent à l'intérieur d'une autre « héritent » de ses propriétés.

C'est d'ailleurs de là que vient le nom « CSS », qui signifie « *Cascading Style Sheets* », c'est-à-dire « Feuilles de styles en cascade ». Les propriétés CSS sont héritées en cascade : si vous appliquez un style à un élément, tous les sous-éléments l'auront aussi.

Cela veut dire que TOUT le texte de ma page web sera forcément écrit en blanc ?

Non, pas obligatoirement. Si vous dites par la suite que vous voulez vos titres en rouge, ce style aura la priorité et vos titres seront donc en rouge. En revanche, si vous n'indiquez rien de particulier, alors vos titres hériteront de la couleur blanche.

Cela ne fonctionne pas uniquement pour la couleur, entendons-nous bien. Toutes les propriétés CSS seront héritées : vous pouvez par exemple demander une mise en gras dans la balise <body> et tous vos titres et paragraphes seront en gras.

Exemple d'héritage avec la balise <mark>

On a tendance à croire qu'on ne peut modifier que la couleur de fond de la page. C'est faux : vous pouvez changer le fond de n'importe quel élément : vos titres, vos paragraphes, certains mots… Dans ce cas, ils apparaîtront surlignés (comme si on avait mis un coup de marqueur dessus).

Rappelez-vous par exemple la balise <mark> qui sert à mettre en valeur certains mots. Utilisons-la à nouveau ici :

```
<h1>Qui a éteint la lumière ?</h1>

<p>Brr, il fait tout noir sur ce site, c'est un peu <mark>inquiétant
</mark> comme ambiance non, vous ne trouvez pas ?</p>
```

Par défaut, le texte s'affiche sur un fond jaune. Vous pouvez changer ce comportement en CSS :

```
body
{
   background-color: black;
   color: white;
}

mark
{
   /* La couleur de fond prend le pas sur celle de toute la page */
   background-color: red;
   color: black;
}
```

Sur le texte de la balise <mark>, c'est un fond rouge qui s'applique. En effet, même si le fond de la page est noir, c'est la propriété CSS de l'élément le plus précis qui a la priorité.

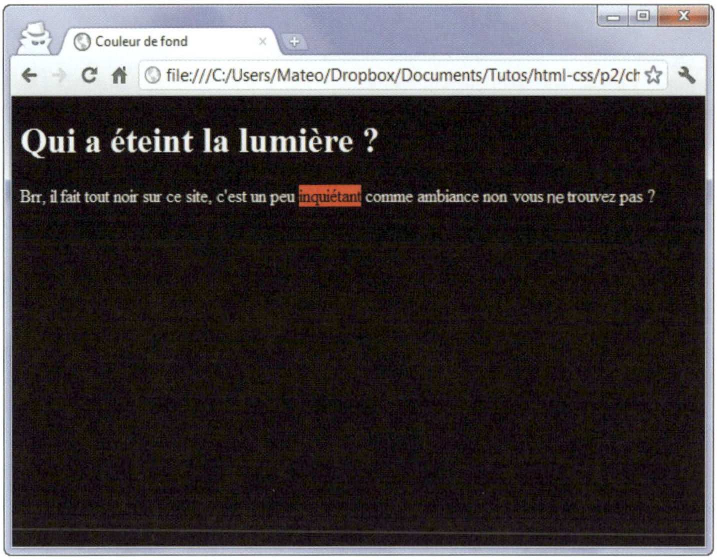

Un texte surligné en rouge sur un fond noir

Le même principe vaut pour toutes les balises HTML et toutes les propriétés CSS. Si vous dites :

- mes paragraphes ont une taille de 1.2 em,
- mes textes importants (`<strong>`) ont une taille de 1.4 em,

... on pourrait penser qu'il y a un conflit. Le texte important faisant partie d'un paragraphe, quelle taille lui donner ? Le CSS décide que c'est la déclaration la plus précise qui l'emporte : comme `<strong>` correspond à un élément plus précis que les paragraphes, le texte sera écrit en 1.4 em.

Images de fond

Dans les exemples qui suivent, nous allons modifier l'image de fond de la page. Cependant, tout comme pour la couleur de fond, n'oubliez pas que cela ne s'applique pas forcément à la page entière. On peut aussi mettre une image de fond derrière les titres, paragraphes, etc.

Appliquer une image de fond

La propriété indiquant une image de fond est `background-image`. Comme valeur, on doit renseigner `url("nom_de_l_image.png")` :

```
body
{
   background-image: url("neige.png");
}
```

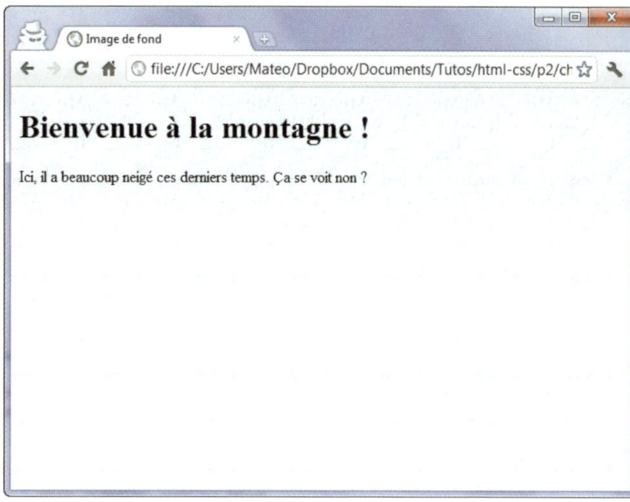

Une image de fond sur la page

Bien entendu, votre fond n'est pas forcément en PNG ; il peut aussi être en JPEG ou en GIF.

L'adresse indiquant où se trouve l'image de fond peut être écrite en absolu (`http://`...) ou en relatif (`fond.png`).

> Lorsque vous écrivez une adresse en relatif dans le fichier CSS, elle doit être indiquée *par rapport au fichier* `.css` et non pas par rapport au fichier `.html`. Pour simplifier les choses, je vous conseille de placer l'image de fond dans le même dossier que le fichier `.css` (ou dans un sous-dossier).

Options disponibles pour l'image de fond

On peut compléter `background-image` par plusieurs autres propriétés qui changent le comportement de l'image de fond.

background-attachment : fixer le fond

La propriété `background-attachment` permet de « fixer » le fond. L'effet obtenu est intéressant car on voit alors le texte « glisser » par-dessus le fond. Deux valeurs sont disponibles :

- `fixed` : l'image de fond reste fixe ;
- `scroll` : l'image de fond défile avec le texte (par défaut).

```
body
{
   background-image: url("neige.png");
   background-attachment: fixed; /* Le fond restera fixe */
}
```

background-repeat : répétition du fond

Par défaut, l'image de fond est répétée en mosaïque. Vous pouvez changer cela avec la propriété `background-repeat` :

- `no-repeat` : le fond ne sera pas répété. L'image sera donc unique sur la page ;
- `repeat-x` : le fond sera répété uniquement sur la première ligne, horizontalement ;
- `repeat-y` : le fond sera répété uniquement sur la première colonne, verticalement ;
- `repeat` : le fond sera répété en mosaïque (par défaut).

```
body
{
   background-image: url("soleil.png");
   background-repeat: no-repeat;
}
```

background-position : position du fond

On peut indiquer où doit se trouver l'image de fond avec `background-position`. Cette propriété n'est intéressante que si elle est combinée avec `background-repeat: no-repeat;` (un fond qui ne se répète pas).

Vous devez donner à `background-position` deux valeurs en pixels pour indiquer la position du fond par rapport au coin supérieur gauche de la page (ou du paragraphe, si vous appliquez le fond à un paragraphe). Ainsi, si vous tapez :

```
background-position: 30px 50px;
```

… votre fond sera placé à 30 pixels de la gauche et à 50 pixels du haut. Il est aussi possible d'utiliser des valeurs en anglais :

- `top` : en haut ;
- `bottom` : en bas ;

- `left` : à gauche ;
- `center` : centré ;
- `right` : à droite.

Il est possible de combiner ces mots. Par exemple, pour aligner une image en haut à droite, vous écrirez :

```
background-position: top right;
```

Ainsi, si on veut afficher un soleil en image de fond (figure suivante), en un unique exemplaire (`no-repeat`), toujours visible (`fixed`) et positionné en haut à droite (`top right`), on va écrire ceci :

```
body
{
   background-image: url("soleil.png");
   background-attachment: fixed; /* Le fond restera fixe. */
   background-repeat: no-repeat; /* Le fond ne sera pas répété. */
   background-position: top right; /* Le fond sera placé en haut à
droite */
}
```

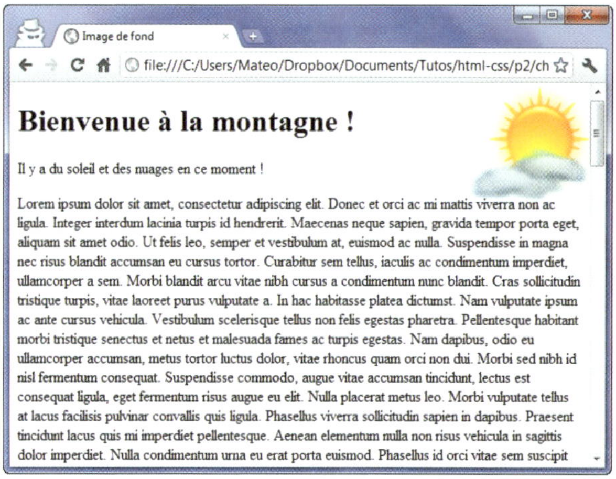

Un soleil placé en image de fond en haut à droite

Combiner les propriétés

Si vous utilisez beaucoup de propriétés en rapport avec le fond (comme c'est le cas sur ce dernier exemple), vous pouvez utiliser une sorte de « super-propriété » appelée `background` dont la valeur peut combiner plusieurs des propriétés vues précédemment : background-image, background-repeat, background-attachment et background-position :

```
body
{
  background: url("soleil.png") fixed no-repeat top right;
}
```

C'est la première « super-propriété » que je vous montre, il y en aura d'autres. Il faut savoir que :

- l'ordre des valeurs n'a pas d'importance ;
- vous n'êtes pas obligé de mettre toutes les valeurs. Ainsi, si vous ne voulez pas écrire fixed, vous pouvez l'enlever sans problème.

Plusieurs images de fond

Depuis CSS 3, il est possible d'affecter plusieurs images de fond à un élément. Pour cela, il suffit de séparer les déclarations par des virgules :

```
body
{
  background: url("soleil.png") fixed no-repeat top right, url("neige.png")
fixed;
}
```

La première image de cette liste sera placée par-dessus les autres (figure suivante). Attention donc, l'ordre de déclaration des images a son importance : si vous inversez le soleil et la neige dans le code CSS précédent, vous ne verrez plus le soleil !

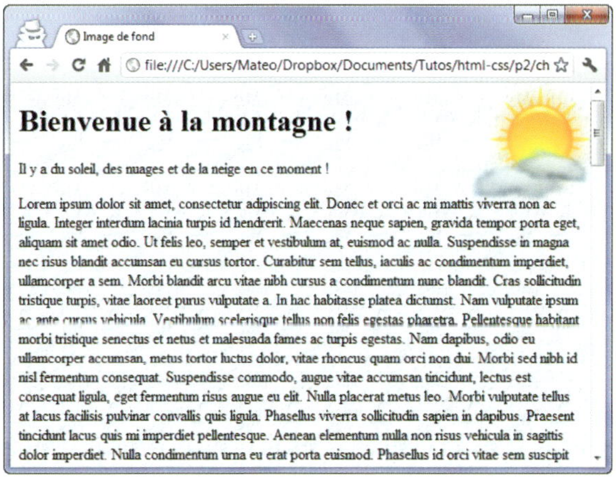

Images de fond multiples

Notez que les images de fond multiples fonctionnent sur tous les navigateurs sauf sur les anciennes versions d'Internet Explorer, qui ne reconnaît cette fonctionnalité qu'à partir d'IE9.

Une dernière chose avant d'en terminer avec les images de fond : dans tous ces exemples, j'ai appliqué un fond à la page entière (`body`). Toutefois, n'oubliez pas qu'on peut appliquer un fond à n'importe quel élément (un titre, un paragraphe, certains mots d'un paragraphe, etc.).

Je vous conseille donc, pour vous entraîner, d'essayer d'appliquer un fond à vos titres ou paragraphes. Vous parviendrez certainement à donner une très belle allure à votre page web.

La transparence

Le CSS nous permet de jouer très facilement avec les niveaux de transparence des éléments ! Pour cela, nous allons utiliser des fonctionnalités de CSS 3 : la propriété `opacity` et la notation RGBa.

La propriété opacity

La propriété `opacity` indique le niveau d'opacité (l'inverse de la transparence).

- Avec une valeur de 1, l'élément sera totalement opaque : c'est le comportement par défaut.
- Avec une valeur de 0, l'élément sera totalement transparent.

Il faut donc choisir une valeur comprise entre 0 et 1. Ainsi, avec une valeur de 0.6, votre élément sera opaque à 60 %... et on verra donc à travers.

```
p
{
   opacity: 0.6;
}
```

Voici un exemple qui va vous permettre d'apprécier la transparence. Vous en trouverez le rendu à la figure suivante.

```
body
{
   background: url('neige.png');
}

p
{
   background-color: black;
   color: white;
   opacity: 0.3;
}
```

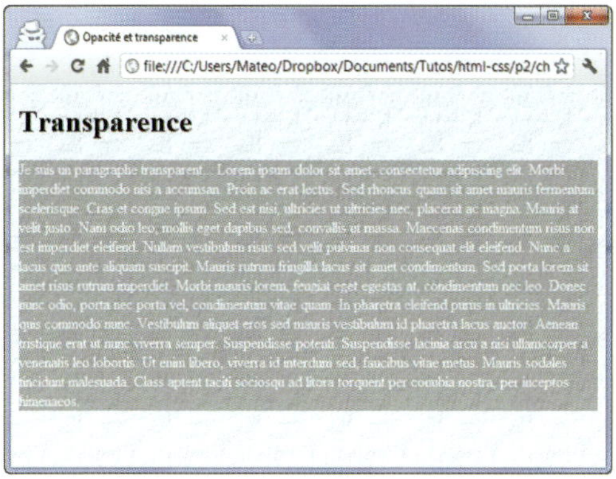

Un paragraphe transparent

Notez que la transparence fonctionne sur tous les navigateurs récents, y compris Internet Explorer à partir de IE9.

Si vous appliquez la propriété `opacity` à un élément de la page, *tout* le contenu de cet élément sera rendu transparent (même les images, les autres blocs à l'intérieur, etc.). Si vous voulez juste rendre la couleur de fond transparente, utilisez plutôt la notation RGBa que nous allons découvrir.

La notation RGBa

CSS 3 nous propose une autre façon de jouer avec la transparence : la notation RGBa. Il s'agit en fait de la notation RGB, mais avec un quatrième paramètre : le niveau de transparence (appelé « canal alpha »). De la même façon que précédemment, avec une valeur de 1, le fond est complètement opaque. Avec une valeur inférieure à 1, il est transparent.

```
p
{
   background-color: rgba(255,0,0,0.5); /* Fond rouge à moitié
transparent */
}
```

Vous pouvez obtenir exactement le même effet qu'avec `opacity` juste en jouant avec la notation RGBa, essayez !

Cette notation est connue de tous les navigateurs récents, y compris Internet Explorer (à partir de IE9). Pour les plus anciens, il est recommandé d'indiquer la notation RGB classique en plus de RGBa. ; le fond ne sera alors pas transparent mais, au moins, il y aura bien une couleur d'arrière-plan.

```
p
{
   background-color: rgb(255,0,0); /* Pour les navigateurs anciens */
   background-color: rgba(255,0,0,0.5); /* Pour les navigateurs plus
récents */
}
```

En résumé

- On change la couleur du texte avec la propriété `color`, la couleur de fond avec `background-color`.
- On indique une couleur en écrivant son nom en anglais (`black`, par exemple), sous forme hexadécimale (`#FFC8D3`) ou en notation RGB (`rgb(250,25,118)`).
- On ajoute une image de fond avec `background-image`. On peut choisir de fixer l'image de fond, de l'afficher en mosaïque et même de la positionner où on veut sur la page.
- On rend une portion de la page transparente avec la propriété `opacity` ou avec la notation RGBa (identique à RGB, avec une quatrième valeur indiquant le niveau de transparence).

9 Les bordures et les ombres

Vidéo d'introduction

Mathieu Nebra nous présente dans cette vidéo de près de 3 minutes, accessible depuis cette adresse *https://goo.gl/R3PL9t*, comment gérer les bordures et les ombres.

Nous allons maintenant nous intéresser aux bordures et aux effets d'ombrage qu'on peut appliquer, aussi bien sur le texte que sur les blocs qui constituent notre page.

Nous réutiliserons en particulier nos connaissances sur les couleurs pour choisir celle de nos bordures et de nos ombres.

Bordures standards

Le CSS vous offre un large choix de bordures pour décorer votre page. De nombreuses propriétés CSS en modifient l'apparence : `border-width`, `border-color`, `border-style`…

Pour aller à l'essentiel, je vous propose ici d'utiliser directement la super-propriété `border`, qui regroupe l'ensemble de ces propriétés. Cela fonctionne sur le même principe que la super-propriété `background` : on va pouvoir combiner plusieurs valeurs.

Pour `border`, on peut utiliser jusqu'à trois valeurs pour modifier l'apparence de la bordure :

- **La largeur :** indiquez la largeur en pixels (comme `2px`).
- **La couleur :** utilisez soit un nom de couleur (`black`, `red`,…), soit une valeur hexadécimale (`#FF0000`), ou encore une valeur RGB (`rgb(198,212,37)`).

- **Le type de bordure :** là, vous avez le choix. Votre bordure peut être un simple trait, ou en pointillé, ou encore des tirets, etc. :
  - `none` : pas de bordure (par défaut) ;
  - `solid` : un trait simple ;
  - `dotted` : pointillé ;
  - `dashed` : tirets ;
  - `double` : bordure double ;
  - `groove` : en relief ;
  - `ridge` : autre effet relief ;
  - `inset` : effet 3D global enfoncé ;
  - `outset` : effet 3D global surélevé.

Ainsi, pour avoir une bordure bleue, en tirets, épaisse de 3 pixels autour des titres, on écrira :

```
h1
{
  border: 3px blue dashed;
}
```

La figure suivante vous présente les différents styles de bordures que vous pouvez utiliser.

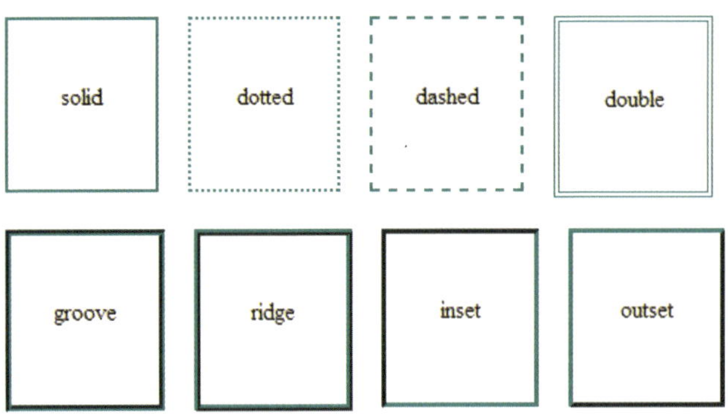

Les différents types de bordures

En haut, à droite, à gauche, en bas...

Qui a dit que vous étiez obligé d'appliquer la même bordure aux quatre côtés de votre élément ?

Si vous voulez définir des bordures différentes en fonction du côté (haut, bas, gauche ou droite), vous devrez utiliser les quatre propriétés suivantes :

- `border-top` : bordure du haut ;
- `border-bottom` : bordure du bas ;
- `border-left` : bordure de gauche ;
- `border-right` : bordure de droite.

Il existe aussi des équivalents pour paramétrer chaque détail de la bordure si vous le désirez : `border-top-width` pour modifier l'épaisseur de la bordure du haut, `border-top-color` pour la couleur du haut, etc.

Ce sont aussi des super-propriétés ; elles fonctionnent comme `border` mais ne s'appliquent qu'à un seul côté.

Pour ajouter une bordure uniquement à gauche et à droite des paragraphes, on écrira donc :

```
p
{
   border-left: 2px solid black;
   border-right: 2px solid black;
}
```

On peut modifier les bordures de n'importe quel type d'élément sur la page. Nous l'avons fait ici sur les paragraphes, mais c'est valable aussi sur les images, les textes importants comme `<strong>`, etc.

Bordures arrondies

Les bordures arrondies, c'est un peu le Saint Graal attendu par les webmasters depuis des millénaires (ou presque). Depuis que CSS 3 est arrivé, il est enfin possible d'en créer facilement.

La propriété `border-radius` va nous permettre d'arrondir facilement les angles de n'importe quel élément. Il suffit d'indiquer la taille (« l'importance ») de l'arrondi en pixels :

```
p
{
   border-radius: 10px;
}
```

L'arrondi se voit notamment si l'élément a des bordures, comme sur la figure suivante.

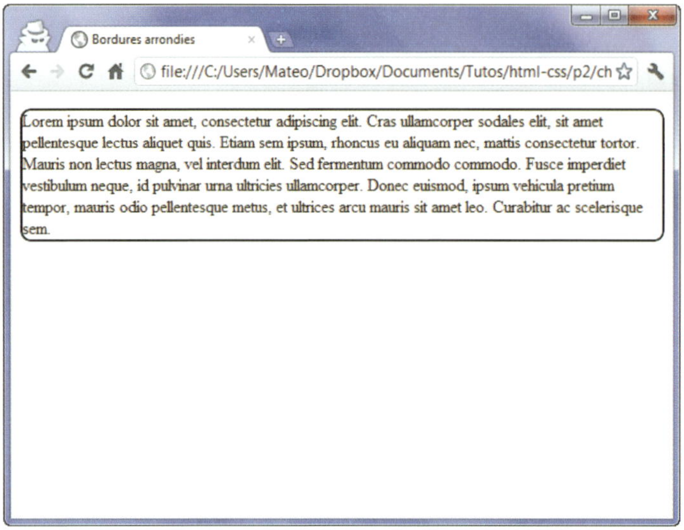

Des bordures arrondies

… ou s'il a une couleur de fond, comme sur la figure suivante.

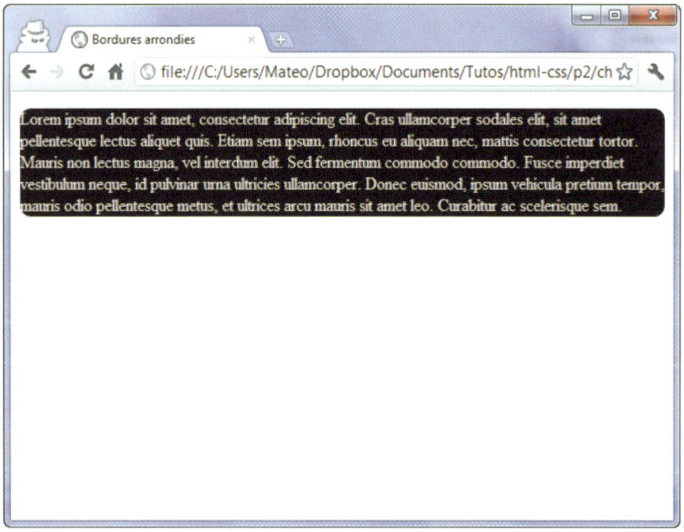

Un fond aux coins arrondis

On peut aussi préciser la forme de l'arrondi pour chaque coin. Dans ce cas, indiquez quatre valeurs :

```
p
{
   border-radius: 10px 5px 10px 5px;
}
```

Les valeurs correspondent aux angles dans l'ordre suivant :

- en haut à gauche ;
- en haut à droite ;
- en bas à droite ;
- en bas à gauche.

Enfin, il est possible d'affiner l'arrondi de nos angles en créant des courbes elliptiques (figure suivante). Dans ce cas, il faut indiquer deux valeurs séparées par une barre oblique (ou *slash*, caractère /). Le mieux est certainement de tester pour en constater l'effet :

```
p
{
   border-radius: 20px / 10px;
}
```

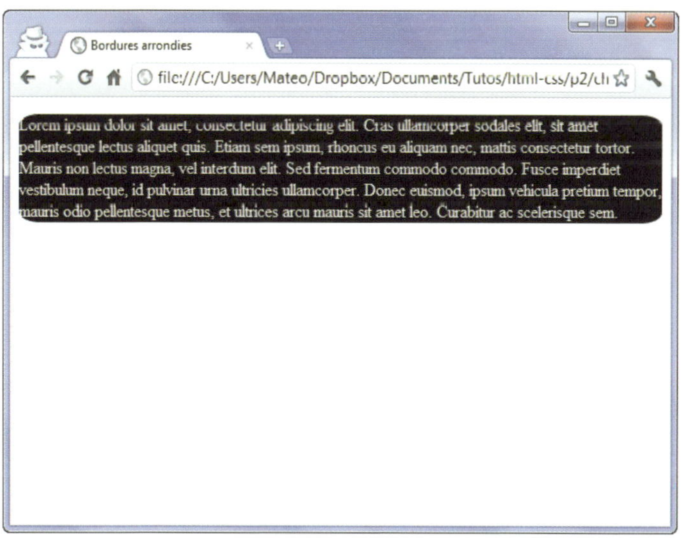

Bordures arrondies elliptiques

Les ombres

Les ombres font partie des nouveautés récentes proposées par CSS 3. Aujourd'hui, il suffit d'une seule ligne pour ajouter des ombres dans une page.

Nous allons ici découvrir deux types d'ombres :

- celles des boîtes ;
- celles du texte.

box-shadow : les ombres des boîtes

La propriété `box-shadow` s'applique à tout le bloc et prend quatre valeurs dans l'ordre suivant :

- le décalage horizontal de l'ombre ;
- le décalage vertical de l'ombre ;
- l'adoucissement du dégradé ;
- la couleur de l'ombre.

Par exemple, pour une ombre noire de 6 pixels, sans adoucissement, on écrira :

```
p
{
   box-shadow: 6px 6px 0px black;
}
```

Cela donne le résultat illustré à la figure suivante où j'ai ajouté une bordure au paragraphe pour mieux visualiser l'effet.

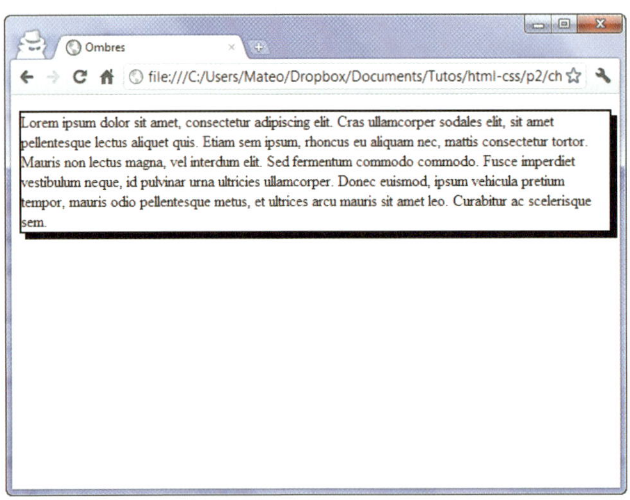

Une ombre sous le paragraphe

Ajoutons un adoucissement grâce au troisième paramètre (figure suivante). Il peut être faible (inférieur au décalage), normal (égal au décalage) ou élevé (supérieur au décalage). Essayons un adoucissement normal :

```
p
{
   box-shadow: 6px 6px 6px black;
}
```

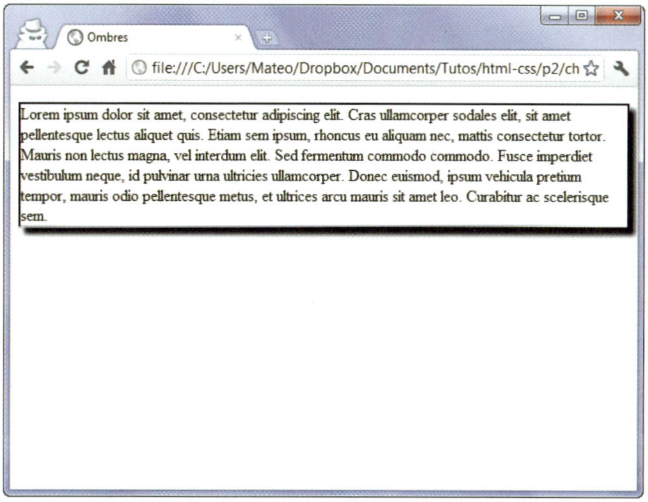

Une ombre adoucie sous le paragraphe

On peut aussi ajouter une cinquième valeur facultative : `inset`. Dans ce cas, l'ombre sera placée à l'intérieur du bloc, pour donner un effet enfoncé :

```
p
{
   box-shadow: 6px 6px 6px black inset;
}
```

text-shadow : l'ombre du texte

Avec `text-shadow`, vous ajoutez une ombre directement sur les lettres de votre texte. Les valeurs fonctionnent exactement de la même façon que pour `box-shadow` : décalage, adoucissement et couleur.

```
p
{
   text-shadow: 2px 2px 4px black;
}
```

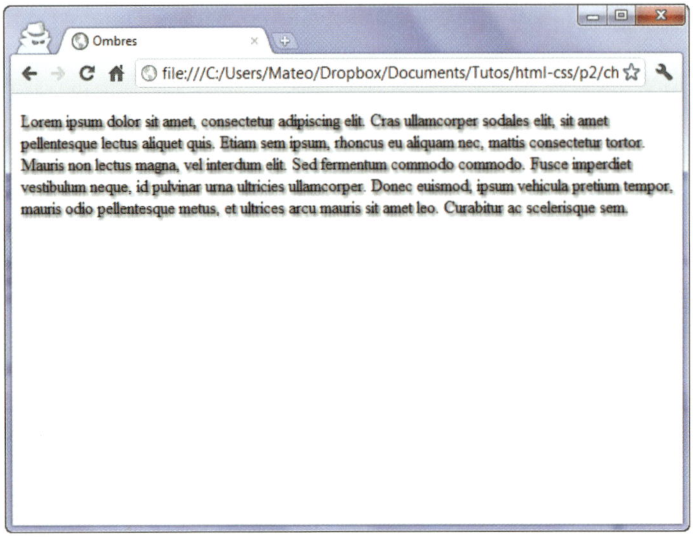

Texte ombré

En résumé

- On applique une bordure à un élément avec la propriété `border`. Il faut indiquer la largeur de la bordure, sa couleur et son type (trait continu, pointillé).
- On arrondit les bordures avec `border-radius`.
- On ajoute une ombre aux blocs de texte avec `box-shadow`. On doit indiquer le décalage vertical et horizontal de l'ombre, son niveau d'adoucissement et sa couleur.
- Le texte peut lui aussi avoir une ombre avec `text-shadow`.

10 Créer des apparences dynamiques

Vidéo d'introduction

Mathieu Nebra nous présente dans cette vidéo de près de 2 minutes, accessible depuis cette adresse *https://goo.gl/QQmG2e*, comment créer des apparences dynamiques.

C'est une de ses forces : le CSS nous permet aussi de modifier l'apparence des éléments de façon dynamique, c'est-à-dire que des éléments peuvent changer de forme une fois que la page a été chargée. Nous allons faire appel à une fonctionnalité puissante du CSS : les pseudo-formats.

Nous verrons dans ce chapitre comment changer l'apparence :

- au survol ;
- lors du clic ;
- lors du focus (élément sélectionné) ;
- lorsqu'un lien a été consulté.

Le langage CSS n'a pas fini de nous étonner !

Au survol

Nous allons découvrir dans ce chapitre plusieurs pseudo-formats CSS. Le premier s'appelle `:hover`. Comme tous les autres pseudo-formats que nous allons voir, c'est une information qu'on ajoute après le nom de la balise (ou de la classe) dans le CSS :

```
a:hover
{
...
}
```

`:hover` signifie « survoler ». `a:hover` peut donc se traduire par : « Quand la souris est sur le lien » (quand on pointe dessus).

À partir de là, c'est à vous de définir l'apparence que doivent avoir les liens lorsqu'on pointe dessus. Laissez libre cours à votre imagination, il n'y a pas de limite.

Voici un exemple de présentation des liens, mais n'hésitez pas à inventer le vôtre :

```
a /* Liens par défaut (non survolés) */
{
   text-decoration: none;
   color: red;
   font-style: italic;
}

a:hover /* Apparence au survol des liens */
{
   text-decoration: underline;
   color: green;
}
```

On a défini ici deux versions des styles pour les liens :

- par défaut ;
- au survol.

Changement d'apparence au survol de la souris

Même si on l'utilise souvent sur les liens, vous pouvez modifier l'apparence de n'importe quel élément, par exemple les paragraphes :

```
p:hover /* Quand on pointe sur un paragraphe */
{
...
}
```

Au clic et lors de la sélection

Vous pouvez interagir encore plus finement en CSS. Nous allons voir ici que nous pouvons changer l'apparence des éléments lorsqu'on clique dessus et lorsqu'ils sont sélectionnés !

:active : au moment du clic

Le pseudo-format `:active` applique un style particulier *au moment du clic*. En pratique, il n'est utilisé que sur les liens.

Le lien gardera cette apparence très peu de temps : en fait, le changement intervient lorsque le bouton de la souris est enfoncé. En clair, ce n'est pas forcément toujours bien visible.

Changeons par exemple la couleur de fond du lien lorsqu'on clique dessus :

```
a:active /* Quand le visiteur clique sur le lien */
{
   background-color: #FFCC66;
}
```

:focus : lorsque l'élément est sélectionné

Là, c'est un peu différent. Le pseudo-format `:focus` applique un style *lorsque l'élément est sélectionné*.

C'est-à-dire ?

Une fois que vous avez cliqué, le lien reste « sélectionné » (il y a une petite bordure en pointillé autour).

Ce pseudo-format est applicable à d'autres balises HTML que nous n'avons pas encore vues, comme les éléments de formulaires.

Essayons pour l'instant sur les liens :

```
a:focus /* Quand le visiteur sélectionne le lien */
{
  background-color: #FFCC66;
}
```

Sous Chrome et Safari, l'effet ne se voit que si l'on appuie sur la touche ***Tab***.

Lorsque le lien a déjà été consulté

Il est possible d'appliquer un style à un lien vers une page qui a déjà été vue. Par défaut, le navigateur colore le lien en un violet assez laid (de mon point de vue du moins !).

Vous pouvez changer cette apparence avec `:visited` (qui signifie « visité »). En pratique, sur les liens consultés, on ne peut pas changer beaucoup de choses à part la couleur (figure suivante).

```
a:visited /* Quand le visiteur a déjà vu la page concernée */
{
  color: #AAA; /* Appliquer une couleur grise */
}
```

Liens visités en gris

Si vous ne souhaitez pas que les liens déjà visités soient colorés d'une façon différente, il vous faudra leur appliquer la même couleur qu'aux liens normaux. De nombreux sites web font cela (OpenClassrooms y compris !). Une exception notable est Google... ce qui est plutôt pratique, puisqu'on peut voir dans les résultats d'une recherche si on a déjà consulté ou non les sites qu'il nous présente.

En résumé

- En CSS, on peut modifier dynamiquement l'apparence de certaines sections après le chargement de la page, lorsque certains événements se produisent. On utilise pour cela les pseudo-formats.
- Le pseudo-format `:hover` sert à changer l'apparence au survol (par exemple : `a:hover` pour modifier l'apparence des liens lorsque la souris pointe dessus).
- Le pseudo-format `:active` modifie l'apparence des liens au moment du clic, `:visited` lorsqu'un lien a déjà été visité.
- Le pseudo-format `:focus` modifie l'apparence d'un élément sélectionné.

11 Effets avancés en CSS

Depuis CSS 3, les développeurs web ont à leur disposition de nombreux effets dont ils ne pouvaient que rêver il y a encore quelques années :

- séparation du texte sur plusieurs colonnes ;
- dégradés ;
- transformations et animations d'éléments (en 2D et en 3D) ;
- etc.

Les multi-colonnes

Saviez-vous que, pour un meilleur confort de lecture, les spécialistes recommandent de limiter la largeur des lignes de texte ? Il n'y a pas de règle absolue, mais on dit que l'idéal se situe entre 50 et 70 caractères par ligne. Cela évite aux yeux d'avoir à faire de trop larges allers-retours d'une ligne à l'autre.

C'est pour cela que, depuis longtemps, les journaux utilisent une mise en page sur plusieurs colonnes.

Jusqu'à présent, le Web ne permettait pas ce type de mise en page. Nous étions condamnés à bidouiller ou à écrire des pages qui faisaient parfois plusieurs kilomètres de large.

Ce temps est révolu ! Grâce à CSS 3, il est maintenant facile de créer automatiquement une mise en page du texte sur plusieurs colonnes.

Le Petit Journal

UN NUMÉRO 5 CENTIMES

DERNIÈRE ÉDITION

Pour ou contre la patrie

LES LITANIES DE M. CLÉMENCEAU

LES ÉLECTIONS

Paris et la Seine

LES TROUBLES D'AIGUES-MORTES

NOUVELLES MILITAIRES

Echos de partout

EN FAMILLE

Les journaux proposent depuis longtemps une lecture sur plusieurs colonnes.

Multi-colonnes

Lorem ipsum dolor sit amet, consectetur adipiscing elit. Bonum incolumis acies: misera caecitas. Idem iste, inquam, de voluptate quid sentit? Aufert enim sensus actionemque tollit omnem. Erat enim Polemonis. Potius inflammat, ut coercendi magis quam dedocendi esse videantur. Hoc enim constituto in philosophia constituta sunt omnia. Duo Reges: constructio interrete. Dicet pro me ipsa virtus nec dubitabit isti vestro beato M. Sed ut iis bonis erigimur, quae expectamus, sic laetamur iis, quae recordamur. Et quidem illud ipsum non nimium probo et tantum patior, philosophum loqui de cupiditatibus finiendis. At multis malis affectus.

Non igitur bene. Gloriosa ostentatio in constituendo summo bono. Maximus dolor, inquit, brevis est. Quid nunc honeste dicit? maximarum rerum timore nemo potest. Estne, quaeso, inquam, sitienti in bibendo voluptas? Quae quidem vel cum periculo est quaerenda vobis; Quis est, qui non oderit libidinosam, protervam adolescentiam? Hoc est dicere: Non reprehenderem asotos, si non essent asoti. Vestri haec verecundius, illi fortasse constantius.

Plus de texte

Videamus igitur sententias eorum, tum ad verba redeamus. At certe gravius. Hoc dixerit potius Ennius: Nimium boni est, cui nihil est mali. Qui autem esse poteris, nisi te amor ipse ceperit? Ego quoque, inquit, didicerim libentius si quid attuleris, quam te reprehenderim. Licet hic rursus ea commemores, quae optimis verbis ab Epicuro de laude amicitiae dicta sunt. Effluit igitur voluptas quae tueretur. Illa argumenta propria videamus, cur omnia sint paria peccata. Plane idem, inquit, et maxima quidem, qua fieri nulla maior potest. Dolere malum est: in crucem qui agitur, beatus esse non potest.

Cum id fugiunt, re eadem defendunt, quae Peripatetici, verba. Ea possunt paria non esse. Audeo dicere, inquit. Ita prorsus, inquam; Non igitur de improbo, sed de callido improbo quaerimus, qualis Q. Sed virtutem ipsam inchoavit, nihil amplius. Proclivi currit oratio. Recte, inquit, intellegis.

Quae fere omnia appellantur uno ingenii nomine, easque virtutes qui habent, ingeniosi vocantur. Nos autem non solum beatae vitae istam esse oblectationem videmus, sed etiam levamentum miseriarum. Si mala non sunt, iacet omnis ratio Peripateticorum. Si agere, ut a se dolores, morbos, debilitates repellant.

Ait enim se, si uratur, Quam hoc suave! dicturum. At modo dixeras nihil in istis rebus esse, quod interesset. Ne amores quidem sanctos a sapiente alienos esse arbitrantur. Tollitur beneficium, tollitur gratia, quae sunt vincla concordiae. Tertium autem omnibus aut maximis rebus iis, quae secundum naturam sint, fruentem vivere. Quid ergo attinet gloriose loqui, nisi constanter loquare?

Un conclusion

Quod cum dixissent, ille contra. Mihi vero, inquit, placet agi subtilius et, ut ipse dixisti, pressius. Frater et T. Tum ille timide vel potius verecunde: Facio, inquit. Videamus animi partes, quarum est conspectus illustrior; Num igitur eum postea censes anxio animo

Un texte étalé sur plusieurs colonnes en CSS 3

Le texte s'organise sur plusieurs colonnes : à la fin de la première, on remonte en haut de la deuxième colonne et ainsi de suite. Vous allez voir que c'est assez simple à mettre en place, mais il y a quelques subtilités à maîtriser...

Créer des colonnes

Pour créer des colonnes, il existe trois propriétés CSS :

- `column-count` : indique sur combien de colonnes doit s'étaler le texte. Dans l'exemple précédent, il s'agissait de quatre colonnes.
- `column-width` : indique la largeur souhaitée de chaque colonne (en pixels, `em`... mais pas en pourcentage). Il est possible que le navigateur rende chaque colonne un peu plus large ou plus étroite en fonction de ses contraintes.
- `columns` : c'est une super-propriété qui combine `column-count` et `column-width` (de la même manière que `border` combine `border-width`, `border-style`, `border-color`).

Cependant (sinon ce serait trop simple), ces propriétés sont interprétées de façons assez différentes selon les navigateurs (*http://caniuse.com/#feat=multicolumn*). En réalité, seul Internet Explorer les gère correctement (oui, vous avez bien lu). Pour les autres, il va falloir utiliser des préfixes :

- Firefox : il faut commencer par `-moz`.
- Exemple : `-moz-column-count`, `-moz-column-width`...
- Opera, Safari, Chrome : il faut commencer par `-webkit`.
- Exemple : `-webkit-column-count`, `-webkit-column-width`...

Pour que votre code fonctionne sur tous les navigateurs, il faudra hélas tripler les instructions CSS à chaque fois.

Commençons simplement avec une `<section>` en HTML contenant plusieurs paragraphes :

```
<section>
  <p>Lorem ipsum dolor sit amet, consectetur adipiscing elit. Bonum
incolumis acies: misera caecitas. Idem iste, inquam, de voluptate quid
sentit? Aufert enim sensus actionemque tollit omnem. Erat enim Polemonis.
Potius inflammat, ut coercendi magis quam dedocendi esse videantur.
Hoc enim constituto in philosophia constituta sunt omnia. Duo Reges:
constructio interrete. Dicet pro me ipsa virtus nec dubitabit isti vestro
beato M. Sed ut iis bonis erigimur, quae expectamus, sic laetamur iis,
quae recordamur. Et quidem illud ipsum non nimium probo et tantum patior,
philosophum loqui de cupiditatibus finiendis. At multis malis affectus. </
p>

  <p>Non igitur bene. Gloriosa ostentatio in constituendo summo bono.
Maximus dolor, inquit, brevis est. Quid nunc honeste dicit? Haec quo modo
conveniant, non sane intellego. Haec dicuntur inconstantissime. At enim hic
etiam dolore. Nunc haec primum fortasse audientis servire debemus. Nummus
in Croesi divitiis obscuratur, pars est tamen divitiarum. Quae iam oratio
non a philosopho aliquo, sed a censore opprimenda est. </p>

  <p>Quae autem natura suae primae institutionis oblita est? Vitiosum est
enim in dividendo partem in genere numerare. Quae in controversiam veniunt,
de iis, si placet, disseramus. Nobis aliter videtur, recte secusne, postea;
Quid, de quo nulla dissensio est?</p>
</section>
```

Pour les tests, utilisez un générateur de faux texte *Lorem Ipsum* comme *lipsum.com* ou *loripsum.net*.

On applique maintenant `column-count` à toute la section pour que les paragraphes à l'intérieur soient répartis sur plusieurs colonnes :

```
section
{
   -webkit-column-count: 4; /* Opera, Safari, Chrome */
   -moz-column-count: 4; /* Firefox */
   column-count: 4; /* Internet Explorer */
}
```

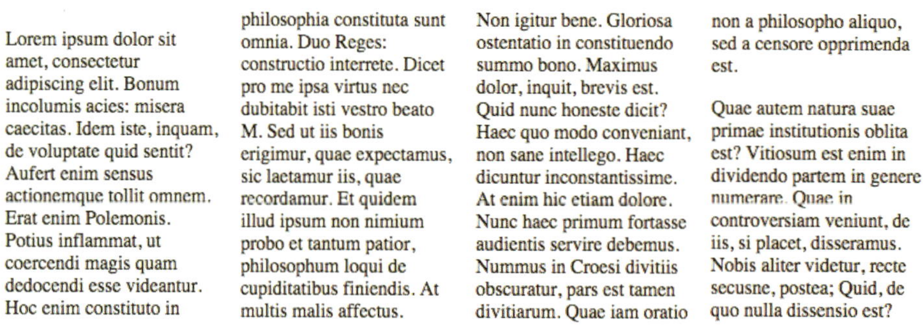

Vous avez demandé quatre colonnes ? Pas de problème !

Le fonctionnement de base est donc très simple (il faut juste penser aux variantes avec préfixes).

Que se passe-t-il si on combine column-count et column-width ? Quelle propriété l'emporte sur l'autre ?

Ah ah, bonne question ! En effet, si vous voulez obtenir quatre colonnes de 100 px de large, alors que vous ne disposez que d'une largeur totale de 600 px, que se passe-t-il ?

Eh bien il n'y a pas vraiment de propriété qui l'emporte sur l'autre. Si vous demandez 100 px de large, le navigateur va *essayer* de faire des colonnes d'environ 100 px. En revanche, **le navigateur ne dépassera pas le nombre de colonnes indiquées…** Il y aura dans tous les cas au maximum 4 colonnes dans l'exemple suivant qui utilise la super-propriété `columns` :

```
section
{
   -webkit-columns: 4 100px;
   -moz-columns: 4 100px;
   columns: 4 100px;
}
```

Séparer des colonnes

Nous avons la possibilité de modifier la séparation entre les colonnes de deux façons différentes :

- `column-gap` : indique l'espace entre deux colonnes (en pixels, `em`... mais pas en pourcentages) ;
- `column-rule` : indique un liseré de séparation entre les colonnes. Il s'agit d'une super-propriété qui ressemble beaucoup à `border` et qui rassemble les propriétés `column-rule-color`, `column-rule-width` et `column-rule-style`.

L'espace de séparation (column-gap)

Si vous indiquez un `gap` (espace de séparation), vous espacerez vos colonnes. Là encore, il va falloir tripler vos propriétés pour que cela fonctionne sur tous les navigateurs !

```
section
{
   -webkit-column-gap: 100px;
   -moz-column-gap: 100px;
   column-gap: 100px;

   /*N'oubliez pas les propriétés d'activation des colonnes
   -webkit-column-count: 4;
   -moz-column-count: 4;
   column-count: 4;
   */
}
```

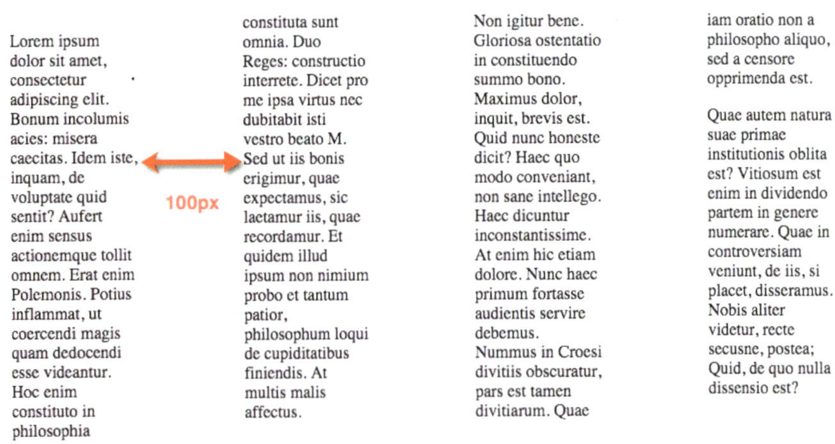

Des colonnes séparées par un espace de 100 px

Le liseré de séparation (column-rule)

Pensez tout simplement à la propriété `border` qui sert à créer des bordures. Ici, `column-rule` va servir de liseré de séparation entre les colonnes :

```
section
{
   -webkit-column-rule: 2px dashed #555;
   -moz-column-rule: 2px dashed #555;
   column-rule: 2px dashed #555;

   /* N'oubliez pas les propriétés d'activation des colonnes
   -webkit-column-count: 4;
   -moz-column-count: 4;
   column-count: 4;
   */
}
```

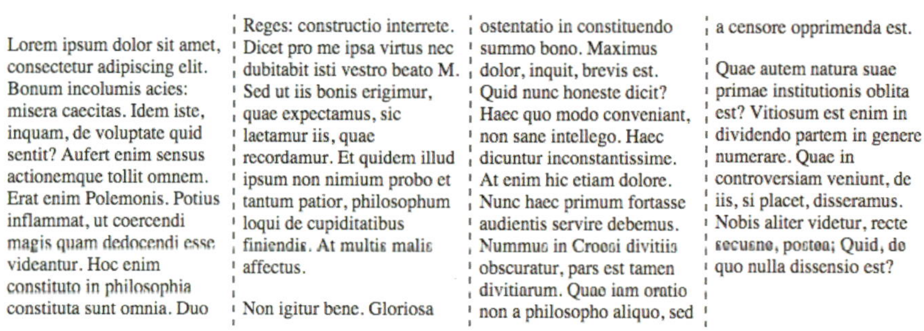

Un liseré de séparation entre les colonnes

Un texte sur plusieurs colonnes

Si vous le souhaitez, vous pouvez faire en sorte qu'un élément court sur plusieurs colonnes.

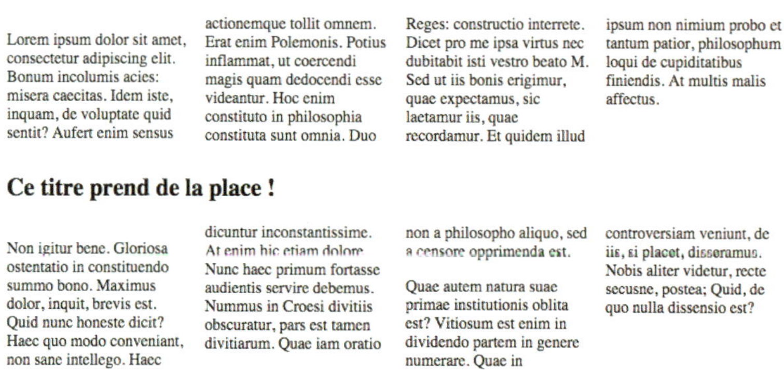

Le titre s'étale sur plusieurs colonnes.

Pour réaliser cela, je place d'abord un titre à l'intérieur de ma section sur plusieurs colonnes :

```
<section>
  <p>Lorem ipsum dolor sit amet, consectetur adipiscing elit. Bonum
incolumis acies: misera caecitas. Idem iste, inquam, de voluptate quid
sentit? Aufert enim sensus actionemque tollit omnem. Erat enim Polemonis.
Potius inflammat, ut coercendi magis quam dedocendi esse videantur.
Hoc enim constituto in philosophia constituta sunt omnia. Duo Reges:
constructio interrete. Dicet pro me ipsa virtus nec dubitabit isti vestro
beato M. Sed ut iis bonis erigimur, quae expectamus, sic laetamur iis,
quae recordamur. Et quidem illud ipsum non nimium probo et tantum patior,
philosophum loqui de cupiditatibus finiendis. At multis malis affectus. </p>

  <!-- Mon titre au milieu -->
  <h1>Ce titre prend de la place !</h1>
  <p>Non igitur bene. Gloriosa ostentatio in constituendo summo bono.
Maximus dolor, inquit, brevis est. Quid nunc honeste dicit? Haec quo modo
conveniant, non sane intellego. Haec dicuntur inconstantissime. At enim hic
etiam dolore. Nunc haec primum fortasse audientis servire debemus. Nummus
in Croesi divitiis obscuratur, pars est tamen divitiarum. Quae iam oratio
non a philosopho aliquo, sed a censore opprimenda est. </p>

  <p>Quae autem natura suae primae institutionis oblita est? Vitiosum est
enim in dividendo partem in genere numerare. Quae in controversiam veniunt,
de iis, si placet, disseramus. Nobis aliter videtur, recte secusne, postea;
Quid, de quo nulla dissensio est?</p>
</section>
```

J'applique les règles habituelles à la section pour faire plusieurs colonnes et j'applique en plus une nouvelle règle au titre : `column-span`.

```
section
{
  -webkit-column-count: 4;
  -moz-column-count: 4;
  column-count: 4;
}

section h1
{
  /* Le titre s'étalera sur toutes les colonnes. */
  -webkit-column-span: all;
  -moz-column-span: all;
  column-span: all;
}
```

Avec la valeur `all`, le titre s'étale sur toutes les colonnes.

Cette propriété n'est pas encore prise en charge par Firefox pour l'instant.

Les sauts de colonne

Parfois, vous voulez absolument éviter qu'un contenu soit « coupé en deux » parce qu'on arrive en bas de la colonne. Ou vous aimeriez qu'un texte commence obligatoirement en haut d'une colonne. Eh bien c'est possible grâce aux propriétés suivantes :

- `break-before` : indique si on a le droit ou non de faire un saut de colonne avant le texte ;
- `break-inside` : indique si on a le droit ou non de faire un saut de colonne à l'intérieur du texte ;
- `break-after` : indique si on a le droit ou non de faire un saut de colonne après le texte.

Pour chacune de ces propriétés, plusieurs valeurs sont possibles. Les trois principales à retenir sont :

- `auto` : le saut de colonne est autorisé mais n'est pas obligatoire (valeur par défaut) ;
- `column` : force un saut de colonne ;
- `avoid-column` : interdit un saut de colonne.

Traduisons avec deux exemples :

- Si vous écrivez `break-inside: avoid-column`, cela signifie qu'il est interdit de faire un saut de colonne à l'intérieur du texte.
- Si vous écrivez `break-before: column`, cela force un saut de colonne juste avant le texte, pour que celui-ci se trouve en haut.

Seuls Opera et Internet Explorer comprennent ces propriétés. Chrome et Safari acceptent une syntaxe un peu différente : `-webkit-column-break-before`, `-webkit-column-break-inside` et `-webkit-column-break-after`. Les valeurs aussi sont différentes : `always` pour forcer le saut de colonne, `avoid` pour l'éviter.

Si on combine ces propriétés un peu différentes pour chacun des navigateurs, voici comment forcer un retour en haut de la colonne suivante sur chaque titre :

```
section
{
   -webkit-column-count: 4;
   -moz-column-count: 4;
   column-count: 4;
}

section h1
{
   break-before: column;
   -webkit-column-break-before: always;
}
```

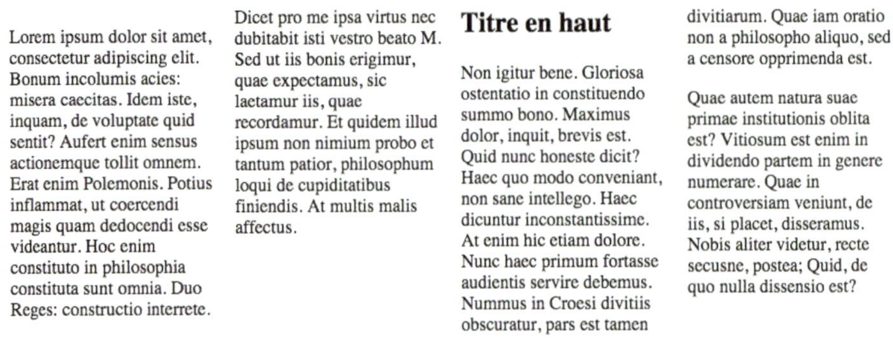

Le titre saute en haut de la colonne suivante.

Les césures (hyphenations)

Si on veut adopter un style proche de celui des journaux, on peut combiner les colonnes avec un alignement justifié. Ainsi, les colonnes sont propres et de même largeur. Cependant, le texte justifié sur les navigateurs n'est pas vraiment idéal sans système de césure.

Et euh, question bête, mais qu'est-ce qu'une césure déjà ?

On réalise une césure quand on coupe un mot en deux avec un tiret entre deux syllabes, pour aller à la ligne.

Grâce aux césures, le texte justifié est en général plus harmonieux. Cela évite les lignes trop « étirées ».

Seuls Internet Explorer, Firefox et Safari acceptent les césures . Chrome et Opera ne la gèrent pas. Pour ces navigateurs, vous pouvez tenter d'utiliser un script JavaScript comme *Hypher.js* (*https://github.com/bramstein/hypher*) qui va simuler ce comportement.

Pour que la césure fonctionne, il faut :

1. bien indiquer la langue utilisée dans le document avec l'attribut `lang` (`<html lang="fr">` pour le français), car les règles de césure diffèrent d'une langue à l'autre ;
2. utiliser la propriété `hyphens` (avec ses variantes préfixées pour chaque navigateur) pour activer la césure.

Voici comment activer la césure, en combinant avec les multi-colonnes et le texte justifié :

```
section
{
   text-align: justify;

   -webkit-hyphens: auto;
   -moz-hyphens: auto;
   -ms-hyphens: auto;
   hyphens: auto;

   -webkit-column-count: 4;
   -moz-column-count: 4;
   column-count: 4;
}
```

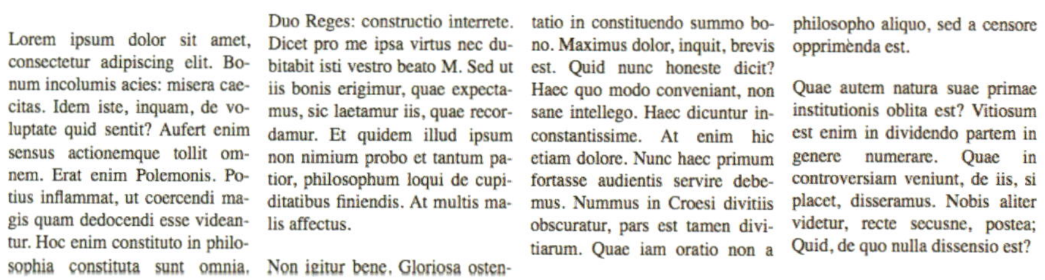

Lorem ipsum dolor sit amet, consectetur adipiscing elit. Bonum incolumis acies: misera caecitas. Idem iste, inquam, de voluptate quid sentit? Aufert enim sensus actionemque tollit omnem. Erat enim Polemonis. Potius inflammat, ut coercendi magis quam dedocendi esse videantur. Hoc enim constituto in philosophia constituta sunt omnia. Duo Reges: constructio interrete. Dicet pro me ipsa virtus nec dubitabit isti vestro beato M. Sed ut iis bonis erigimur, quae expectamus, sic laetamur iis, quae recordamur. Et quidem illud ipsum non nimium probo et tantum patior, philosophum loqui de cupiditatibus finiendis. At multis malis affectus.

Non igitur bene. Gloriosa ostentatio in constituendo summo bono. Maximus dolor, inquit, brevis est. Quid nunc honeste dicit? Haec quo modo conveniant, non sane intellego. Haec dicuntur inconstantissime. At enim hic etiam dolore. Nunc haec primum fortasse audientis servire debemus. Nummus in Croesi divitiis obscuratur, pars est tamen divitiarum. Quae iam oratio non a philosopho aliquo, sed a censore opprimènda est.

Quae autem natura suae primae institutionis oblita est? Vitiosum est enim in dividendo partem in genere numerare. Quae in controversiam veniunt, de iis, si placet, disseramus. Nobis aliter videtur, recte secusne, postea; Quid, de quo nulla dissensio est?

Texte sur plusieurs colonnes, justifié, avec des césures !

Les dégradés

CSS gère maintenant les dégradés : linéaires, radiaux, deux couleurs, cinq couleurs avec de la transparence… on peut faire beaucoup de choses avec une simple ligne de CSS.

Les dégradés s'appliquent sur le fond (`background-image`) de n'importe quel élément. La figure suivante montre un aperçu de ce qu'on peut faire (en une seule ligne de CSS).

Un dégradé réalisé en une seule ligne de CSS

Les dégradés sont bien pris en charge par l'ensemble des navigateurs récents ; il est inutile d'utiliser des préfixes (`-moz`, `-webkit`).

Les dégradés linéaires

Un dégradé linéaire évolue simplement sur une ligne.

Pour commencer, on va créer une page tout ce qu'il y a de plus basique, avec un simple bloc `<div>` pour simuler une zone dans laquelle on dessinera un dégradé :

```
<!DOCTYPE html>
<html>
  <head>
    <meta charset="utf-8" />
    <title>Dégradés</title>
    <link rel="stylesheet" href="style.css" />
  </head>

  <body>
    <div></div>
  </body>
</html>
```

Côté CSS, on va cibler le bloc, lui donner des dimensions (pour voir l'effet) et surtout un fond dégradé :

```
div
{
  background-image: linear-gradient(blue, green);

  /* Obligatoire si on veut "voir" le dégradé */
  width: 400px;
  height: 300px;
}
```

Cela crée un dégradé linéaire vertical qui va du bleu au vert.

Un dégradé très simple à exécuter en pur CSS

La valeur **`linear-gradient`** ne s'applique qu'à la propriété **`background-image`** (ou à la super-propriété **`background`**).

Modifier la direction du dégradé

Par défaut, le dégradé va du haut vers le bas. Si vous voulez changer cela, c'est le moment de parler un peu anglais.

Il suffit d'ajouter un premier paramètre pour indiquer la direction du dégradé. Par exemple, `to right` signifie que le dégradé ira vers la droite :

```
div
{
   background-image: linear-gradient(to right, blue, green);
}
```

Un dégradé vers la droite

Voici quelques syntaxes utilisables pour le premier paramètre :

- `to top` : vers le haut ;
- `to bottom` : vers le bas (par défaut) ;
- `to right` : vers la droite ;
- `to left` : vers la gauche ;
- `to top right` : vers le haut à droite ;
- `to bottom left` : vers le bas à gauche ;
- etc.

Vous pouvez aussi utiliser des mesures en degrés (`90deg` signifie « vers la droite », `180deg` « vers le bas »...), voire en gradians ou radians si vous n'avez rien oublié de vos cours de maths.

Augmenter le nombre de couleurs du dégradé

Vous pouvez placer autant de couleurs que vous voulez dans votre dégradé : il suffit de les ajouter à la suite :

```
div
{
   background-image: linear-gradient(to right, blue, green, #0ff,
rgb(200,30,170));
}
```

Ce dégradé passe par quatre couleurs différentes.

Un dégradé avec plusieurs couleurs à la suite

Pensez à la transparence

En plus de la notation en anglais (`blue`), hexadécimale (`#00f`) et RGB, vous pouvez aussi utiliser la notation RGBa pour ajouter de la transparence. Un dégradé qui va de l'opaque vers le transparent est tout à fait envisageable.

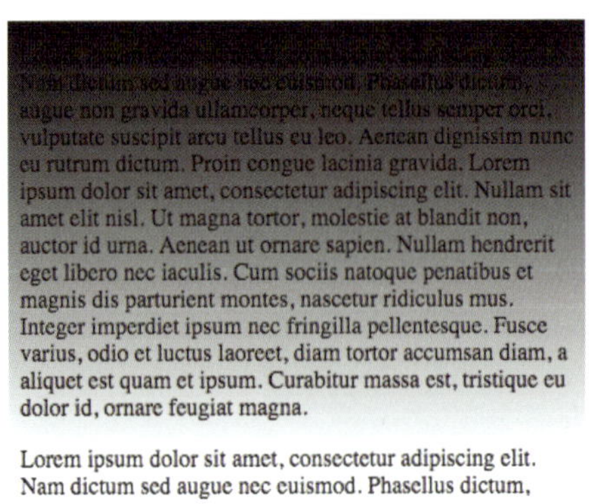

Un dégradé qui utilise des couleurs transparentes

Utilisez simplement la notation RGBa des couleurs pour bénéficier des effets de transparence :

```
div
{
   background-image: linear-gradient(to top, rgba(0,0,0,0), rgba(0,0,0,1));
}
```

Modifier l'espace occupé par chaque couleur

Par défaut, les couleurs se répartissent équitablement dans le dégradé. Cependant, vous voudrez parfois qu'une couleur occupe plus d'espace.

Il suffit alors d'ajouter un second paramètre à chaque couleur : une valeur en pourcentage ou en pixels pour indiquer à quel endroit commence la nouvelle couleur par rapport à la précédente :

```
div
{
   background-image: linear-gradient(to right, blue 0%, green 30%);
}
```

Dans cet exemple, le bleu commence au début (0 %) et le vert commence à 30 % de l'espace occupé par défaut par le bleu. Cela nous donne un dégradé largement dominé par le vert.

Un dégradé dont les couleurs occupent un espace différent

Vous pouvez aussi indiquer une valeur absolue en pixels :

```
div
{
   background-image: linear-gradient(to right, blue, green 70px);
}
```

Les dégradés radiaux

Maintenant que vous êtes expert en dégradés linéaires, les radiaux ne devraient pas vous poser trop de soucis.

Cette fois, le dégradé part dans toutes les directions.

Voici comment on peut reproduire cet exemple :

```
div
{
   background-image: radial-gradient(circle at center, white, green);
}
```

La valeur commence par `radial-gradient` (au lieu de `linear-gradient`).

Il y a deux formes de dégradés radiaux :

- circulaire : on utilise le mot-clé `circle` et on observe un véritable cercle dans le dégradé ;
- elliptique : on utilise le mot-clé `ellipse` et on observe un cercle « aplati » si la zone du dégradé est aplatie.

Un dégradé circulaire (circle) : le cercle est parfait au centre.

Un dégradé elliptique (ellipse) : le cercle est aplati.

Ici, c'est un peu subtil, mais si vous travaillez sur une zone encore plus aplatie, vous verrez d'autant plus clairement la différence.

Positionner le dégradé

Vous devez aussi indiquer à quel endroit commence le dégradé. Là encore, on peut indiquer `top left` (en haut à gauche), `bottom right` (en bas à droite)… mais aussi `center` (au centre).

Voici ce que cela donne par exemple avec `top left` :

```
div
{
   background-image: radial-gradient(circle at top left, white, green);
}
```

Un dégradé qui commence en haut à gauche

Indiquer jusqu'où va le dégradé

Nouveau avec les dégradés radiaux, vous pouvez aussi indiquer jusqu'où se déroule l'effet de dégradé. Il faut ajouter un premier terme au tout début :

- `closest-corner` : vers le coin le plus proche ;
- `closest-side` : vers le côté le plus proche ;
- `farthest-corner` : vers le coin le plus éloigné ;
- `farthest-side` : vers le côté le plus éloigné.

```
div
{
  background-image: radial-gradient(closest-side ellipse at center, white, green);
}
```

Un dégradé radial en closest-side

Un dégradé radial en closest-corner

Les dégradés répétitifs

Il existe une autre technique pour obtenir des dégradés qui se répètent. Pour cela, on peut utiliser les valeurs suivantes :

- `repeating-linear-gradient` : un dégradé linéaire qui se répète ;
- `repeating-radial-gradient` : un dégradé radial qui se répète.

Il suffit d'ajouter `repeating` au début et le tour est joué ?

Presque. Pour que le dégradé fonctionne, encore faut-il qu'il n'occupe pas tout l'espace de base. Et pour cela, vous devrez utiliser la technique que nous avons vue précédemment : limiter l'espace occupé par les couleurs.

Commençons par un exemple simple, un dégradé linéaire sans indication de direction (il ira donc vers le bas) :

```
div
{
   background-image: repeating-linear-gradient(white, green 100px);
}
```

C'est un dégradé linéaire qui se répète, qui va du blanc vers le vert et le vert s'arrête au bout de 100 pixels.

Un dégradé répétitif avec repeating-linear-gradient

Complexifions un peu. Que diriez-vous d'un dégradé orienté vers la droite avec de multiples couleurs ? Si on revient à la fin sur la couleur de début, on obtient des transitions souples plutôt que des « cassures » comme sur l'exemple précédent.

```
div
{
  background-image: repeating-linear-gradient(to right, green, red, blue,
green 200px);
}
```

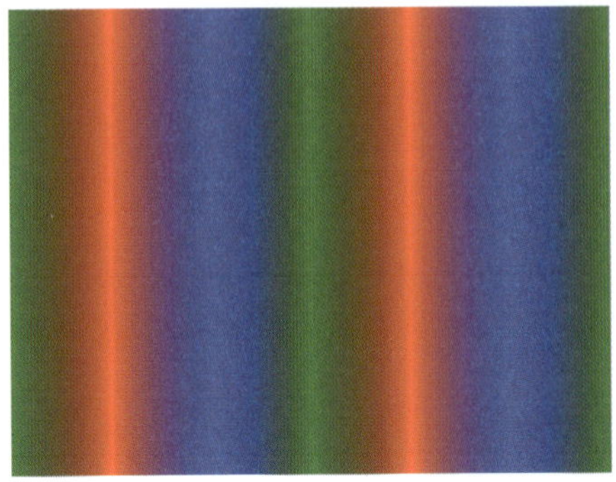

Dégradé linéaire répétitif avec plusieurs couleurs

Bon, morale de l'histoire, il ne faut pas me mettre entre les mains des outils comme ça, sinon je suis capable de donner la nausée à n'importe qui avec mes essais. :-°

Voyons maintenant comment faire un dégradé elliptique répétitif :

```
div
{
  background: repeating-radial-gradient(farthest-side ellipse at center,
green, red, green 80px);
}
```

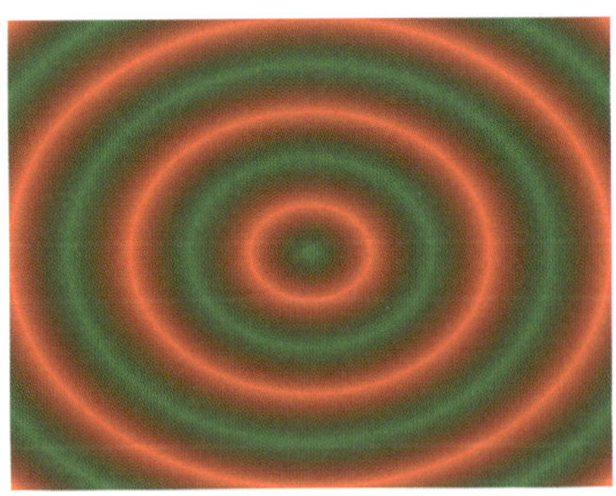

Un dégradé radial elliptique répétitif

J'ai fait des vagues sans le faire exprès ! Hum, en fait, *yé crois qué yé souis oune artiste*.

Les transformations 2D

Nous entrons maintenant dans l'une des nouveautés les plus excitantes apportées par CSS 3 : l'univers des transformations et des animations.

Nous allons découvrir ensemble dans cet ordre :

1. Les transformations 2D : comment étirer, déplacer, faire tourner un objet dans la page.
2. Les transitions et animations : comment animer un objet lors d'une transformation, par exemple le faire tourner progressivement, le faire apparaître petit à petit...
3. Les transformations 3D : nous passerons dans la troisième dimension pour travailler avec de la perspective et donner l'impression à vos visiteurs que certains objets de votre site sont en 3D ! Et vous pourrez même vous amuser à créer des animations en 3D !

Commençons par les transformations 2D. Il en existe plusieurs types :

- l'agrandissement et le rétrécissement ;
- le déplacement (translation) qui va vous rappeler un peu la propriété `position: relative;` de CSS ;
- la rotation ;
- la transformation oblique ;
- ... et le super-pouvoir de la transformation à base de matrice, pour les plus matheux d'entre vous, grâce auquel vous ferez subir à peu près tout ce que vous voulez à vos objets.

Avec toutes ces fonctionnalités de transformation, on peut jouer sur tous les objets de la page : textes, images, menus... La figure suivante, par exemple, présente une image que l'on a étirée et retournée :

Cette image a subi de multiples transformations en CSS.

Premier exemple simple : la rotation

Vous pouvez aussi bien transformer du texte que des photos. En fait, n'importe quel élément HTML de la page est susceptible d'être transformé.

Commençons par créer une simple page HTML avec une photo :

```
<!DOCTYPE html>
<html>
   <head>
      <meta charset="utf-8" />
      <title>Transformations</title>
      <link rel="stylesheet" href="style.css" />
   </head>

   <body>
      <div><img src="nature.jpg" alt="" id="photo" /></div>
   </body>
</html>
```

Si vous manquez d'inspiration pour l'image, vous pouvez utiliser le site *lorempixel.com*. Il génère des images libres d'utilisation de la taille que vous souhaitez pour remplir des zones de tests.

C'est un peu comme *lipsum.com*, mais pour les images.

Appliquons en CSS une transformation sur l'image `#photo` :

```
#photo
{
   transform: rotate(10deg);
}
```

Toutes les transformations se déclarent avec la propriété `transform`. Celle-ci est bien reconnue par tous les navigateurs, à l'exception notable de Safari (pour Mac et iOS), qui a besoin du préfixe `-webkit`. Donc pour bien faire, il faudrait doubler la propriété :

```
#photo
{
   -webkit-transform: rotate(10deg); /* Safari */
   transform: rotate(10deg); /* Tous les autres navigateurs */
}
```

Pour rester simple et lisible, je ne garderai que la propriété principale `transform` dans les exemples suivants de ce chapitre. Un jour, certainement, Safari gérera les transformations sans ce préfixe.

Nous venons de réaliser notre première transformation. Nous avons appliqué la fonction `rotate()` d'un angle de 10 degrés sur la photo.

Cette image vient de subir une rotation.

L'origine de la transformation

Toute transformation doit partir d'un point précis. Par défaut, il s'agit du centre de l'élément. Par exemple, imaginez qu'on a placé une punaise au centre de la photo et qu'on fait tourner cette dernière autour de cette punaise.

La transformation a lieu par défaut à partir du centre.

On peut modifier l'origine de la transformation (l'emplacement de la punaise dans notre cas). Par exemple, partons du coin en haut à gauche.

La transformation part du coin en haut à gauche.

Pour modifier l'origine de la transformation, on a recours à `transform-origin`. Malheureusement, cette propriété est moins bien reconnue par les navigateurs et il faudra ajouter de nombreux préfixes :

```
#photo
{
   -webkit-transform-origin: 0 0;/* Safari, Chrome */
   -ms-transform-origin: 0 0; /* IE */
   -moz-transform-origin: 0 0; /* Firefox */
   -o-transform-origin: 0 0; /* Opera */
   transform-origin: 0 0; /* La transformation partira du coin en haut à
gauche. */

   transform: rotate(10deg);
}
```

Cette propriété prend deux valeurs en pixels ou pourcentages. Avec `0 0`, on indique que la transformation part du point en haut à gauche de l'élément.

```
La valeur par défaut est 50% 50%, ce qui correspond au centre de l'élément :
#photo
{
   transform-origin: 50% 50%; /* Centre */
}
```

Pour que la transformation ait son origine en bas à droite, modifiez le CSS comme suit :

```
#photo
{
   transform-origin: 100% 100%; /* En bas à droite */
}
```

Vous pouvez aussi indiquer des valeurs en pixels et préciser un côté :

```
#photo
{
   transform-origin: top 0 left 30px;
}
```

Cette ligne démarrera la transformation d'un point situé en haut de l'élément et à `30px` du bord gauche.

L'agrandissement (et le rétrécissement)

Pour agrandir un élément (ou bien le rétrécir), vous pouvez utiliser la fonction `scale()`, toujours avec la propriété `transform` :

```
#photo
{
   transform: scale(1.3);
}
```

Une valeur de `1` signifie « taille normale ». Une valeur de `1.3` signifie « 1,3 fois plus grand ».

L'image a été agrandie (et sort ici du cadre d'origine).

On peut réduire la taille de l'objet avec une valeur inférieure à 1 :

```
#photo
{
   transform: scale(0.6);
}
```

L'image a été réduite par rapport à sa taille initiale.

J'en profite pour rappeler que toutes ces fonctions s'appliquent aussi sur du texte. Les exemples concernent des images, mais c'est bien tout le bloc qui est modifié (le texte serait donc lui aussi réduit dans notre exemple).

Notez qu'il est possible d'indiquer deux valeurs, en X et en Y :

```
#photo
{
   transform: scale(1.3,0.6);
}
```

Cet exemple agrandira de 1,3 fois sur l'axe des X et réduira à 0,6 sur l'axe des Y.

Modification de la taille sur différents axes

Les fonctions `scaleX()` et `scaleY()` existent aussi et appliquent la modification uniquement sur un des axes :

```
#photo
{
   transform: scaleX(1.3);
}
```

La translation (déplacement)

Avec la translation, vous déplacez un objet comme bon vous semble sur la page.

```
#photo
{
   transform: translate(30px,90px);
}
```

Cette instruction déplacera l'objet de `30px` sur l'axe des X (de gauche à droite) et de `90px` sur l'axe des Y (de haut en bas).

Une translation

Les valeurs négatives sont aussi acceptées si vous voulez déplacer l'objet dans l'autre sens. Essayez une valeur de `-90px` pour voir.

Cette fonction suit en fait le même principe qu'un `position: relative;` d'un élément.

Notez qu'il existe aussi les fonctions `translateX()` et `translateY()` pour déplacer l'élément uniquement sur un axe :

```
#photo
{
   transform: translateX(30px);
}
```

Lorsque vous utilisez `translateX()`, la translation sur l'axe des Y est implicitement définie à `0px`.

La transformation oblique

Ce type de transformation « étire » un des côtés du bloc pour faire de ce dernier un losange. On utilise pour cela les fonctions `skewX()` et `skewY()`. La fonction `skew()` existait mais a été retirée.

La transformation oblique

Pour parvenir à ce résultat, le code est très simple :

```
#photo
{
   transform: skewX(20deg);
}
```

La transformation s'exprime en degrés et vous pouvez utiliser des valeurs négatives pour changer de sens.

Combinez les transformations !

Il faut savoir qu'on peut sans problème combiner plusieurs transformations consécutives. Il suffit d'écrire les fonctions les unes à la suite des autres, sur la même ligne, séparées à chaque fois par un espace.

```
#photo
{
   transform: scale(0.7) rotate(15deg) skewY(10deg);
}
```

Rétrécissement, rotation, obliquatiooon !!!

> L'ordre des fonctions a de l'importance. Dans notre cas, on rétrécit, *puis* on fait tourner, *puis* on effectue la transformation oblique. Le résultat est parfois différent si vous changez l'ordre des transformations.

La matrice : la mère de toutes les transformations

Toutes les transformations que nous avons vues obéissent aux mêmes lois mathématiques. Derrière chaque transformation se cache… une matrice.

Comment ça une matrice ? Tu veux dire qu'on est DANS la matrice ?! Doit-on s'inquiéter ?

Ceux qui ont fait des maths à un niveau un peu avancé savent de quoi je parle. Pour les autres, pas d'inquiétude. Une matrice est simplement un groupe de nombres organisés en tableau :

$$\begin{pmatrix} 10 & -2 & 14 \\ 20 & 1 & 0 \\ 1 & 1 & 0 \end{pmatrix}$$

Ici, c'est une matrixe 3 × 3, mais on peut utiliser des matrices plus grandes (ou plus petites).

Par toute une série de calculs mathématiques (qu'il serait *vraiment* trop long de détailler ici), on peut appliquer n'importe quelle transformation grâce à une matrice.

Par défaut, chaque objet est à sa position normale, définie par une matrice qui contient uniquement des 0, avec des 1 en diagonale :

$$\begin{pmatrix} 1 & 0 & 0 \\ 0 & 1 & 0 \\ 0 & 0 & 1 \end{pmatrix}$$

Si vous voulez agrandir l'objet sur l'axe des X, il suffit de modifier le premier nombre en haut à gauche (ici, l'objet sera agrandi d'un facteur de 1.4) :

$$\begin{pmatrix} 1.4 & 0 & 0 \\ 0 & 1 & 0 \\ 0 & 0 & 1 \end{pmatrix}$$

Si vous voulez l'agrandir sur l'axe des Y plutôt, il faut cette fois changer le nombre au centre de la matrice. Et si vous voulez le déplacer sur l'axe des X, il faut modifier le nombre en haut à droite :

$$\begin{pmatrix} 1 & 0 & 20 \\ 0 & 1 & 0 \\ 0 & 0 & 1 \end{pmatrix}$$

Voici comment décrire en CSS une translation en X de `20px` (correspondant à la matrice précédente) :

```
#photo
{
   transform: matrix(1,0,0,1,20,0);
}
```

Pourquoi n'y a-t-il que 6 nombres alors que la matrice en comporte 9 ?

Parce que, pour décrire une transformation 2D, nous n'avons pas besoin de toucher aux trois nombres dans la ligne en bas de la matrice.

Pour faire le lien entre les mathématiques et le CSS, il faut savoir que la matrice suivante :

$$\begin{pmatrix} 1 & 3 & 5 \\ 2 & 4 & 6 \\ 0 & 0 & 1 \end{pmatrix}$$

… s'écrira comme suit en CSS :

```
#photo
{
   transform: matrix(1,2,3,4,5,6);
}
```

Mais tout ça, c'est magique en fait ?

Non, c'est comme ça que les ordinateurs font pour calculer les transformations des objets. C'est très pratique pour eux. Et dans le monde de la 3D, c'est pareil : on se base sur des matrices tout le temps.

Bon, mais à quoi cela sert-il ? Autant utiliser les fonctions scale() et rotate(), non ? C'est plus simple !

En effet, c'est plus simple. Avec la matrice toutefois, vous pouvez combiner d'un coup toutes les fonctions si vous le souhaitez. En fait, vous n'utiliserez probablement la matrice que si vous avez besoin d'une transformation très précise et si vous êtes déjà à l'aise avec ce concept mathématique.

Si vous voulez aller plus loin, l'article *http://www.useragentman.com/blog/2011/01/07/css3-matrix-transform-for-the-mathematically-challenged/* (en anglais) vous explique un peu plus en détail comment fonctionnent les matrices avec les transformations CSS.

Les transitions CSS

Les transitions en CSS : voilà je pense un sujet qui va intéresser du monde ! Auparavant, il fallait programmer en JavaScript des fonctions parfois complexes pour faire bouger des éléments sur la page. Aujourd'hui, grâce à CSS 3, il est possible d'effectuer des animations avec quelques lignes à peine.

Les transitions modifient de façon progressive plusieurs propriétés d'un objet.

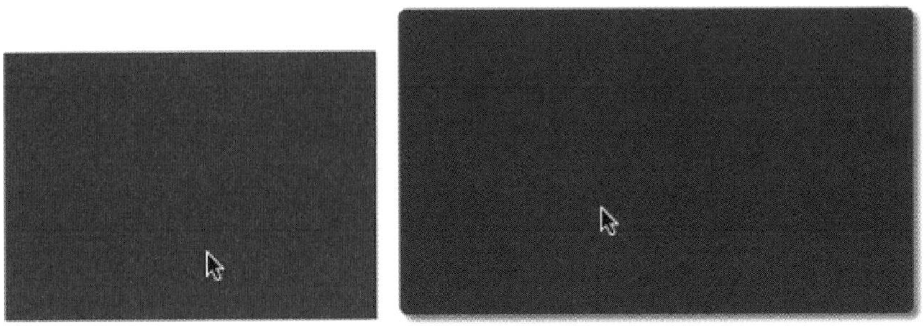

Une transition réalisée en CSS accessible à l'adresse
http://www.editions-eyrolles.com/go/NebraHTMLCSS1

Avez-vous vu toutes les propriétés qui changent lors de cette animation ? Il y a évidemment `background-color`, `width` et `height`, mais aussi `box-shadow` et `border-radius`.

Avant de commencer, il faut bien que vous distinguiez ces deux notions différentes en CSS :

- **La transition :** c'est ce qui fait passer un objet d'un état A à un état B. Par exemple, on peut dire : « Déplace cet objet de la gauche vers la droite de l'écran tout en changeant sa couleur ». La figure précédente représente une transition : tout bouge en même temps.
- **L'animation :** c'est une combinaison de transitions les unes à la suite des autres. Par exemple, on peut dire : « Déplace cet objet de la gauche vers la droite de l'écran *puis* déplace-le vers le bas de l'écran *puis* change sa couleur de fond vers le bleu ».

Les bases des transitions CSS

Vous connaissez déjà de nombreuses propriétés CSS qui modifient l'apparence d'un élément : `color` pour la couleur du texte, `background-color` pour celle du fond, `width` pour la largeur d'un bloc, etc.

Plusieurs propriétés peuvent être animées avec le système des transitions en CSS 3. Vous avez besoin de connaître au minimum les deux propriétés suivantes :

- `transition-property` : indique quelle propriété CSS est animée ;
- `transition-duration` : indique combien de temps dure la transition.

Concrètement, comment applique-t-on ces propriétés ?

Prenons un code HTML encore une fois très basique, constitué d'un simple bloc `<div>` :

```
<!DOCTYPE html>
<html>
  <head>
    <meta charset="utf-8" />
    <title>Transitions et animations</title>
    <link rel="stylesheet" href="style.css" />
  </head>

  <body>
    <div></div>
  </body>
</html>
```

Ajoutons-lui quelques propriétés CSS de base et lors du survol :

```
div
{
  width: 200px;
  height: 150px;
  background-color: blue;
}

div:hover
{
  background-color: green;
}
```

Cela nous donne un élément bleu qui devient vert au survol. Jusque-là c'est très classique.

Ajoutons-y maintenant la transition sur `background-color` pour indiquer qu'on doit changer l'objet progressivement du bleu au vert :

```
div
{
  width: 200px;
  height: 150px;
  background-color: blue;
  transition-property: background-color; /* Active la transition sur
background-color */
```

```
    transition-duration: 1s; /* La transition dure 1s. */
}

div:hover
{
    background-color: green;
}
```

En voyant cela, l'ordinateur comprend qu'il va devoir animer la propriété `background-color` progressivement dès qu'elle change de valeur. Lors du survol (`:hover`), elle change de valeur, donc l'ordinateur l'anime (ici sur 1 seconde).

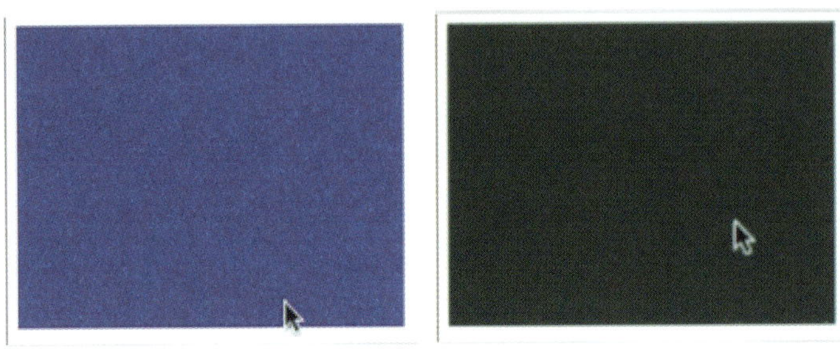

Une transition basique d'une couleur à une autre accessible à l'adresse
http://www.editions-eyrolles.com/go/NebraHTMLCSS2

> La transition peut s'activer lors d'un `:hover`, `:active` ou `:focus`, mais aussi lors d'un évènement JavaScript si on le souhaite.

Vous pouvez appliquer la transition sur plusieurs propriétés en même temps, en les espaçant par des virgules :

```
div
{
    transition-property: background-color, width, height;
}
```

> Par défaut, `transition-property` a la valeur `all`. Cela signifie que les transitions s'appliqueront sur toutes les propriétés qui sont modifiées (pas besoin de les lister une par une).
> En théorie, le minimum que vous avez à faire est donc de définir une durée de transition.

Sachez aussi qu'il est possible d'indiquer une durée de transition en millisecondes au lieu des secondes :

```
div
{
   transition-duration: 250ms;
}
```

Configurer sa transition

Ajoutons deux nouvelles propriétés CSS :

- `transition-delay` : indique au bout de combien de temps commence l'animation ;
- `transition-timing-function` : indique quel type de transition on veut voir. D'une certaine façon, cela détermine quelle est « l'accélération » de l'effet d'animation.

transition-delay : délai avant le lancement de la transition

Commençons par `transition-delay`. Le principe est à la base très simple : cela retarde le début de la transition. Dans l'exemple qui suit, la transition commence au bout de 0,4 s seulement :

```
div
{
   width: 200px;
   height: 150px;
   background-color: blue;
   transition-property: background-color;
   transition-duration: 1s;
   transition-delay: 0.4s; /* Démarre au bout de 0,4 s */
}

div:hover
{
   background-color: green;
}
```

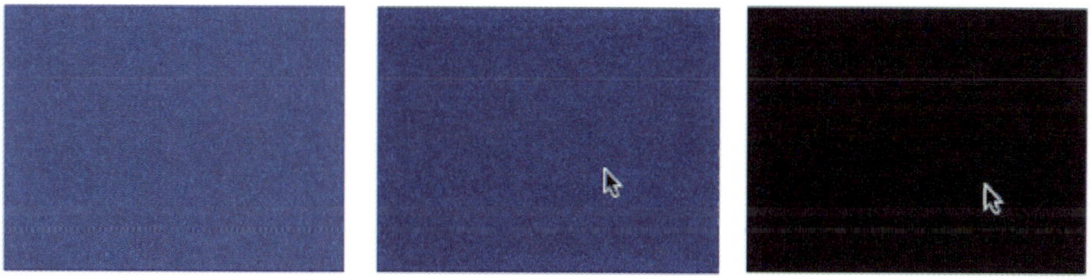

La transition ne s'active qu'au bout d'un certain délai (http://www.editions-eyrolles.com/go/NebraHTMLCSS3).

Il est possible d'indiquer une valeur négative. Dans ce cas, la transition commence immédiatement et on a l'impression d'en avoir manqué le début.

transition-timing-function : l'accélération de l'animation

Les choses se compliquent un peu avec `transition-timing-function`. Cette propriété indique comment l'objet doit transiter d'un état à un autre. Et vous avez l'embarras du choix.

Les valeurs prédéfinies possibles sont les suivantes :

- `ease` : rapide au début et ralenti à la fin ;
- `linear` : vitesse constante ;
- `ease-in` : lent au début et accélère de plus en plus à la fin ;
- `ease-out` : rapide au début et de plus en plus lent à la fin ;
- `ease-in-out` : départ et fin lents.

Essayons un effet `ease` sur une translation (déplacement) :

```
div
{
   width: 200px;
   height: 150px;
   background-color: blue;
   transition-property: transform;
   transition-duration: 1s;
   transition-timing-function: ease; /* Transition de type ease */
}

div:hover
{
   transform: translateX(200px); /* On déplace l'objet. */
}
```

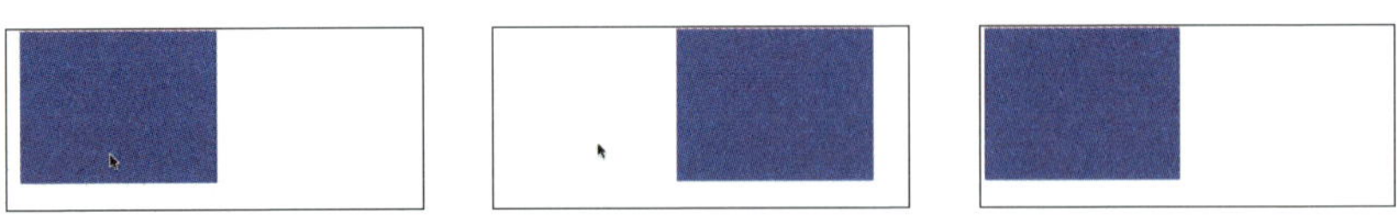

Une transition de type ease
(http://www.editions-eyrolles.com/go/NebraHTMLCSS4)

Comparez avec la même transition, de type `ease-in` cette fois. Si vous regardez bien, vous verrez la différence (*http://www.editions-eyrolles.com/go/NebraHTMLCSS5*).

Affiner la transition avec cubic-bezier()

Il est possible d'aller encore plus loin en définissant sa propre fonction de transition `transition-timing-function` avec `cubic-bezier()`. Là encore, il y a des maths derrière ! Il s'agit des courbes de Bézier, qui vont servir à paramétrer finement la fluidité des animations.

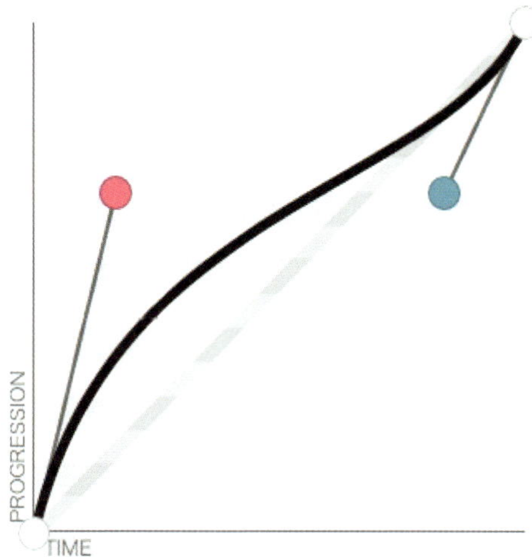

La courbe de Bézier définit la fluidité de l'animation.

Cette courbe indique que l'animation démarre assez vite (parce que la courbe monte vite), ralentit au milieu et accélère à nouveau à la fin.

La courbe de Bézier se définit avec quatre points :

```
#cubic-bezier
{
   transition-timing-function: cubic-bezier(.43,-0.83,.53,1.73);
}
```

Si vous ne savez pas définir de tête des courbes de Bézier, c'est parfaitement normal je vous rassure !

Je vous recommande chaudement cet outil créé par Lea Verou pour tester vos différents modèles d'animations avec `cubic-bezier` : *cubic-bezier.com*.

Pour vous permettre de tester, j'ai créé une page avec les différents effets de transitions de base (et un `cubic-bezier` personnalisé) : *https://course.oc-static.com/ftp-tutos/cours/html-css/p6/ch4/transition-timing-function/transition-timing-function.html*.

La super-propriété transition

Voilà beaucoup de propriétés à retenir. Heureusement, il existe une super-propriété qui les combine toutes : `transition`.

```
div
{
   /* Transition ease de 2s sur background-color */
   transition: background-color 2s ease;
}
```

Cette propriété est plus pratique à utiliser au quotidien ; le code est plus concis.

Sachez qu'il est aussi possible d'avoir deux effets de transition en parallèle avec des paramètres différents. Il suffit de les séparer par des virgules :

```
div
{
   /* Transition ease de 2s sur background-color
   et transition linéaire de 1s sur la largeur en parallèle */
   transition: background-color 2s ease, width 1s linear;
}
```

Voilà, vous savez maintenant tout ce qu'il faut sur les transitions !

Les animations CSS

Les animations CSS sont en quelque sorte des « super-transitions ». Là où la transition se contentait de transformer progressivement un objet d'un état A à un état B, l'animation passe par autant d'états que vous voulez.

Imaginez que vous souhaitiez déplacer un objet, puis le retourner, puis le déplacer à nouveau tout en changeant sa couleur et en arrondissant ses angles. Hmm, comment feriez-vous ça ? Avec les animations, c'est possible !

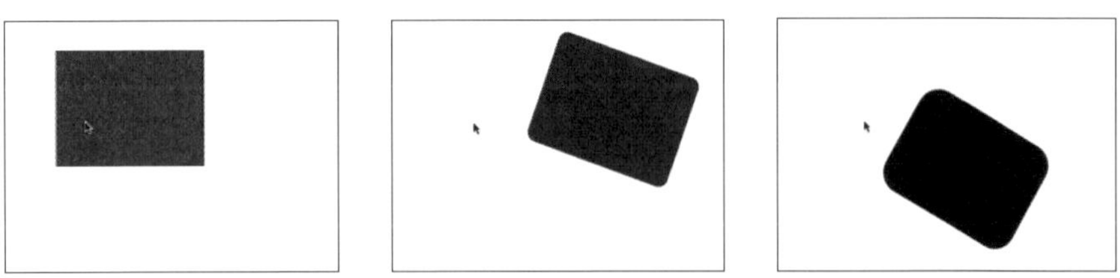

Un objet animé en CSS 3 : il passe par plusieurs étapes différentes (http://www.editions-eyrolles.com/go/NebraHTMLCSS6).

Les animations sont aujourd'hui globalement bien supportées par tous les navigateurs du marché ; de quoi libérer votre imagination !

Nous allons d'abord voir comment créer une animation de base en définissant ce qu'on appelle des `keyframes`. Puis, nous découvrirons quelques propriétés pour configurer ces animations avec plus de précision.

Les bases de l'animation CSS

Les animations CSS ressemblent un peu aux transitions, mais elles présentent quand même plusieurs différences subtiles.

Pour créer une animation en CSS, vous devez :

1. définir les étapes de l'animation à l'aide d'une directive CSS `@keyframes` qui est un peu particulière (d'une certaine façon, cela va vous rappeler `@font-face`, mais en un peu plus compliqué) ;
2. appliquer la propriété `animation` sur l'élément que vous voulez (lors d'un `:hover` par exemple).

Définir les étapes de l'animation

La définition des étapes de l'animation se fait dans un coin à part du fichier CSS, comme `@font-face`, tout au début du fichier par exemple.

Voici une première animation que j'ai nommée `masuperanimation` :

```
@keyframes masuperanimation {
  0% {
    transform: translateX(0px);
  }

  50% {
    transform: translateX(150px);
  }

  100% {
    transform: translateX(150px) rotate(30deg);
  }
}
```

Seul, ce code n'a encore aucun effet. Il sert simplement à définir une animation, que l'on utilisera ensuite.

Décortiquons ce code :

- au début, on a la directive `@keyframes` qui dit « je vais définir une animation ». On doit lui donner un nom pour s'en resservir ensuite. Ici, il s'agit de `masuperanimation` ;
- ensuite, on définit les étapes de l'animation. À 0 % (au début), l'objet n'aura pas bougé (puisque j'ai appliqué une translation de `0px`). À `50%` (la moitié), il aura bougé de `150px`. Puis, à `100%` (à la fin), il aura bougé de `150px` ET tourné de 30 degrés.

Vous définissez autant d'étapes que vous voulez, à 10 %, à 87 %, etc. Et vous pouvez animer aussi les couleurs, les bordures, etc.

Sur Safari, Chrome et Opera, il faut utiliser une version préfixée : `@-webkit-keyframes`. Cela oblige à copier tout ce morceau de code une seconde fois.

Je donnerai une version complète un peu plus loin, qui fonctionne sur tous les navigateurs.

Appliquer l'animation à un objet

Appliquer l'animation est en fait très simple. Maintenant qu'on a créé `masuperanimation`, il suffit d'utiliser la propriété `animation` sur notre objet (ici au survol) :

```
@keyframes masuperanimation {
   0% {
      transform: translateX(0px);
   }

   50% {
      transform: translateX(150px);
   }

   100% {
      transform: translateX(150px) rotate(30deg);
   }
}

div
{
   margin: 100px;
   width: 200px;
   height: 150px;
   background-color: #008;
}

div:hover
{
   animation: masuperanimation 2s; /* On utilise masuperanimation définie
plus tôt. */
}
```

Là encore, pour Safari, Chrome et Opera, il faut utiliser une version préfixée : **`-webkit-animation`**.

On indique ici qu'on utilise l'animation `masuperanimation` sur une durée de 2 s.

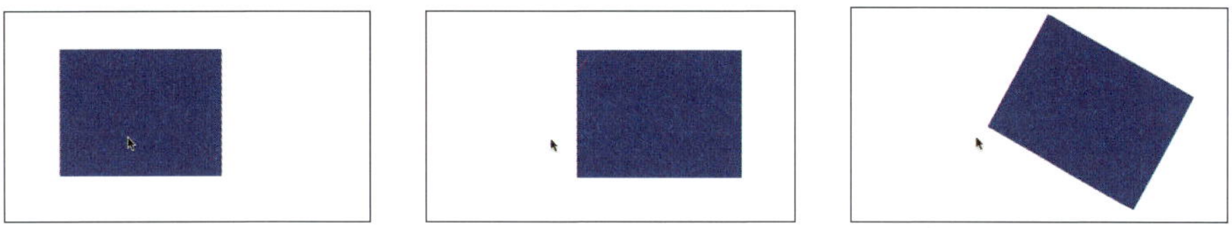

Une animation basique
(http://www.editions-eyrolles.com/go/NebraHTMLCSS7)

Pour que cela fonctionne sur tous les navigateurs

Les navigateurs Safari, Opera et Chrome ne gèrent pas encore la propriété sans le préfixe `-webkit` (voir sur *http://caniuse.com/#feat=css-animation*). Il va donc falloir doubler le code pour qu'il fonctionne partout :

```
@-webkit-keyframes masuperanimation { /* Safari, Opera, Chrome */
   0% {
      transform: translateX(0px);
   }

   50% {
      transform: translateX(150px);
   }

   100% {
      transform: translateX(150px) rotate(30deg);
   }
}

@keyframes masuperanimation { /* Tous les autres navigateurs */
   0% {
      transform: translateX(0px);
   }

   50% {
      transform: translateX(150px);
   }

   100% {
      transform: translateX(150px) rotate(30deg);
   }
}
```

```
div
{
   margin: 100px;
   width: 200px;
   height: 150px;
   background-color: #008;
}

div:hover
{
   -webkit-animation: masuperanimation 2s; /* Safari, Opera, Chrome */
   animation: masuperanimation 2s; /* Tous les autres navigateurs */
}
```

Oui c'est long. :(

Heureusement, dans quelque temps cela ne devrait plus être nécessaire.

J'en profite pour signaler qu'il existe un script JavaScript qui vous évite d'ajouter ces versions avec préfixe. Il s'agit de prefix-free (*http://leaverou.github.io/prefixfree/*). N'hésitez pas à l'utiliser si vous voulez garder un code simple, lisible et surtout facile à maintenir.

Il existe aussi ce qu'on appelle des préprocesseurs CSS (LESS, *http://lesscss.org/*, SASS, *http://sass-lang.com/*...) qui étendent les possibilités offertes par CSS. Ils évitent aussi d'utiliser tous ces préfixes et offrent de nombreux autres outils. Cependant, pour savoir s'en servir, il faudrait un autre cours entier (*https://openclassrooms.com/courses/simplifiez-vous-la-vie-avec-less*).

L'ensemble des propriétés CSS des animations

Il existe de nombreuses propriétés CSS liées aux animations. Jusqu'ici, nous avons utilisé `animation`, qui est en fait la super-propriété qui les combine toutes, mais il serait bien de connaître leurs noms, ne serait-ce que pour savoir tout ce qu'il est possible de faire :

- `animation-name` est le nom de l'animation à utiliser ;
- `animation-duration` est la durée de l'animation (ex : 2 s, 350 ms) ;
- `animation-delay` est le délai avant le démarrage de l'animation (ex : 2 s, 350 ms), qui peut être négatif pour donner l'impression que l'animation a déjà démarré depuis un certain temps ;
- `animation-timing-function` est l'accélération de l'animation : `ease`, `linear`, `ease-in`, `ease-out`, `ease-in-out`, `cubic-bezier()`... On verra plus tard qu'on peut aussi y ajouter `steps()` ;
- `animation-iteration-count` est le nombre de répétitions de l'animation. Avec `infinite`, elle sera jouée en continu. Par défaut, la valeur est 1 (l'animation n'est jouée qu'une fois) ;

- `animation-direction` permet de faire revenir l'animation en sens inverse avec la valeur `alternate`, ou juste une fois à l'envers avec `reverse`. Par défaut avec `normal`, une fois l'animation arrivée au bout, l'objet revient d'un coup à sa position initiale (ce qui peut être un peu surprenant) ;
- `animation-fill-mode` indique à l'ordinateur comment l'objet doit s'afficher avant et après l'animation. Doit-il revenir à la position initiale ? À la position finale ? Les valeurs possibles sont notamment `none` (par défaut), `forwards` (pour que l'élément reste à sa position finale) et `backwards` (pour que l'élément revienne à sa position initiale).

Toutes ces propriétés sont combinables au sein de la super-propriété `animation`. Indiquez simplement toutes les valeurs que vous voulez utiliser dans cette super-propriété.

Je ne vais pas présenter toutes ces propriétés. Je vais m'attarder surtout sur les nouveautés.

Une animation par étapes avec les steps()

La propriété `animation-timing-function` fonctionne comme `transition-timing-function`. Elle définit l'accélération de l'animation. Essayez ses différentes valeurs pour observer la différence : `ease`, `linear`, `ease-in`, `ease-out`, `ease-in-out` et `cubic-bezier(val1, val2, val3, val4)`.

Il est aussi possible d'utiliser les valeurs suivantes, que vous ne connaissez pas encore :

- `step-start` : l'objet prend son état final dès que l'animation commence. En clair, on « saute » directement à l'étape 100 % ;
- `step-end` : l'objet prend son état final à la fin du délai de l'animation. Il ne bouge pas pendant la durée prévue de l'animation et, d'un coup, à la fin, il arrive dans son état final. Un délai a lieu donc avant que l'objet arrive à son état final ;
- `steps(X)` : l'objet fait X paliers à chaque étape. L'animation peut donner l'impression qu'elle est saccadée.

Le plus intéressant est de tester `steps()` :

```
div:hover
{
  animation: movemydiv 2s steps(3); /* 3 étapes */
}
```

Code complet :

```
@keyframes movemydiv {
   from {
     transform: translateX(0px);
   }

   30% {
     transform: translateX(150px);
   }

   60% {
     transform: translateX(150px) rotate(30deg);
   }

   80% {
     transform: translate(100px, 80px) rotate(30deg);
   }

   to {
     transform: translate(100px, 80px) rotate(30deg);
     border-radius: 30px;
     background-color: red;
   }
}

div
{
   margin: 100px;
   width: 200px;
   height: 150px;
   background-color: #008;
}

div:hover
{
   animation: movemydiv 2s steps(3); /* 3 étapes */
}
```

Il y aura ici trois images par étape.

Jouer l'animation en continu

Pour jouer l'animation en continu, on va avoir besoin de :

- définir `animation-iteration-count` à `infinite`, pour que l'animation se joue à l'infini ;
- mais aussi définir `animation-direction` à `alternate`, pour faire en sorte que l'animation revienne sagement à sa position initiale sans « saut ».

```
div:hover
{
  animation: movemydiv 2s linear alternate infinite; /* Boucle
d'animation */
}
```

Code complet :

```
@keyframes movemydiv {
  from {
    transform: translateX(0px);
  }

  30% {
    transform: translateX(150px);
  }

  60% {
    transform: translateX(150px) rotate(30deg);
  }

  80% {
    transform: translate(100px,80px) rotate(30deg);
  }

  to {
    transform: translate(100px,80px) rotate(30deg);
    border-radius: 30px;
    background-color: red;
  }
}

div
{
  margin: 100px;
  width: 200px;
  height: 150px;
  background-color: #008;
}

div:hover
{
  animation: movemydiv 2s linear alternate infinite; /* Boucle
d'animation */
}
```

Et voilà une animation qui va pouvoir tourner proprement à l'infini !

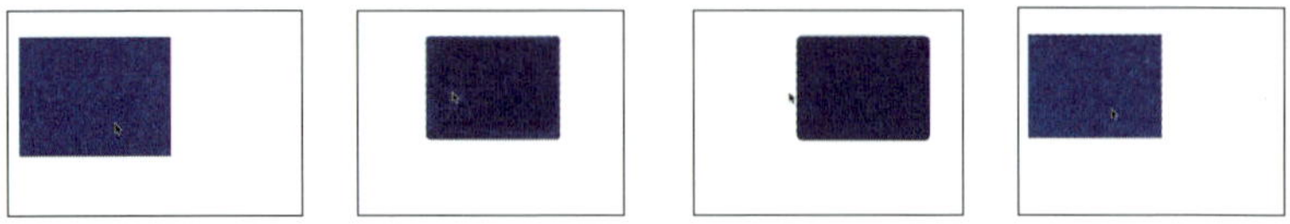

L'animation boucle à l'infini
(http://www.editions-eyrolles.com/go/NebraHTMLCSS9).

Voilà, vous en savez assez pour vous amuser. Évidemment, le plus gros du travail d'animation se fait lors de la définition des `@keyframes`. Vous pouvez modifier beaucoup de paramètres, donc laissez aller votre imagination.

Les transformations 3D

Récapitulons :

- Vous savez modifier l'apparence des objets de la page en 2D en CSS : ce sont les **transformations**.
- Vous savez faire bouger un objet pour qu'il passe d'un état à un autre : ce sont les **transitions**.
- Vous savez combiner plusieurs transitions à la suite : ce sont les **animations**.

Que vous manque-t-il pour que le tableau soit complet ? Ah je sais, les transformations, mais cette fois en 3D !

Croyez-le ou non, on peut aujourd'hui donner un effet 3D à nos objets dans la page, simplement en CSS. En m'amusant à préparer ce chapitre, j'ai eu l'idée de créer un carousel en 3D.

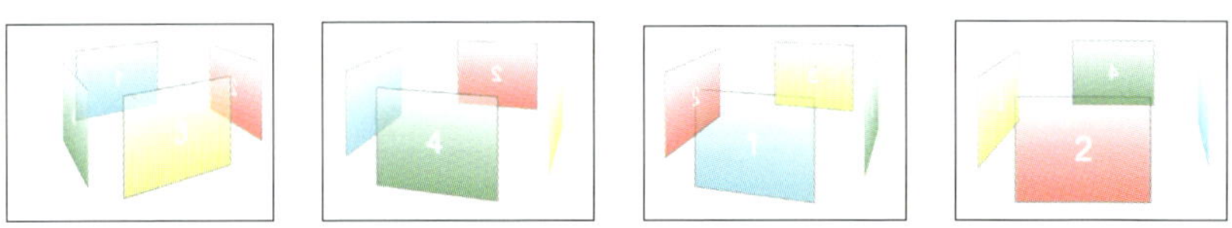

Un carousel en 3D animé uniquement en CSS
(http://www.editions-eyrolles.com/go/NebraHTMLCSS10)

Dégradés, transparence, transformations 3D, animations, tout y est. Et vous savez tout faire, ou presque !

Définir la perspective

Avant de commencer à nous amuser avec la 3D, il faut parler de la perspective. Sans perspective, pas de 3D sur votre écran. En effet, on n'en est pas encore à faire des projections holographiques en vraie 3D, comme dans Star Wars. Pour le moment, votre écran reste irrémédiablement plat, en 2D.

Mais alors, comment afficher de la 3D sur un écran qui est en 2D ?

Pour donner l'impression que c'est en 3D, on a justement recours à la perspective. **La perspective est ce qui donne l'impression de profondeur à votre scène**.

La perspective indique la distance de votre œil avec la scène. Plus la perspective est faible, plus on est près ; plus elle est élevée, plus on est loin. Elle se définit avec la propriété `perspective` dans un élément conteneur : une `<div>` globale, ou même carrément `<body>` si toutes les scènes 3D de la page doivent avoir la même perspective (ce qui sera probablement souvent le cas).

```
body
{
  perspective: 800px;
}
```

800 pixels de perspective, qu'est-ce que ça donne ?

Le mieux est de visualiser la même scène en images avec différentes perspectives.

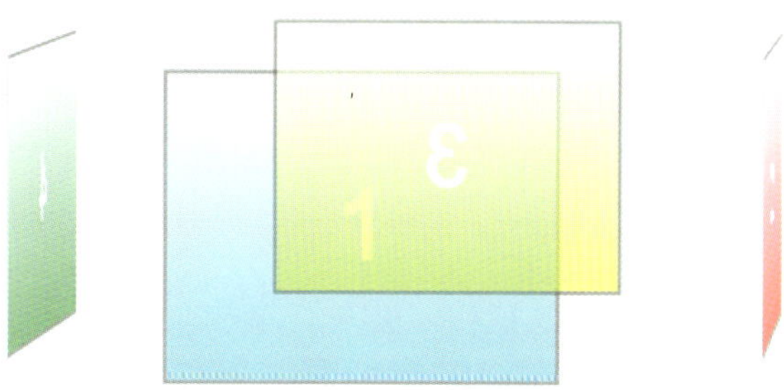

Une perspective de 3 000 pixels : peu de profondeur

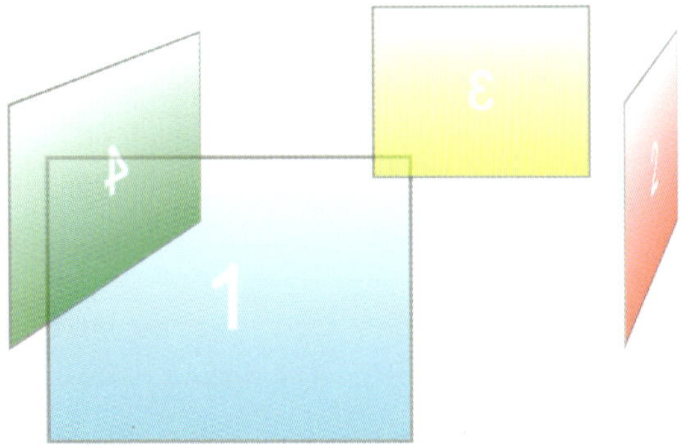

Une perspective de 800 pixels

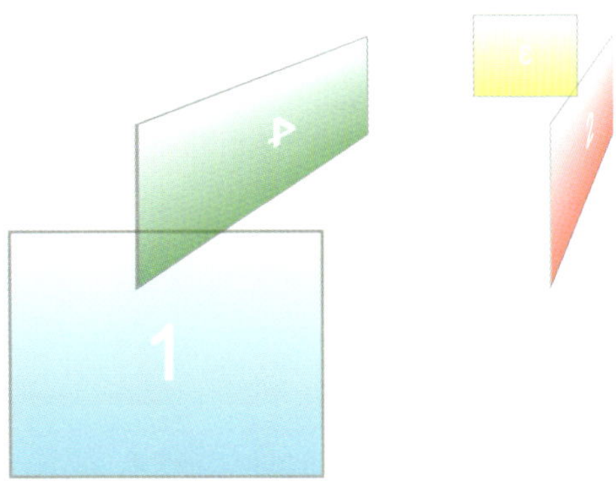

Une perspective de 400 pixels : beaucoup de profondeur

Définir le point de fuite

Dans toute scène 3D avec perspective, il y a ce qu'on appelle un point de fuite. C'est en quelque sorte le point d'ancrage de la scène, ce qui va donner l'impression qu'on la regarde d'un certain côté.

Le point de fuite se définit par `perspective-origin` avec normalement deux valeurs : l'axe des X et celui des Y.

```
body
{
  perspective: 800px;
  perspective-origin: 20px 70px; /* Point de fuite placé aux coordonnées
(20,70) */
}
```

Vous pouvez aussi employer les termes anglais `top` (haut), `bottom` (bas), `center` (centre), `left` (gauche) et `right` (droite).

L'exemple suivant définit une perspective depuis en haut à gauche :

```
body
{
   perspective: 800px;
   perspective-origin: top left;
}
```

Évidemment, le mieux est encore de comparer quelques points de fuite différents pour bien se rendre compte du changement.

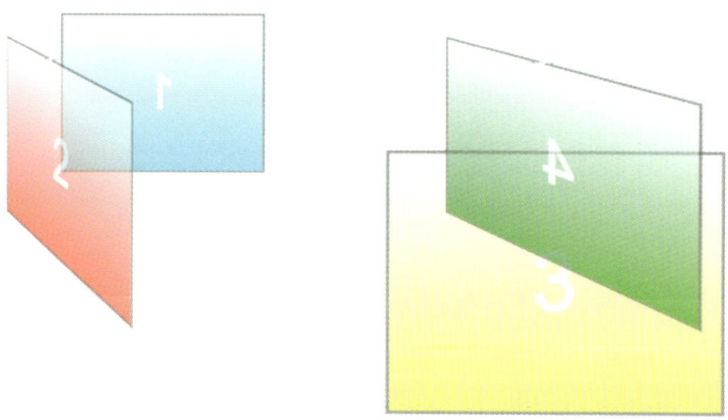

perspective-origin: top left;

perspective-origin: center;

perspective-origin: right;

Notions de base des transformations 3D

Quand vous travaillez en 2D, vous êtes sur un plan avec 2 axes : X et Y.

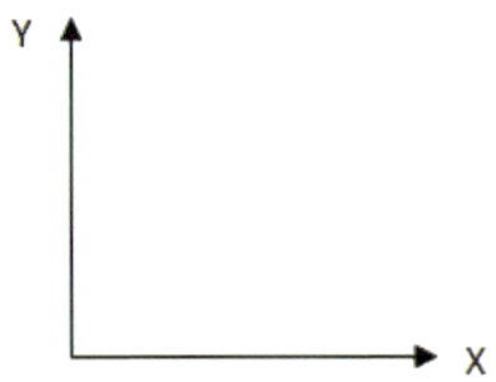

Un plan en 2D a 2 axes : X et Y.

En 3D, vous avez un 3e axe : Z. C'est lui qui indique la profondeur.

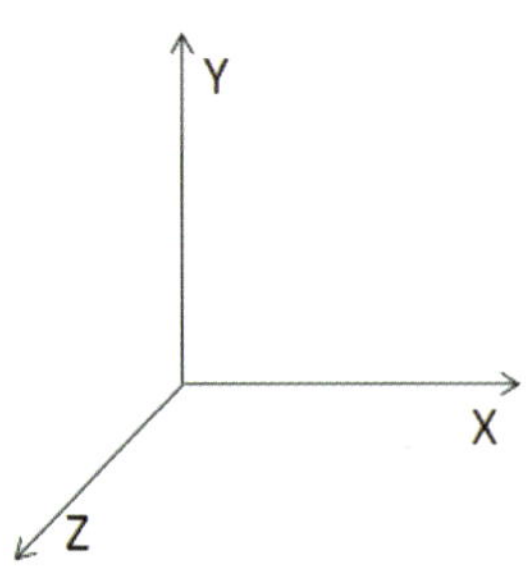

Un plan en 3D a 3 axes : X, Y et Z.

Vous allez donc faire bouger vos objets selon ces trois axes. La 3D utilise elle aussi la propriété CSS `transform`.

En 2D, nous avions à notre disposition les valeurs suivantes :

- `translate()` ;
- `rotate()` ;
- `scale()` ;
- `skew()` ;
- `matrix()`.

À part `skew()`, toutes ces fonctions existent dans leur version 3D :

- `translate3d()` : déplacement ;
- `rotate3d()` : rotation ;
- `scale3d()` : mise à l'échelle (agrandissement, rétrécissement) ;
- `matrix3d()` : configuration personnalisée de la transformation. Nécessite de prendre la pilule rouge et d'aller rejoindre Neo dans son combat. Traduction : pas pour les débutants.

Les translations 3D

Il existe deux versions des translations 3D :

- `translate3d(x,y,z)` : positionne l'objet dans l'espace en 3D aux coordonnées (X,Y,Z).
- `translateZ(z)` : positionne l'objet dans l'espace en 3D aux coordonnées (0,0,Z). En clair, vous ne jouerez ici que sur l'impression de profondeur, l'objet restant positionné au centre de la scène.

Si vous voulez juste jouer sur la profondeur, `translateZ()` suffit :

```
div
{
   transform: translateZ(200px);
}
```

Testons quelques valeurs différentes sur un même bloc pour voir ce que cela change.

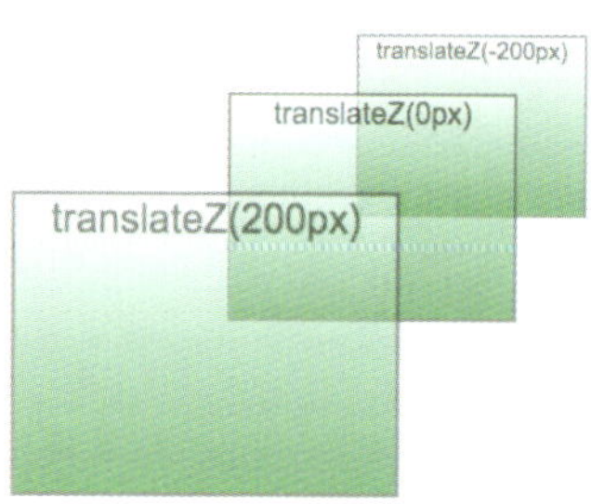

Quelques translations dans l'espace

Ici, on voit bien l'impression de profondeur quand on déplace l'objet sur l'axe Z.

J'ai testé avec un seul bloc sur ma machine. À l'arrivée, ça ne fait que grossir le bloc et le décaler un peu ?!

Oui, la 3D fonctionne comme cela. Bien sûr, avec un seul objet, ce n'est pas évident, mais quand vous avez plusieurs objets dans votre scène (comme sur ma capture précédente), vous commencez à percevoir l'effet de 3D.

L'agrandissement 3D

De la même façon, l'agrandissement 3D se gère avec l'une des fonctions suivantes :

- `scale3d(sx,sy,sz)` agrandit l'objet selon un facteur sx, sy, sz sur les différents axes. Avec un facteur de 2, la taille de l'objet est doublée. Avec un facteur de 0.5, la taille est divisée par deux.
- `scaleZ(sz)` : agrandit l'objet selon un facteur de sz sur l'axe des Z (profondeur).

```
div
{
   transform: scale3d(1,2,2);
}
```

L'effet d'un `scaleZ()` seul n'est pas évident à observer, notamment quand l'objet est au centre de la scène. En effet, les blocs de la page sont « plats » par défaut. On ne peut pas épaissir vraiment ce qui est plat.

Vous utiliserez plus probablement cette mécanique d'agrandissement en combinaison avec d'autres transformations. Seule, elle présente assez peu d'intérêt.

Les rotations 3D

Vous avez à votre disposition les fonctions suivantes :

- `rotateX(x)`, une rotation sur l'axe X ;
- `rotateY(y)`, une rotation sur l'axe Y ;
- `rotateZ(z)`, une rotation sur l'axe Z ; cela correspond en fait à une rotation en 2D, donc c'est la même chose que la fonction `rotate()` ;
- `rotate3d(x,y,z)`, une rotation sur plusieurs axes en même temps.

```
div
{
   transform: rotateX(20deg);
}
```

Testons les trois types de rotation sur chacun des axes.

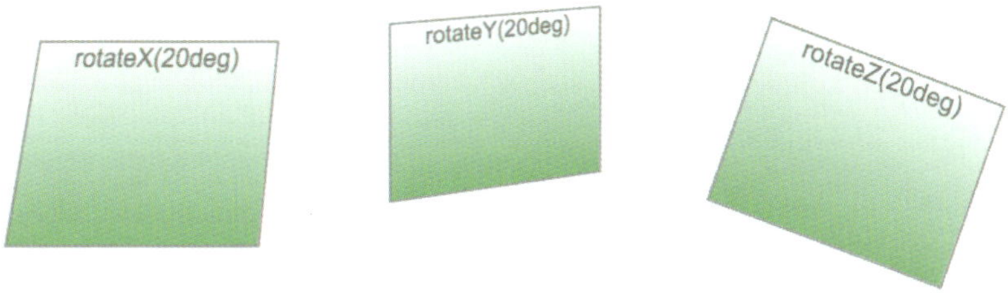

Des rotations sur chacun des axes en action

- Sur l'axe des X, on a l'impression que le bloc « tombe » vers le bas. Et il sera effectivement à plat si on fait une rotation de 90 degrés ;
- Sur l'axe des Y, il tourne comme un drapeau autour d'un piquet ;
- Sur l'axe des Z, il s'agit d'une simple rotation en 2D qu'on connaît déjà.

La face cachée des blocs

Que se passe-t-il quand vous faites tourner suffisamment un bloc ? On voit sa face arrière.

Par défaut, la face arrière est visible.

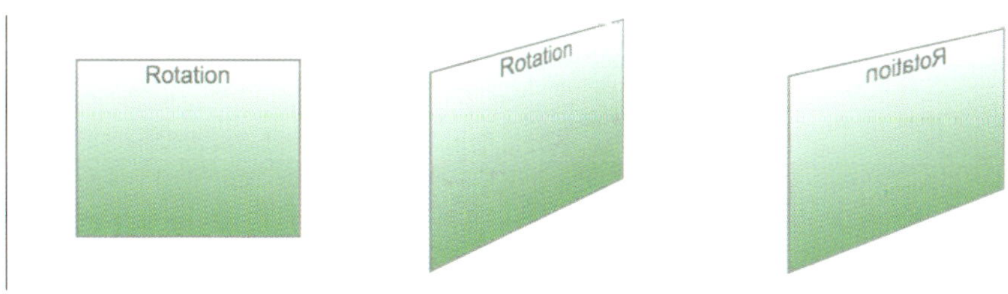

Par défaut, la face arrière « retournée » du bloc est visible (http://www.editions-eyrolles.com/go/NebraHTMLCSS11/).

Si vous ne voulez pas que ce soit le cas, utilisez `backface-visibility` et passez de la valeur `visible` par défaut à la valeur `hidden` :

```
div
{
   backface-visibility: hidden;
}
```

Lorsque le bloc sera retourné, il ne sera cette fois plus visible.

La face arrière du bloc n'est plus visible
(http://www.editions-eyrolles.com/go/NebraHTMLCSS12).

Je ne vois pas trop l'intérêt de faire cela...

L'intérêt est plus évident quand vous « collez » deux blocs l'un sur l'autre : l'un est retourné (à -180°) et l'autre est face avant (à 0°) par défaut. Si ensuite vous animez ces deux blocs pour les retourner, vous pouvez créer les deux faces d'une carte. Dans ce cas de figure, `backface-visibility` évite tout scintillement qui révélerait la supercherie.

Essayons justement de construire cet effet, vous allez comprendre. Prenons une page avec deux blocs :

```
<!DOCTYPE html>
<html>
   <head>
      <meta charset="utf-8" />
      <title>Transformations 3D</title>
      <link rel="stylesheet" href="style.css" />
   </head>

   <body>
      <div id="devant">Devant</div>
      <div id="derriere">Derrière</div>
   </body>
</html>
```

En CSS, on va superposer ces blocs l'un sur l'autre (avec une simple position absolue) et « retourner » le bloc `#derriere` en lui appliquant une rotation jusqu'à 180°. Au survol, les deux blocs vont tourner ensemble et, grâce à `backface-visibility`, toute l'animation sera propre.

```
body
{
   perspective: 800px;
}

div
{
   width: 200px;
   height: 150px;
   position: absolute;
   top: 200px;
   left: 500px;
   opacity: 0.5;
   border: 2px solid #444;
   text-align: center;
   font-size: 1.3em;
   font-family: arial, sans-serif;
   transition: 2s;
   backface-visibility: hidden; /* Évite de voir le bloc de dos. */
}

#devant
{
   z-index: 100;
   background-image: linear-gradient(white, green);
}

#derriere
{
   z-index: 50;
   background-image: linear-gradient(white, red);
   transform: rotateY(-180deg); /* Celui-ci est retourné par défaut. */
}

#devant:hover
{
   transform: rotateY(360deg); /* On passe de 0 à 360° : tour complet */
}

/*
Astuce :
Lorsqu'on survole le bloc devant, on applique une rotation au bloc
derriere.
*/
#devant:hover + #derriere
{
   transform: rotateY(180deg); /* On passe de -180° à 180° : tour
complet */
}
```

Ce code comporte une petite astuce (tout à la fin). En effet, quand on survole le bloc `#devant`, comment faire pour animer le bloc `#derriere` en même temps ?

En JavaScript, on aurait plus de flexibilité, mais en pur CSS comme ici on peut quand même y parvenir.

Avec le sélecteur `#devant:hover+#derriere`, on dit qu'on modifie le bloc `#derriere` qui suit le bloc `#devant` lorsqu'on survole `#devant`. Cette astuce ne fonctionne que pour des blocs situés côte à côte dans le code HTML.

Deux blocs juxtaposés forment les deux faces d'une carte (http://www.editions-eyrolles.com/go/NebraHTMLCSS13).

Maintenant, à vous de jouer ! Si vous voulez un vrai défi, essayez d'imiter Keith Clark. Ce développeur a réussi à créer un environnement complet en 3D... juste en CSS avec des animations et transformations (et un peu de JavaScript).

Cette scène a été générée seulement avec du CSS.

Pour admirer son travail, c'est ici : *http://www.keithclark.co.uk/labs/css-fps/*. Et pour comprendre à quel point il a peiné (surtout pour les effets de lumière), c'est par là : *http://www.keithclark.co.uk/articles/creating-3d-worlds-with-html-and-css/*.

Troisième partie

Mise en page du site

Nous avons appris à construire des pages basiques en HTML, à modifier la mise en forme avec CSS… Intéressons-nous maintenant à la mise en page de notre site. À la fin de cette partie, nous aboutirons à notre premier site complet, agencé comme nous le voulons.

12 Structurer sa page

Vidéo d'introduction

Mathieu Nebra nous présente dans cette vidéo de près de 3 minutes, accessible depuis cette adresse *https://goo.gl/2KxkA3*, comment structurer sa page.

Nous approchons de plus en plus du but. Si nos pages ne ressemblent pas encore tout à fait aux sites web que nous connaissons, c'est qu'il nous manque les connaissances nécessaires pour faire la mise en page.

En général, une page web est constituée d'un en-tête (tout en haut), de menus de navigation (en haut ou sur les côtés), de différentes sections au centre… et d'un pied de page (tout en bas).

Dans ce chapitre, nous allons nous intéresser aux nouvelles balises HTML dédiées à la structuration du site. Elles ont été introduites par HTML 5 (elles n'existaient pas avant) et vont nous permettre de dire : « Ceci est mon en-tête », « Ceci est mon menu de navigation », etc.

Pour le moment, nous n'allons pas encore faire de mise en page. Nous allons préparer notre document HTML pour découvrir la mise en page dans les prochains chapitres.

Les balises structurantes de HTML 5

Je vais vous présenter ici les nouvelles balises introduites par HTML 5 pour structurer nos pages. Cela ne va pas beaucoup changer l'apparence de notre site pour le moment, mais il sera bien construit et prêt à être mis en forme ensuite.

<header> : l'en-tête

Les sites web possèdent en général un en-tête, appelé *header* en anglais. On y trouve le plus souvent un logo, une bannière, le slogan de votre site…

Vous devrez placer ces informations à l'intérieur de la balise `<header>` :

```
<header>
   <!-- Placez ici le contenu de l'en-tête de votre page -->
</header>
```

La figure suivante, par exemple, représente le site du W3C (qui se charge des nouvelles versions de HTML et CSS notamment). La partie encadrée en rouge correspondrait à l'en-tête.

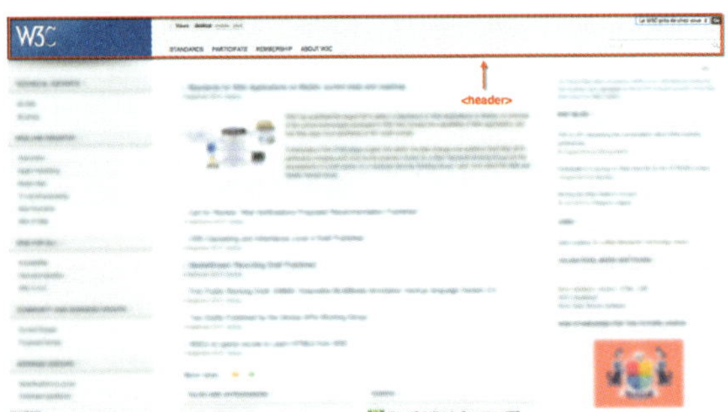

L'en-tête du site du W3C

L'en-tête peut contenir tout ce que vous voulez : images, liens, textes…

Il est possible de définir plusieurs en-têtes dans votre page. Si celle-ci est découpée en plusieurs sections, chacune peut en effet avoir son propre `<header>`.

<footer> : le pied de page

À l'inverse de l'en-tête, le pied de page se trouve en général tout en bas du document. On y trouve des informations comme des liens de contact, le nom de l'auteur, les mentions légales, etc.

```
<footer>
   <!-- Placez ici le contenu du pied de page -->
</footer>
```

La figure suivante vous montre à quoi ressemble le pied de page du W3C.

Pied de page du W3C

<nav> : principaux liens de navigation

La balise `<nav>` doit regrouper tous les principaux liens de navigation du site. Vous y placerez par exemple le menu principal de votre site.

Généralement, le menu est réalisé sous forme de liste à puces à l'intérieur de la balise `<nav>` :

```
<nav>
   <ul>
      <li><a href="index.html">Accueil</a></li>
      <li><a href="forum.html">Forum</a></li>
      <li><a href="contact.html">Contact</a></li>
   </ul>
</nav>
```

Voici le menu sur le site du W3C :

Le menu de navigation du W3C

<section> : une section de page

La balise `<section>` sert à regrouper des contenus en fonction de leur thématique. Elle englobe généralement une portion du contenu au centre de la page.

```
<section>
   <h1>Ma section de page</h1>
   <p>Bla bla bla bla</p>
</section>
```

Sur la page d'accueil du portail *Free.fr*, on trouve plusieurs blocs qui pourraient être considérés comme des sections de page (figure suivante).

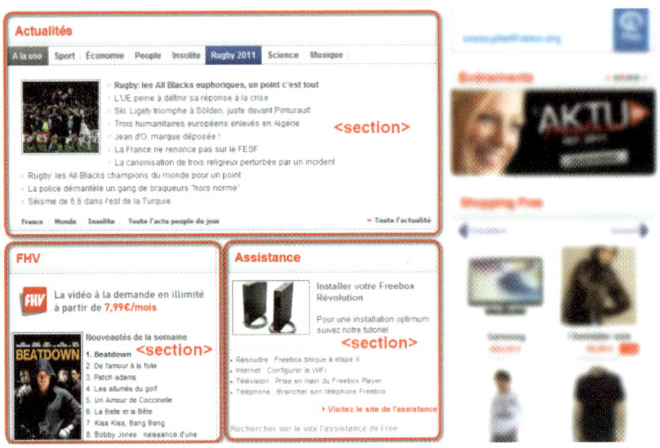

Des sections de page sur le portail de Free

Chaque section peut avoir son titre de niveau 1 (`<h1>`), de même que l'en-tête peut contenir un titre `<h1>` lui aussi. Chacun de ces blocs étant indépendant des autres, il n'est pas illogique de retrouver plusieurs titres `<h1>` dans le code de la page web.

<aside> : informations complémentaires

La balise `<aside>` est conçue pour contenir des informations complémentaires au document qu'on visualise, généralement placées sur le côté (bien que ce ne soit pas une obligation).

```
<aside>
   <!-- Placez ici des informations complémentaires -->
</aside>
```

Il peut y avoir plusieurs blocs <aside> dans la page.

Sur Wikipédia, par exemple, il est courant de voir à droite un bloc d'informations complémentaires à l'article qu'on visualise. Ainsi, sur la page présentant la planète Saturne (figure suivante), on trouve dans ce bloc les caractéristiques de la planète.

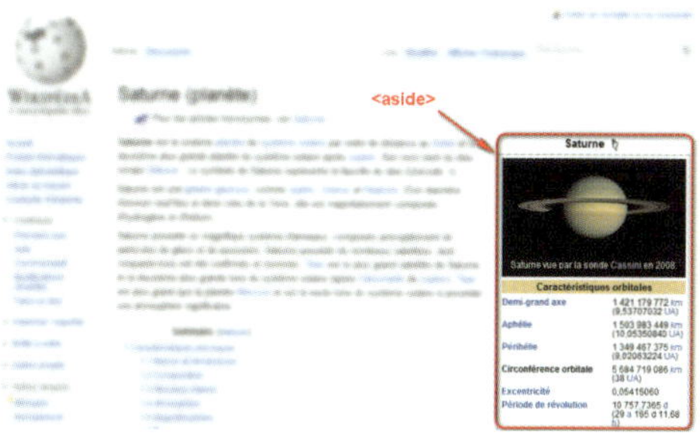

Bloc d'informations complémentaires sur Wikipédia

<article> : un article indépendant

La balise <article> sert à englober une portion généralement autonome de la page. Cette partie de la page pourrait ainsi être reprise sur un autre site. C'est le cas par exemple des actualités (articles de journaux ou de blogs).

```
<article>
   <h1>Mon article</h1>
   <p>Bla bla bla bla</p>
</article>
```

Par exemple, voici un article sur le Monde :

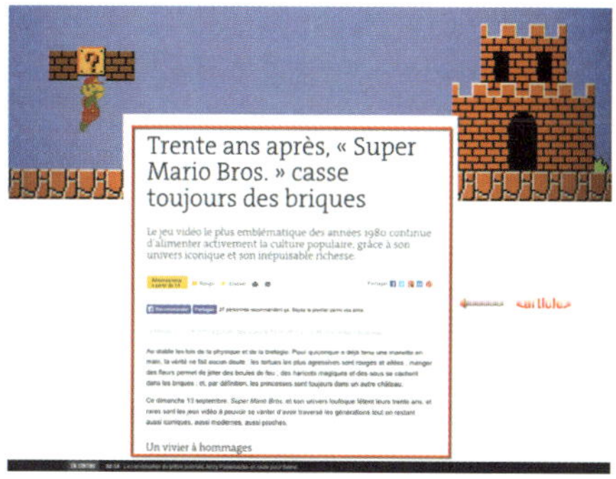

Un article publié sur le Monde

Conclusion

Ouf, cela fait beaucoup de nouvelles balises à retenir. Le petit schéma de la figure suivante vous aidera à retenir leur rôle.

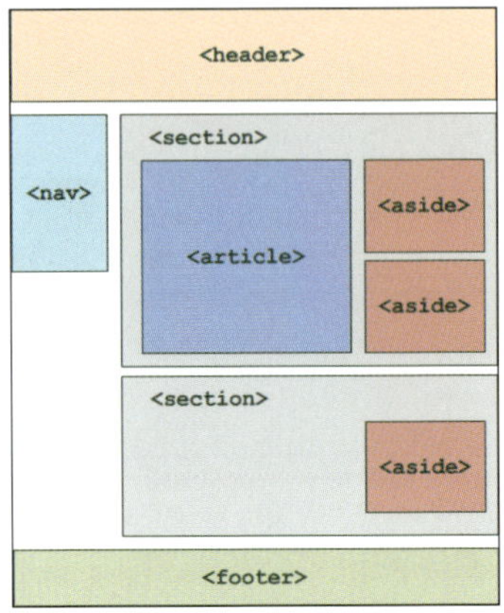

Sections de la page identifiées par les balises

Ne vous y trompez pas : ce schéma propose un *exemple* d'organisation de la page. Rien ne vous empêche de décider que votre menu de navigation sera à droite, ou tout en haut, que vos balises `<aside>` seront au-dessus, etc.

On peut même imaginer une seconde balise `<header>`, placée cette fois à l'intérieur d'une `<section>`. Dans ce cas-là, elle sera considérée comme étant l'en-tête de la section.

Enfin, une section ne doit pas forcément contenir un `<article>` et des `<aside>`. Utilisez ces balises uniquement si vous en avez besoin. Rien ne vous interdit de créer des sections contenant seulement des paragraphes, par exemple.

Exemple concret d'utilisation des balises

Utilisons ces balises pour structurer notre page. Le code suivant les reprend toutes au sein d'une page web complète :

```
<!DOCTYPE html>
<html>
  <head>
    <meta charset="utf-8" />
    <title>Zozor - Le Site Web</title>
  </head>

  <body>
```

```
    <header>
      <h1>Zozor</h1>
      <h2>Carnets de voyage</h2>
    </header>

    <nav>
      <ul>
        <li><a href="#">Accueil</a></li>
        <li><a href="#">Blog</a></li>
        <li><a href="#">CV</a></li>
      </ul>
    </nav>

    <section>
      <aside>
        <h1>À propos de l'auteur</h1>
        <p>C'est moi, Zozor ! Je suis né le 23 novembre 2005.</p>
      </aside>
      <article>
        <h1>Je suis un grand voyageur</h1>
        <p>Bla bla bla bla (texte de l'article)</p>
      </article>
    </section>

    <footer>
      <p>Copyright Zozor - Tous droits réservés<br />
      <a href="#">Me contacter</a></p>
    </footer>

  </body>
</html>
```

Ce code peut vous aider à comprendre comment les balises doivent être agencées. Vous y reconnaissez un en-tête, un menu de navigation, un pied de page et, au centre, une section avec un article et un bloc `<aside>` donnant des informations sur l'auteur de l'article.

À quoi ressemble la page que nous venons de créer ?

Si vous testez le résultat, vous verrez juste du texte noir sur fond blanc (figure suivante). C'est normal, il n'y a pas de CSS. En revanche, la page est bien structurée, ce qui va nous être utile pour la suite.

Les liens sont volontairement factices (d'où la présence d'un simple #) ; ils n'amènent donc nulle part, il s'agit juste une page de démonstration.

Je ne comprends pas l'intérêt de ces balises. On peut très bien obtenir le même résultat sans les utiliser !

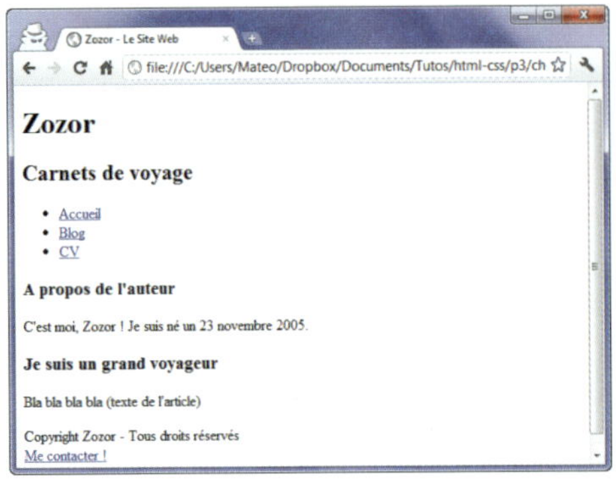

Une page bien structurée mais sans CSS

C'est vrai. En fait, ces balises sont seulement là pour expliquer à l'ordinateur « Ceci est l'en-tête », « Ceci est mon pied de page », etc. Elles n'indiquent pas, contrairement à ce qu'on pourrait penser, où doit être placé le contenu. C'est le rôle du CSS.

Pour l'instant, ces balises ont encore assez peu d'utilité. On pourrait très bien utiliser des balises génériques `<div>` à la place pour englober les différentes portions de notre contenu. D'ailleurs, c'est comme cela qu'on procédait avant l'arrivée de ces nouvelles balises HTML 5.

Néanmoins, il est assez probable que, dans un futur proche, les ordinateurs commencent à tirer parti intelligemment de ces nouvelles balises. On peut imaginer par exemple un navigateur qui choisisse d'afficher les liens de navigation `<nav>` de manière toujours visible. Quand l'ordinateur « comprend » la structure de la page, tout devient possible.

En résumé

- Plusieurs balises ont été introduites avec HTML 5 pour délimiter les différentes zones qui constituent la page web :
  - `<header>` : en-tête ;
  - `<footer>` : pied de page ;
  - `<nav>` : liens principaux de navigation ;
  - `<section>` : section de page ;
  - `<aside>` : informations complémentaires ;
  - `<article>` : article indépendant.
- Ces balises sont imbricables les unes dans les autres. Ainsi, une section peut avoir son propre en-tête.
- Ces balises ne s'occupent pas de la mise en page. Elles servent seulement à indiquer à l'ordinateur le sens du texte qu'elles contiennent. On pourrait très bien placer l'en-tête en bas de la page si on le souhaitait.

13 Le modèle des boîtes

Vidéo d'introduction

Mathieu Nebra nous présente dans cette vidéo de près de 6 minutes, accessible depuis cette adresse https://goo.gl/ZxU2ud, comment gérer le modèle des boîtes.

Une page web peut être vue comme une succession et un empilement de boîtes qu'on appelle « blocs ». Les éléments vus au chapitre précédent sont pour la plupart des blocs : `<header>`, `<article>`, `<nav>`... Et nous connaissions déjà d'autres blocs : les paragraphes `<p>`, les titres `<h1>`...

Dans ce chapitre, nous allons apprendre à manipuler ces blocs comme de véritables boîtes. Nous allons leur donner des dimensions, les agencer en jouant sur leurs marges, mais aussi apprendre à gérer leur contenu... pour éviter que le texte ne dépasse de ces blocs.

Ce sont des notions fondamentales dont nous aurons besoin pour mettre en page notre site web... Soyez attentifs !

Les balises de type block et inline

En HTML, les balises se rangent pour la plupart dans l'une ou l'autre des deux catégories suivantes :

- Les balises **inline** : c'est le cas par exemple des liens `<a></a>`.
- Les balises **block** : c'est le cas par exemple des paragraphes `<p></p>`.

Il existe en fait plusieurs autres catégories très spécifiques, par exemple pour les cellules de tableau (type `table-cell`) ou les puces (type `list-item`). Nous n'allons pas nous y intéresser pour le moment car ces balises sont minoritaires.

Comment distinguer une balise inline d'une balise block ?

C'est en fait assez facile :

- **block :** une balise de type block sur votre page web crée automatiquement un retour à la ligne avant et après. Il suffit d'imaginer tout simplement un bloc. Votre page web sera en fait constituée d'une série de blocs les uns à la suite des autres. En plus, il est possible de placer un bloc à l'intérieur d'un autre, ce qui va améliorer considérablement nos possibilités pour créer le design de notre site.
- **inline :** une balise de type inline se trouve obligatoirement à l'intérieur d'une balise block. Une balise inline ne crée pas de retour à la ligne, le texte qui se trouve à l'intérieur s'écrit donc à la suite du texte précédent, sur la même ligne (c'est pour cela qu'on parle de balise « en ligne »).

Depuis HTML 5, la catégorisation des différents éléments est un peu plus complexe que cela. Cependant, cette petite simplification va vous permettre de bien comprendre la différence entre le concept de « bloc » et celui de « en ligne ».

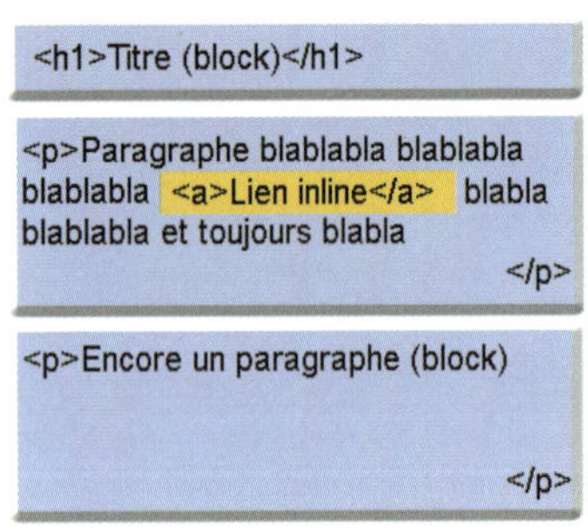

Différence entre une balise inline et une balise block

Comme vous pouvez le voir, les blocs (fond bleu) sont les uns en dessous des autres. On peut aussi les imbriquer les uns dans les autres (souvenez-vous, nos blocs `<section>` contiennent par exemple des blocs `<aside>`).

La balise inline `<a></a>` (fond jaune), elle, se trouve à l'intérieur d'une balise block et le texte vient s'insérer sur la même ligne.

Quelques exemples

Afin de mieux vous aider à assimiler quelles balises sont inline et quelles balises sont block, voici un petit tableau dressant la liste des plus courantes.

Balises block	Balises inline
<p>	<em>
<footer>	<strong>
<h1>	<mark>
<h2>	<a>
<article>	<img />
...	...

Ce tableau n'est pas complet, loin de là. Pour avoir la liste complète des balises qui existent et savoir si elles sont de type inline ou block, reportez-vous à l'annexe donnant la liste des balises HTML : http://openclassrooms.com/courses/apprenez-a-creer-votre-site-web-avec-html5-et-css3/memento-des-balises-html.

Les balises universelles

Ce sont des balises qui n'ont aucun sens particulier (contrairement à `<p>` qui veut dire « paragraphe », `<strong>` « important », etc.).

Le principal intérêt de ces balises est qu'on peut leur appliquer une `class` (ou un `id`) pour le CSS quand aucune autre balise ne convient.

Il existe deux balises génériques et, comme par hasard, la seule différence entre les deux est que l'une d'elle est inline et l'autre est block :

- `<span></span>` (**inline**) ;
- `<div></div>` (**block**).

Respecter la sémantique !

Les balises universelles sont « pratiques » dans certains cas, certes, mais attention à ne pas en abuser ; beaucoup de webmasters utilisent trop souvent des `<div>` et des `<span>` et oublient que d'autres balises plus adaptées existent.

Voici deux exemples :

- **Exemple d'un span inutile :** `<span class="important">`. Je ne devrais jamais voir ceci dans un de vos codes alors qu'il existe la balise `<strong>` qui sert à indiquer l'importance !
- **Exemple d'un div inutile :** `<div class="titre">`. Ceci est complètement absurde puisqu'il existe des balises faites spécialement pour les titres (`<h1>`, `<h2>`...).

Au final, le résultat (visuel) est le même. Cependant, les balises génériques n'apportent aucun sens à la page et ne sont pas compréhensibles par l'ordinateur. Utilisez toujours d'autres balises plus adaptées quand c'est possible. Google lui-même le conseille pour vous aider à améliorer la position de vos pages au sein de ses résultats de recherche.

Les dimensions

Nous allons ici travailler uniquement sur des balises de type block.

Pour commencer, intéressons-nous à la taille. Contrairement à un inline, un bloc a des dimensions précises. Il possède une largeur et une hauteur. On dispose donc de deux propriétés CSS :

- `width`: est la largeur du bloc. À exprimer en pixels (`px`) ou en pourcentage (`%`).
- `height`: est la hauteur du bloc. Là encore, on l'exprime soit en pixels (`px`), soit en pourcentage (`%`).

> Pour être exact, `width` et `height` représentent la largeur et la hauteur du contenu des blocs. Si le bloc a des marges (on va découvrir ce principe un peu plus loin), celles-ci s'ajouteront à la largeur et la hauteur.

Par défaut, un bloc prend 100 % de la largeur disponible. On peut le vérifier en appliquant à nos blocs des bordures ou une couleur de fond (figure suivante).

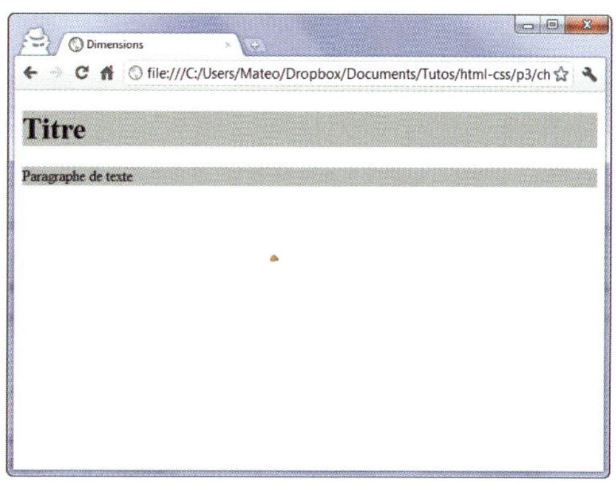

Les blocs prennent toute la largeur disponible.

Maintenant, ajoutons un peu de CSS afin de modifier la largeur des paragraphes. Le CSS suivant dit : « Je veux que tous mes paragraphes aient une largeur de 50 % ».

```
p
{
   width: 50%;
}
```

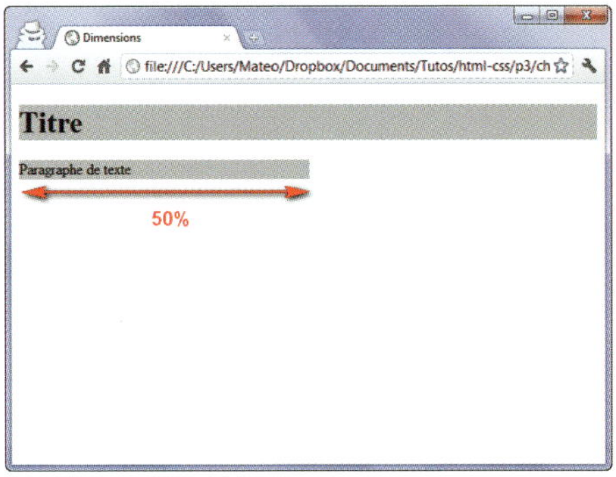

Un paragraphe de 50 % de largeur

Les pourcentages seront utiles pour créer un design qui s'adapte automatiquement à la résolution d'écran du visiteur.

Toutefois, il se peut que vous ayez besoin de créer des blocs avec une dimension précise en pixels :

```
p
{
   width: 250px;
}
```

Minimum et maximum

On peut demander qu'un bloc ait des dimensions minimales et maximales. C'est très pratique car ces dimensions « limites » aideront notre site à s'adapter aux différentes résolutions d'écran de nos visiteurs :

- `min-width`: largeur minimale ;
- `min-height`: hauteur minimale ;
- `max-width`: largeur maximale ;
- `max-height`: hauteur maximale.

Par exemple, on peut demander que les paragraphes occupent 50 % de la largeur *et* exiger qu'ils fassent au moins 400 pixels de large dans tous les cas :

```
p
{
   width: 50%;
   min-width: 400px;
}
```

Observez le résultat en modifiant la largeur de la fenêtre de votre navigateur. Vous constaterez que, si celle-ci est trop petite, le paragraphe se force à occuper au moins 400 pixels de largeur.

Les marges

Il faut savoir que tous les blocs possèdent des marges. Il en existe *deux types* :

- les marges intérieures ;
- les marges extérieures.

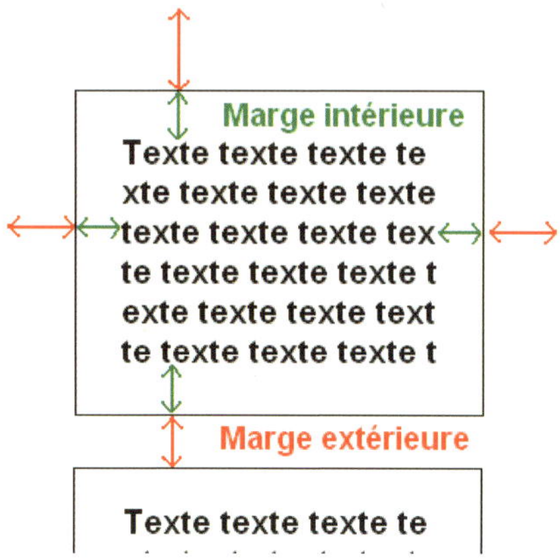

Marges extérieure et intérieure

Sur ce bloc, j'ai mis une bordure pour qu'on repère mieux ses frontières.

- L'espace entre le texte et la bordure est la marge intérieure (en vert).
- L'espace entre la bordure et le bloc suivant est la marge extérieure (en rouge).

En CSS, on peut modifier la taille des marges avec les deux propriétés suivantes :

- `padding`: indique la taille de la marge intérieure. À exprimer en général en pixels (`px`).
- `margin`: indique la taille de la marge extérieure. Là encore, il s'agit de pixels.

Les balises de type inline possèdent également des marges. Vous pouvez donc aussi tester ces manipulations sur ce type de balises.

Pour bien voir les marges, prenons deux paragraphes auxquels on applique simplement une petite bordure (figure suivante) :

```
p
{
   width: 350px;
   border: 1px solid black;
   text-align: justify;
}
```

Marges par défaut sur les paragraphes

Comme vous pouvez le constater, il n'y a par défaut aucune marge intérieure (`padding`). En revanche, il y a une marge extérieure (`margin`). C'est cette dernière qui évite que deux paragraphes ne soient collés et qu'on ait l'impression de « sauter une ligne ».

Les marges par défaut ne sont pas les mêmes pour toutes les balises de type block. Essayez d'appliquer ce CSS à des balises `<div>` qui contiennent du texte, par exemple. Vous constaterez qu'il n'y a par défaut ni marge intérieure, ni marge extérieure.

Supposons que je veuille ajouter une marge intérieure de `12px` aux paragraphes :

```
p
{
   width: 350px;
   border: 1px solid black;
   text-align: justify;
   padding: 12px; /* Marge intérieure de 12px */
}
```

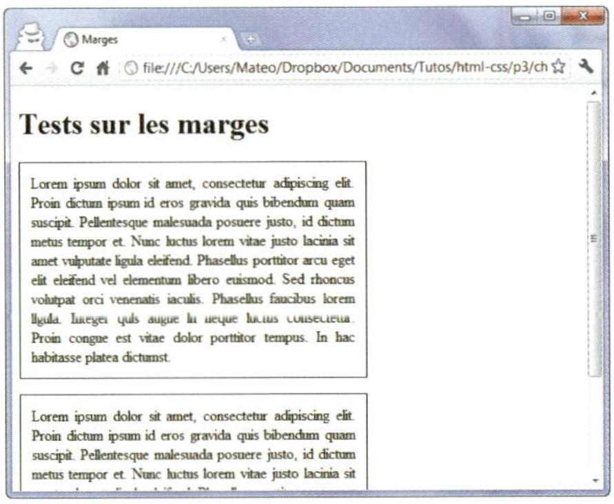

Une marge intérieure ajoutée aux paragraphes

Maintenant, je veux que mes paragraphes soient plus espacés entre eux. J'ajoute la propriété margin pour demander qu'il y ait 50px de marge entre deux paragraphes (figure suivante) :

```
p
{
   width: 350px;
   border: 1px solid black;
   text-align: justify;
   padding: 12px;
   margin: 50px; /* Marge extérieure de 50px */
}
```

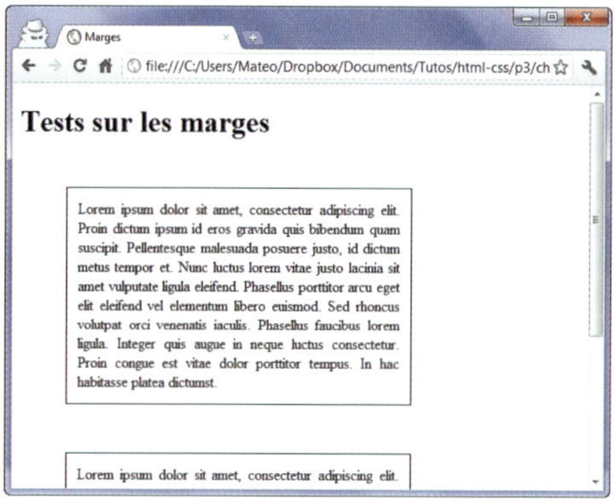

Une marge extérieure ajoutée aux paragraphes

Une marge s'est ajoutée à gauche aussi !

Eh oui, margin (comme padding d'ailleurs) s'applique aux quatre côtés du bloc.

Si vous voulez spécifier des marges différentes en haut, en bas, à gauche et à droite, il va falloir utiliser des propriétés plus précises… Le principe est le même que pour la propriété border.

En haut, à droite, à gauche, en bas… Et on recommence !

Retenez bien les termes suivants en anglais :

- *top* : haut ;
- *bottom* : bas ;
- *left* : gauche ;
- *right* : droite.

Ainsi, vous pouvez retrouver toutes les propriétés de tête. Voici la liste des propriétés pour `margin` et `padding` :

Pour `margin` :

- `margin-top` : marge extérieure en haut ;
- `margin-bottom` : marge extérieure en bas ;
- `margin-left` : marge extérieure à gauche ;
- `margin-right` : marge extérieure à droite.

Et pour `padding` :

- `padding-top` : marge intérieure en haut ;
- `padding-bottom` : marge intérieure en bas ;
- `padding-left` : marge intérieure à gauche ;
- `padding-right` : marge intérieure à droite.

> Il y a d'autres façons de spécifier les marges avec les propriétés `margin` et `padding`. Par exemple :
>
> `margin: 2px 0 3px 1px;` signifie « 2 px de marge en haut, 0 px à droite (le px est facultatif dans ce cas), 3 px en bas, 1 px à gauche ».
>
> Autre notation raccourcie : `margin: 2px 1px;` signifie « 2 px de marge en haut et en bas, 1 px de marge à gauche et à droite ».

Centrer des blocs

Il est tout à fait possible de centrer des blocs. C'est même très pratique pour réaliser un design centré quand on ne connaît pas la résolution du visiteur.

Pour centrer, il faut respecter les règles suivantes :

- donnez une largeur au bloc (avec la propriété `width`) ;
- indiquez que vous voulez des marges extérieures automatiques : `margin: auto;`.

Essayons cette technique sur nos petits paragraphes (lignes 3 et 4) :

```
1. p
2. {
3.     width: 350px; /* On a indiqué une largeur (obligatoire). */
4.     margin: auto; /* On peut donc demander que le bloc soit centré avec auto. */
5.     border: 1px solid black;
6.     text-align: justify;
7.     padding: 12px;
8.     margin-bottom: 20px;
9. }
```

Centrage des paragraphes

Ainsi, le navigateur centre automatiquement nos paragraphes.

Il n'est cependant pas possible de centrer verticalement un bloc avec cette technique. Seul le centrage horizontal est permis.

Quand ça dépasse...

Lorsqu'on commence à définir des dimensions précises pour nos blocs, comme on vient de le faire, il arrive qu'ils deviennent trop petits pour le texte qu'ils contiennent.

Les propriétés CSS que nous allons voir maintenant ont justement été créées pour contrôler les dépassements... et décider quoi faire si jamais cela devait arriver.

overflow: couper un bloc

Supposons que vous ayez un long paragraphe et que vous vouliez (pour une raison qui ne regarde que vous) qu'il fasse `250px` de large et `110px` de haut. Ajoutons-lui une bordure et remplissons-le de texte... à ras-bord (figure suivante) :

```
p
{
   width: 250px;
   height: 110px;
   text-align: justify;
   border: 1px solid black;
}
```

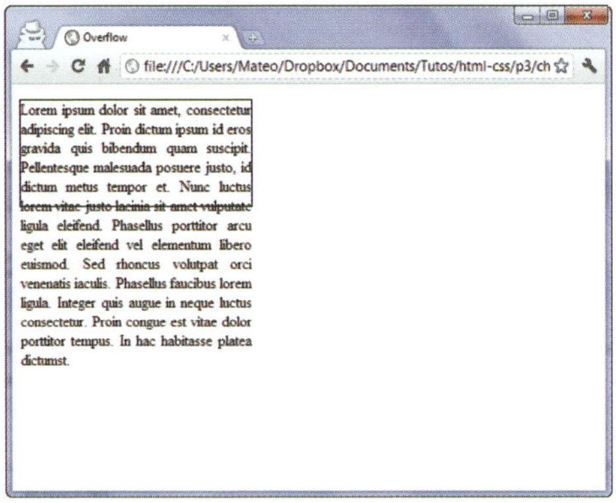

Le texte dépasse du bloc de paragraphe.

Horreur ! Le texte dépasse des limites du paragraphe.

Vous avez demandé des dimensions précises, vous les avez. Cependant… le texte ne tient pas à l'intérieur d'un si petit bloc.

Pour éviter ce comportement, il va falloir utiliser la propriété `overflow`. Voici les valeurs qu'elle peut accepter :

- `visible` (par défaut) : si le texte dépasse les limites de taille, il reste visible et sort volontairement du bloc.
- `hidden` : si le texte dépasse les limites, il sera tout simplement coupé. On ne pourra pas le voir tout entier (voir figure suivante).
- `scroll` : là encore, le texte sera coupé s'il dépasse les limites, sauf que, cette fois, le navigateur mettra en place des barres de défilement pour qu'on puisse lire l'ensemble. C'est un peu comme un cadre à l'intérieur de la page.
- `auto` : c'est le mode « pilote automatique ». En gros, c'est le navigateur qui décide de mettre ou non des barres de défilement (il n'en mettra que si c'est nécessaire). C'est la valeur que je conseille d'utiliser le plus souvent.

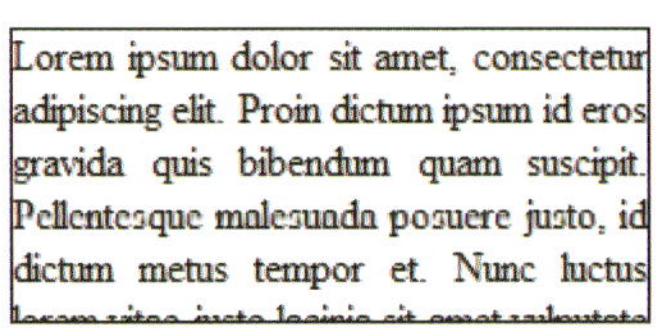

Le texte est coupé aux limites du paragraphe.

Essayons maintenant `overflow: auto;` avec le code CSS suivant (résultat à la figure suivante) :

```
p
{
   width: 250px;
   height: 110px;
   text-align: justify;
   border: 1px solid black;
   overflow: auto;
}
```

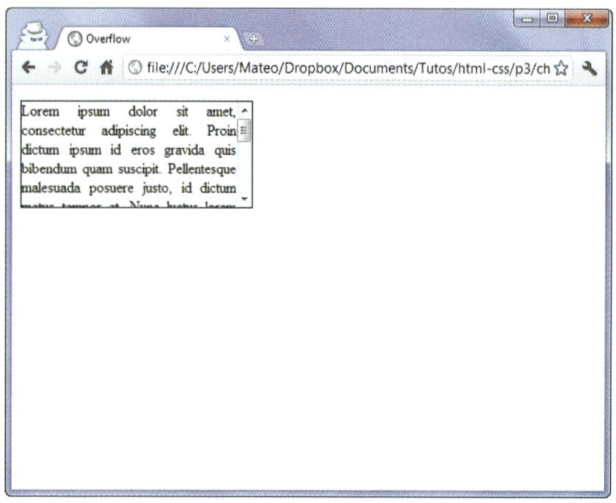

Des barres de défilement sont ajoutées au paragraphe.

Des barres de défilement nous permettent maintenant de consulter le contenu qui n'était pas visible.

Il existe une ancienne balise HTML, `<iframe>`, qui donne à peu près le même résultat. Cependant, l'usage de cette balise est déconseillé aujourd'hui. Elle permet de charger tout le contenu d'une autre page HTML au sein de votre page.

word-wrap: couper les textes trop larges

Si vous devez placer un mot très long dans un bloc, qui ne tient pas dans la largeur, vous allez adorer `word-wrap`. Cette propriété force la césure des très longs mots (généralement des adresses).

La figure suivante représente ce qu'on peut avoir quand on écrit une URL un peu longue dans un bloc.

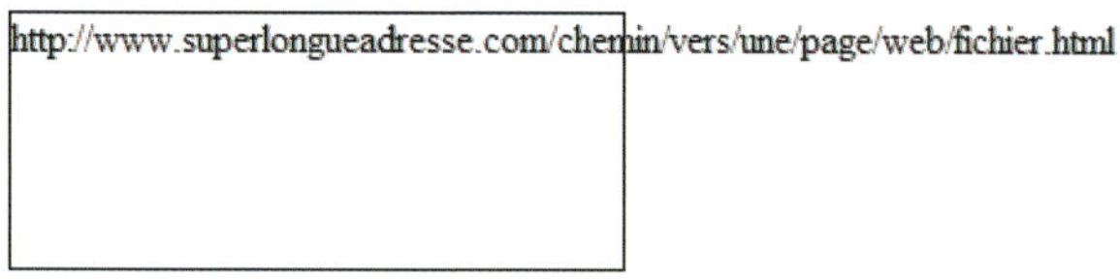

Le texte déborde en largeur.

L'ordinateur ne sait pas « couper » l'adresse car il n'y a ni espace, ni tiret. Il ne sait pas faire la césure.

Avec le code suivant, la césure sera forcée dès que le texte risque de dépasser (figure suivante) :

```
p
{
   word-wrap: break-word;
}
```

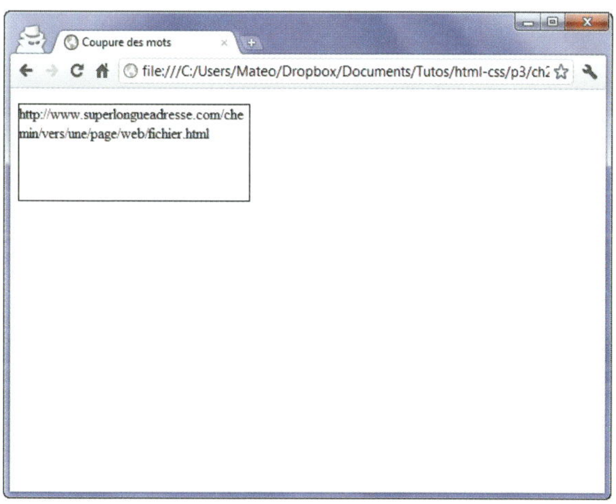

Le texte est coupé pour ne pas déborder.

Je conseille d'utiliser cette fonctionnalité dès qu'un bloc est susceptible de contenir du texte saisi par des utilisateurs (par exemple sur les forums de votre futur site). Sans cette astuce, on peut « casser » facilement le design d'un site (en écrivant par exemple une longue suite de « aaaaaaaaaa »).

En résumé

- On distingue deux principaux types de balises en HTML :
  - Le type *block* (`<p>`, `<h1>`...) : ces balises créent un retour à la ligne et occupent par défaut toute la largeur disponible. Elles se suivent de haut en bas.
  - Le type *inline* (`<a>`, `<strong>`...) : ces balises délimitent du texte au milieu d'une ligne. Elles se suivent de gauche à droite.
- On modifie la taille d'une balise de type *block* avec les propriétés CSS `width` (largeur) et `height` (hauteur).
- On définit des minima et maxima autorisés pour la largeur et la hauteur : `min-width`, `max-width`, `min-height`, `max-height`.
- Les éléments de la page disposent chacun de marges intérieures (`padding`) et extérieures (`margin`).
- S'il y a trop de texte à l'intérieur d'un bloc de dimensions fixes, il y a un risque de débordement. Dans ce cas, il est judicieux d'ajouter des barres de défilement avec la propriété `overflow` ou de forcer la césure avec `word-wrap`.

14 La mise en page avec Flexbox

Vidéo d'introduction

Mathieu Nebra nous présente dans cette vidéo de près de 5 minutes, accessible depuis cette adresse *https://goo.gl/9xzBwe*, comment utiliser Flexbox pour mettre en page un site web.

Il est temps d'apprendre à mettre en page notre site : placer un en-tête, des menus sur le côté, choisir où apparaît une information, etc. C'est la pièce manquante du puzzle.

Il y a plusieurs façons de procéder. Au fil du temps, plusieurs techniques se sont succédé.

- Au début, les webmasters utilisaient des tableaux HTML pour réaliser la mise en page (beurk).
- Puis, CSS est apparu et on a commencé à utiliser la propriété `float` (bof).
- Cette technique avait des inconvénients. Une autre, plus pratique, a consisté à créer des éléments de type `inline-block` sur la page (mouais)
- Aujourd'hui, une bien meilleure technique existe : **Flexbox**. Elle permet toutes les folies (ou presque) et c'est celle que je vous recommande d'utiliser si vous en avez la possibilité, lorsque vous créez un nouveau site. Flexbox est désormais reconnu par tous les navigateurs récents (*http://caniuse.com/#feat=flexbox*).

Nous découvrirons donc le fonctionnement de Flexbox dans ce chapitre. Pour ceux qui ont besoin d'informations sur les techniques plus anciennes, je vous invite à consulter le chapitre « Quelques autres techniques de mise en page » (page 219). Cela peut toujours vous être utile.

Un conteneur, des éléments

Le principe de la mise en page avec Flexbox est simple : vous définissez un conteneur et, à l'intérieur, vous placez plusieurs éléments. Imaginez un carton dans lequel vous rangez plusieurs objets : c'est le principe.

Sur une même page web, vous pouvez sans problème définir plusieurs conteneurs. Ce sera à vous d'en créer autant que nécessaire pour obtenir la mise en page que vous voulez.

Commençons par étudier le fonctionnement d'un conteneur.

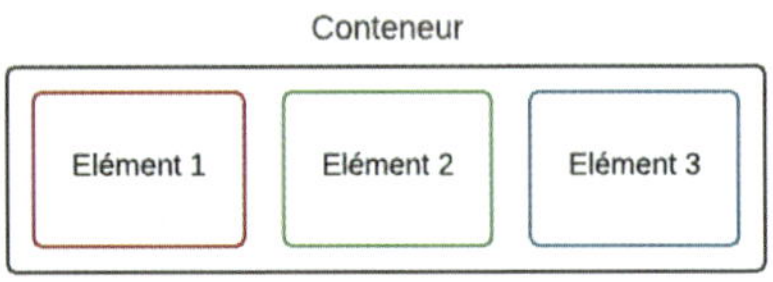

Un conteneur et ses éléments

Le conteneur et les éléments qu'il contient sont autant de balises HTML :

```
<div id="conteneur">
   <div class="element">Elément 1</div>
   <div class="element">Elément 2</div>
   <div class="element">Elément 3</div>
</div>
```

Si j'écris ça, par défaut mes éléments vont se mettre les uns en dessous des autres, non ? Ce sont des blocs après tout !

Oui tout à fait. Si on ajoute une bordure au conteneur, une taille et une couleur de fond aux éléments, on va vite voir comment ils s'organisent :

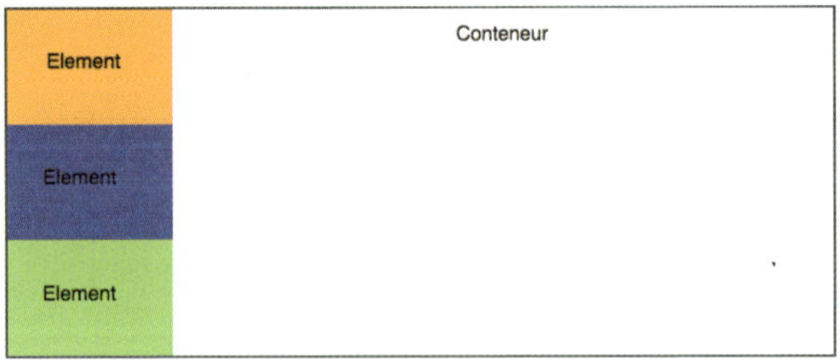

Par défaut, les blocs se placent les uns en dessous des autres.

Il n'y a là rien de bien nouveau ; c'est le comportement normal auquel nous sommes habitués.

Soyez flex !

Découvrons maintenant Flexbox. Si j'ajoute une (une seule !) propriété CSS au conteneur, tout change. Cette propriété, c'est `flex` :

```
#conteneur
{
   display: flex;
}
```

Les blocs se placent maintenant côte à côte par défaut.

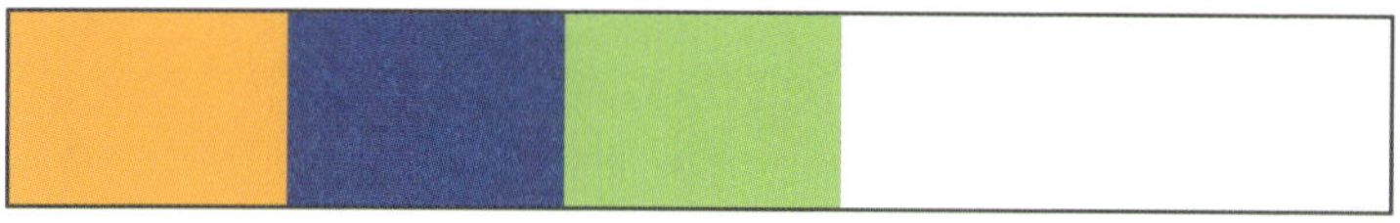

Un coup de flex et les blocs se positionnent côte à côte !

La direction

Flexbox nous permet d'agencer les éléments dans le sens qu'on veut. Avec `flex-direction`, on les positionne verticalement ou on les inverse. Il peut prendre les valeurs suivantes :

- `row` : organisés sur une ligne (par défaut) ;
- `column` : organisés sur une colonne ;
- `row-reverse` : organisés sur une ligne, mais en ordre inversé ;
- `column-reverse` : organisés sur une colonne, mais en ordre inversé.

Exemple :

```
#conteneur
{
   display: flex;
   flex-direction: column;
}
```

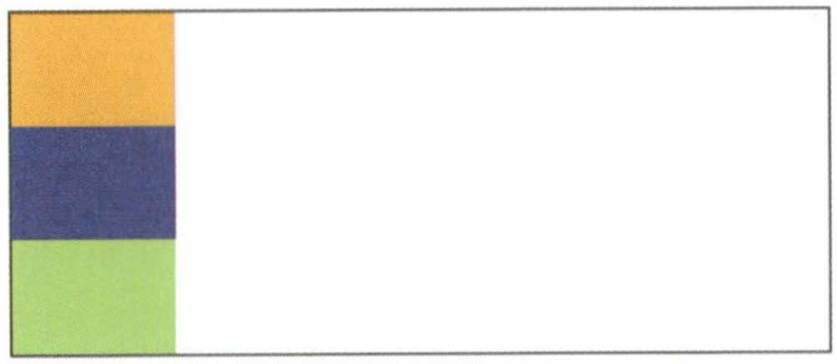

Les éléments sont disposés en colonne.

Mais… c'est pareil qu'au début non ? On avait ce résultat sans Flexbox après tout !

C'est vrai. Pourtant, maintenant que nos éléments sont *flex*, ils ont de nombreuses autres propriétés utiles que nous allons étudier juste après.

Testez l'ordre inversé pour voir :

```
#conteneur
{
   display: flex;
   flex-direction: column-reverse;
}
```

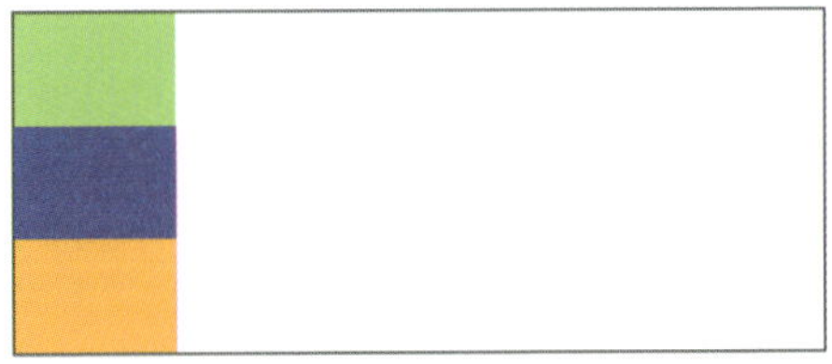

Les éléments sont en colonne… dans l'ordre inverse.

Regardez bien la différence : les blocs sont maintenant dans l'ordre inverse, alors que le code HTML est resté le même depuis le début.

Le retour à la ligne

Par défaut, les blocs essaient de rester sur la même ligne (ce qui provoque parfois des bogues de design). Vous pouvez demander qu'ils aillent à la ligne lorsqu'ils n'ont plus la place, avec `flex-wrap`, qui peut prendre les valeurs suivantes :

- `nowrap` : pas de retour à la ligne (par défaut) ;

- `wrap` : les éléments vont à la ligne lorsqu'il n'y a plus la place ;
- `wrap-reverse` : les éléments vont à la ligne lorsqu'il n'y a plus la place en sens inverse.

Exemple :

```
#conteneur
{
  display: flex;
  flex-wrap: wrap;
}
```

Voici l'effet que prennent les différentes valeurs sur une même illustration :

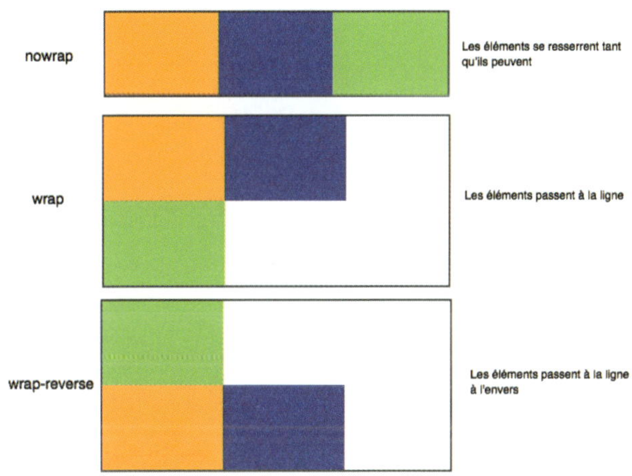

Gestion du retour à la ligne avec flex-wrap

Aligner les éléments

Reprenons. Les éléments sont organisés soit horizontalement (par défaut), soit verticalement. Cela définit ce qu'on appelle **l'axe principal**. Il y a aussi un axe secondaire *(cross axis)* :

- Si vos éléments sont organisés horizontalement, l'axe secondaire est vertical.
- Si vos éléments sont organisés verticalement, l'axe secondaire est horizontal.

Nous allons découvrir comment aligner nos éléments sur l'axe principal *et* sur l'axe secondaire.

Aligner sur l'axe principal

Partons sur des éléments organisés horizontalement (c'est le cas par défaut).

Pour changer leur alignement, on va utiliser `justify-content`, qui prend l'une des valeurs suivantes :

- `flex-start` : alignés au début (par défaut) ;
- `flex-end` : alignés à la fin ;
- `center` : alignés au centre ;
- `space-between` : étirés sur tout l'axe (il y a de l'espace entre eux) ;
- `space-around` : idem, les éléments sont étirés sur tout l'axe, mais ils laissent aussi de l'espace sur les extrémités.

Par exemple :

```
#conteneur
{
   display: flex;
   justify-content: space-around;
}
```

Le mieux est encore de tester toutes les valeurs possibles pour voir ce que cela donne :

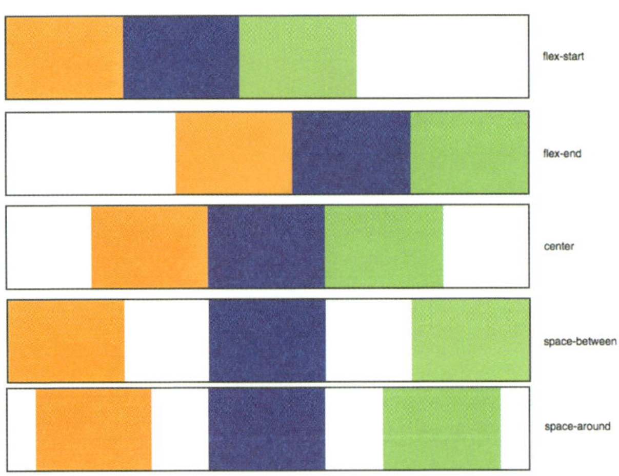

Les différentes valeurs possibles pour l'alignement avec justify-content

Avec une simple propriété, on agence intelligemment nos éléments comme on veut.

Maintenant, voici ce qu'il faut bien comprendre : **cela marche aussi si vos éléments sont dans une direction verticale**. Dans ce cas, l'axe vertical est l'axe principal et `justify-content` s'applique aussi :

```
#conteneur
{
  display: flex;
  flex-direction: column;
  justify-content: center;
  height: 350px; /* Un peu de hauteur pour que les éléments aient la place
de bouger */
}
```

Avec une direction verticale (column), le centrage fonctionne de la même façon, cette fois en hauteur.

Aligner sur l'axe secondaire

Avec `align-items` , nous pouvons changer l'alignement des éléments sur l'axe secondaire. Voici les valeurs possibles :

- `stretch` : éléments étirés sur tout l'axe (valeur par défaut) ;
- `flex-start` : alignés au début ;
- `flex-end` : alignés à la fin ;
- `center` : alignés au centre ;
- `baseline` : alignés sur la ligne de base (semblable à `flex-start`).

Pour ces exemples, nous allons partir du principe que nos éléments sont dans une direction horizontale (mais n'hésitez pas à tester aussi dans la direction verticale).

```
#conteneur
{
  display: flex;
  justify-content: center;
  align-items: center;
}
```

Un alignement sur l'axe secondaire avec align-items nous permet de centrer complètement l'élément dans le conteneur.

St Graal du développeur web, le centrage vertical et horizontal s'obtient encore plus facilement. Dites que votre conteneur est une flexbox et établissez des marges automatiques sur les éléments à l'intérieur. C'est tout !

```
#conteneur
{
   display: flex;
}

.element
{
   margin: auto;
}
```

Désaxer un seul élément

Il est possible de faire une exception pour un seul des éléments sur l'axe secondaire avec `align-self` :

```
#conteneur
{
   display: flex;
   flex-direction: row;
   justify-content: center;
   align-items: center;
}

.element:nth-child(2) /* On prend le deuxième bloc élément. */
{
   background-color: blue;
   align-self: flex-end; /* Seul ce bloc sera aligné à la fin. */
}

/* ... */
```

Un élément aligné différemment des autres avec align-self.
Tiens je crois que j'ai dessiné une tête en pixel art !

Répartir plusieurs lignes

Si vous avez plusieurs lignes dans votre Flexbox, vous pouvez choisir comment elles seront réparties avec `align-content`.

Cette propriété n'a aucun effet s'il n'y a qu'une seule ligne dans la Flexbox.

Prenons donc un cas de figure où nous avons plusieurs lignes. Ajoutons des éléments :

```
<div id="conteneur">
  <div class="element"></div>
  <div class="element"></div>
  <div class="element"></div>
  <div class="element"></div>
  <div class="element"></div>
  <div class="element"></div>
  <div class="element"></div>
  <div class="element"></div>
  <div class="element"></div>
  <div class="element"></div>
  <div class="element"></div>
  <div class="element"></div>
</div>
```

Autorisons ces éléments à aller à la ligne avec `flex-wrap` :

```
#conteneur
{
  display: flex;
  flex-wrap: wrap;
}
```

Plusieurs lignes dans une Flexbox

Voyons comment les lignes se répartissent avec la nouvelle propriété `align-content` qui prend l'une des valeurs suivantes :

- `flex-start` : les éléments sont placés au début ;
- `flex-end` : les éléments sont placés à la fin ;
- `center` : les éléments sont placés au centre ;
- `space-between` : les éléments sont séparés avec de l'espace entre eux ;
- `space-around` : idem, mais il y a aussi de l'espace au début et à la fin ;
- `stretch` (par défaut) : les éléments s'étirent pour occuper tout l'espace.

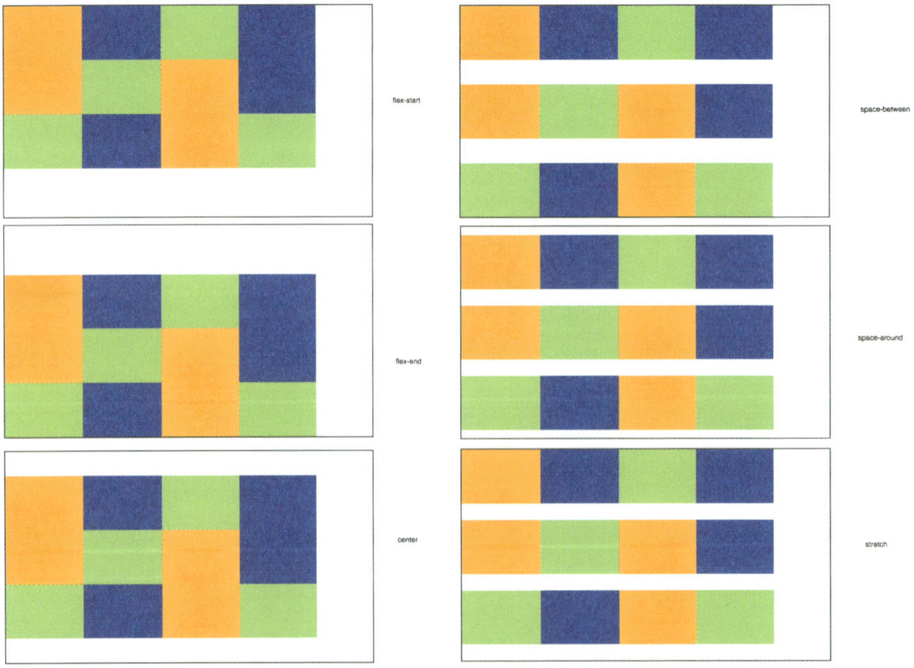

Les lignes sont placées différemment avec align-content.

Rappel à l'ordre

Sans changer le code HTML, il est possible de modifier l'ordre des éléments en CSS grâce à la propriété `order`. Indiquez simplement un nombre et les éléments seront triés du plus petit au plus grand.

Reprenons une simple ligne de trois éléments :

```
#conteneur
{
   display: flex;
}
```

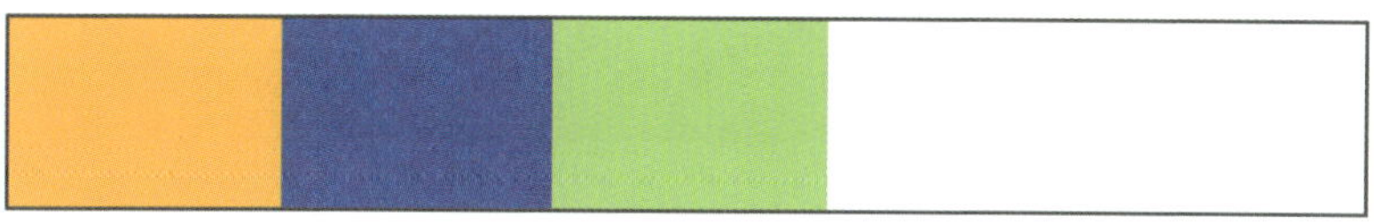

Une ligne de trois éléments

Si je dis que le premier élément sera placé en 3e position, le second en 1re position et le troisième en 2e position, l'ordre à l'écran change !

```
.element:nth-child(1)
{
   order: 3;
}
.element:nth-child(2)
{
   order: 1;
}
.element:nth-child(3)
{
   order: 2;
}
```

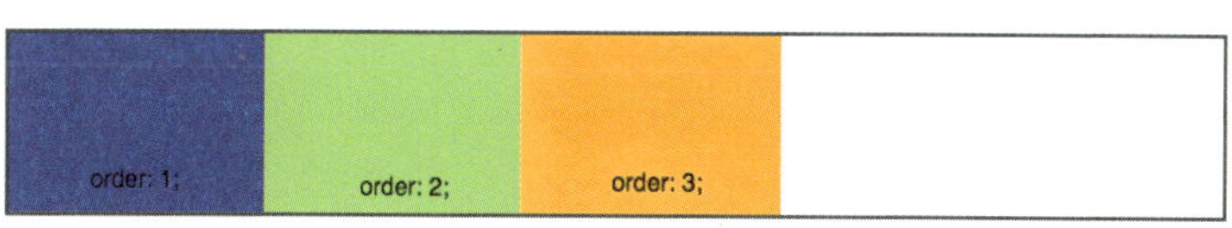

Avec order, nous pouvons réordonner les éléments en CSS.

Encore plus flex : faire grossir ou maigrir les éléments

Voyons encore une dernière technique avant de passer à la pratique.

Avec la propriété `flex`, nous pouvons demander à un élément de grossir pour occuper tout l'espace restant.

```
.element:nth-child(2)
{
  flex: 1;
}
```

Le second élément s'étire pour remplir tout l'espace.

Le nombre que vous donnez à la propriété `flex` indique dans quelle mesure il peut grossir par rapport aux autres. Dans l'exemple suivant, le premier élément peut grossir deux fois plus que le second :

```
.element:nth-child(1)
{
  flex: 2;
}
.element:nth-child(2)
{
  flex: 1;
}
```

Le premier élément peut grossir deux fois plus que le second.

`flex` est en fait une super-propriété qui combine `flex-grow` (capacité à grossir), `flex-shrink` (capacité à maigrir) et `flex-basis` (taille par défaut). Si vous voulez en savoir plus, je vous invite à vous renseigner sur ces autres propriétés.

En résumé

- Il existe plusieurs techniques pour positionner les blocs sur la page. Flexbox est la technique la plus récente et de loin la plus puissante, que je vous recommande d'utiliser.
- Le principe de Flexbox est d'avoir un conteneur, avec plusieurs éléments à l'intérieur. Avec `display: flex;` sur le conteneur, les éléments à l'intérieur sont agencés en mode Flexbox (horizontalement par défaut).
- Flexbox peut gérer toutes les directions. Avec `flex-direction`, on indique si les éléments sont agencés horizontalement (par défaut) ou verticalement. Cela définit ce qu'on appelle l'axe principal.
- L'alignement des éléments se fait sur l'axe principal avec `justify-content` et sur l'axe secondaire avec `align-items`.
- Avec `flex-wrap`, on peut autoriser les éléments à revenir à la ligne s'ils n'ont plus d'espace.
- S'il y a plusieurs lignes, on peut indiquer comment elles doivent se répartir entre elles avec `align-content`.
- Chaque élément peut être réagencé en CSS avec `order` (pas besoin de toucher au code HTML).
- Avec la super-propriété `flex`, on peut autoriser nos éléments à occuper plus ou moins d'espace restant.

15 Quelques autres techniques de mise en page

Vidéo d'introduction

Mathieu Nebra nous présente dans cette vidéo de près de 4 minutes, accessible depuis cette adresse *https://goo.gl/EipUj6*, quelques autres techiques de mise en page.

Aujourd'hui, Flexbox est l'outil de mise en page que je recommande… mais vous devriez aussi connaître les autres techniques. Plus anciennes, elles ont l'avantage d'être reconnues par les vieilles versions des navigateurs. Enfin, si vous êtes amené à gérer un « vieux » code, vous aurez besoin de connaître ces techniques de positionnement.

Ce chapitre vous sera plus spécifiquement utile pour gérer de vieux sites. Si vous êtes sur un nouveau projet, je recommande plutôt d'utiliser une mise en page à base de Flexbox.

Le positionnement flottant

Vous souvenez-vous de la propriété `float` ? Nous l'avons utilisée pour faire flotter une image autour du texte (figure suivante).

Il se trouve que cette propriété est aujourd'hui utilisée par la majorité des sites web pour… réaliser la mise en page ! En effet, si on veut placer son menu à gauche et le contenu de sa page à droite, c'est *a priori* un bon moyen. Je dis bien *a priori* car, à l'origine, cette propriété n'a pas été conçue pour la mise en page et nous allons voir qu'elle comporte quelques petits défauts.

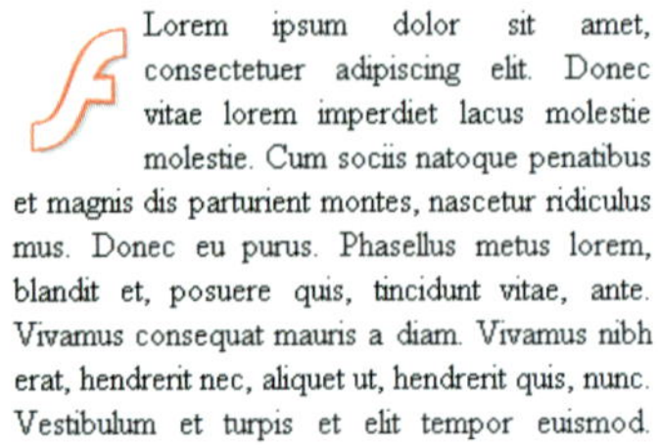

L'image flotte autour du texte grâce à la propriété float.

Reprenons le code HTML structuré que nous avons réalisé il y a quelques chapitres :

```
<!DOCTYPE html>
<html>
  <head>
    <meta charset="utf-8" />
    <link rel="stylesheet" href="style.css" />
    <title>Zozor - Le Site Web</title>
  </head>

  <body>
    <header>
      <h1>Zozor</h1>
      <h2>Carnets de voyage</h2>
    </header>

    <nav>
      <ul>
        <li><a href="#">Accueil</a></li>
        <li><a href="#">Blog</a></li>
        <li><a href="#">CV</a></li>
      </ul>
    </nav>

    <section>
      <aside>
        <h1>À propos de l'auteur</h1>
        <p>C'est moi, Zozor ! Je suis né le 23 novembre 2005.</p>
      </aside>
      <article>
        <h1>Je suis un grand voyageur.</h1>
        <p>Bla bla bla bla (texte de l'article)</p>
      </article>
    </section>

    <footer>
      <p>Copyright Zozor - Tous droits réservés<br />

      <a href="#">Me contacter</a></p>
    </footer>
  </body>
</html>
```

Je rappelle que, sans CSS, la mise en page ressemble à la figure suivante.

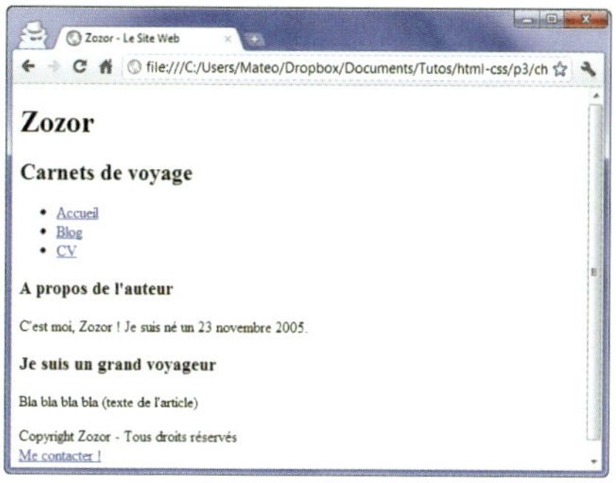

Une page HTML sans CSS

Nous allons essayer de placer le menu à gauche et le reste du texte à droite. Pour cela, nous allons faire flotter le menu à gauche et laisser le reste du texte se placer à sa droite.

Nous voulons que le menu occupe 150 pixels de large. Nous allons aussi ajouter une bordure noire autour du menu et une bordure bleue autour du corps (à la balise `<section>`) pour bien les distinguer :

```
nav
{
   float: left;
   width: 150px;
   border: 1px solid black;
}

section
{
   border: 1px solid blue;
}
```

Le résultat est présenté à la figure suivante. Ce n'est pas encore tout à fait cela.

Le menu est bien positionné mais collé au texte.

Il y a deux défauts (mis à part le fait que c'est encore bien laid) :

- Le texte du corps de la page touche la bordure du menu. Il manque une petite marge…
- Plus embêtant encore : la suite du texte passe… sous le menu.

On veut bien que le pied de page (« Copyright Zozor ») soit placé en bas sous le menu, mais on aimerait que tout le corps de page soit constitué d'un seul bloc placé à droite.

Pour résoudre ces deux problèmes d'un seul coup, il faut ajouter une marge extérieure à gauche de notre `<section>`, marge qui doit être *supérieure* à la largeur du menu. Si notre menu fait `150px`, nous allons par exemple donner une marge extérieure gauche de `170px` à notre section de page (figure suivante), ici à la ligne 10.

```
1. nav
2. {
3.     float: left;
4.     width: 150px;
5.     border: 1px solid black;
6. }
7.
8. section
9. {
10.    margin-left: 170px;
11.    border: 1px solid blue;
12. }
```

Le corps de page est bien aligné à droite du menu.

Voilà, le contenu de la page est maintenant correctement aligné.

À l'inverse, vous pouvez aussi préférer qu'un élément se place obligatoirement sous le menu. Dans ce cas, il faudra utiliser… `clear: both;`, que nous avions déjà découvert, qui oblige la suite du texte à se positionner sous l'élément flottant.

Transformer ses éléments avec display

Apprenons maintenant à modifier les lois du CSS, brrr…

Il existe en CSS une propriété très puissante : `display`. Elle est capable de *transformer* n'importe quel élément de votre page d'un type vers un autre. Avec cette propriété magique, je peux par exemple imposer à mes liens (originellement de type inline) d'apparaître sous forme de blocs :

```
a
{
   display: block;
}
```

Les liens vont alors se positionner les uns en dessous des autres (comme des blocs normaux) et il devient possible de modifier leurs dimensions.

Voici quelques-unes des principales valeurs que peut prendre la propriété `display` en CSS (il y en a encore d'autres) :

Valeur	Exemples	Description
`inline`	`<a>`, `<em>`, `<span>`…	Éléments d'une ligne. Se placent les uns à côté des autres.
`block`	`<p>`, `<div>`, `<section>`…	Éléments en forme de blocs. Se placent les uns en dessous des autres et peuvent être redimensionnés.
`inline-block`	`<select>`, `<input>`	Éléments positionnés les uns à côté des autres (comme les inlines) mais qui peuvent être redimensionnés (comme les blocs).
`none`	`<head>`	Éléments non affichés.

On peut donc décider de masquer complètement un élément de la page avec cette propriété. Par exemple, pour masquer les éléments qui ont la classe `secret`, il faut écrire ce qui suit :

```
.secret
{
   display: none;
}
```

Pour faire apparaître ces éléments par la suite, vous devrez faire appel à JavaScript. Certains sites web utilisent cette technique pour, par défaut, masquer les sous-menus qui ne s'affichent que lorsqu'on parcourt les menus.

Et quel est ce nouveau type bizarre, inline-block ? Est-ce un mélange ?

Oui, ce type d'élément est en fait une combinaison des `inline` et des `block`. C'est un peu le meilleur des deux mondes : les éléments s'affichent côte à côte et peuvent être redimensionnés.

Peu de balises sont affichées comme cela par défaut ; c'est surtout le cas des éléments de formulaire (comme `<input>`), que nous découvrirons un peu plus tard. Avec la propriété `display`, nous serons capables de transformer d'autres balises en `inline-block`, ce qui va nous aider à réaliser notre design.

Le positionnement inline-block

Les manipulations que demande le positionnement flottant se révèlent parfois un peu délicates sur des sites complexes. Dès qu'il y a un peu plus qu'un simple menu à mettre en page, on risque de devoir recourir à des `clear: both;` qui complexifient rapidement le code de la page.

Une meilleure technique consiste à transformer vos éléments en `inline-block` avec la propriété `display`.

Quelques petits rappels sur les éléments de type `inline-block` :

- Ils se positionnent les uns à côté des autres (exactement ce qu'on veut pour placer notre menu et le corps de notre page).
- On peut leur donner des dimensions précises (là encore, exactement ce qu'on veut).

Nous allons transformer les deux éléments que nous voulons placer côte à côte : le menu de navigation et la section du centre de la page :

```
nav
{
   display: inline-block;
   width: 150px;
   border: 1px solid black;
}

section
{
   display: inline-block;
   border: 1px solid blue;
}
```

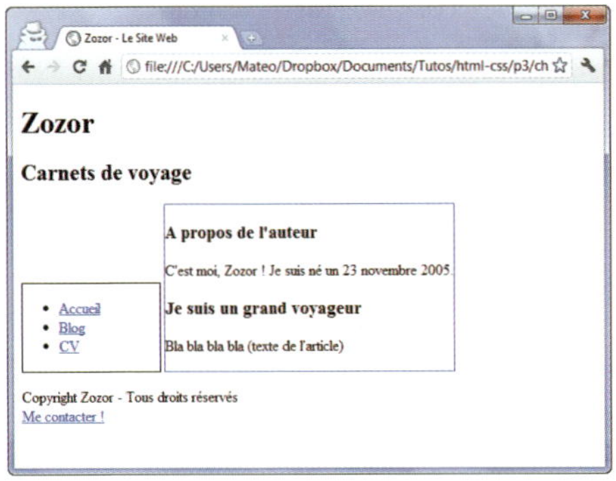

Le menu et le corps sont côte à côte… mais positionnés en bas.

Argh ! Ce n'est pas tout à fait ce qu'on voulait. Et en fait, c'est normal : les éléments `inline-block` se positionnent sur une même ligne de base (appelée **baseline**), en bas.

Heureusement, le fait d'avoir transformé les éléments en `inline-block` nous permet d'utiliser une nouvelle propriété, normalement réservée aux tableaux : `vertical-align`. Cette propriété permet de modifier l'alignement vertical des éléments. Voici quelques-unes de ses valeurs possibles :

- `baseline` : aligne la base de l'élément avec celle de l'élément parent (par défaut) ;
- `top` : aligne en haut ;
- `middle` : centre verticalement ;
- `bottom` : aligne en bas ;
- (valeur en px ou %) : aligne à une certaine distance de la ligne de base (baseline).

Il ne nous reste plus qu'à aligner nos éléments en haut (lignes 6 et 13), et le tour est joué !

```
1. nav
2. {
3.     display: inline-block;
4.     width: 150px;
5.     border: 1px solid black;
6.     vertical-align: top;
7. }
8.
9. section
10. {
11.     display: inline-block;
12.     border: 1px solid blue;
13.     vertical-align: top;
14. }
```

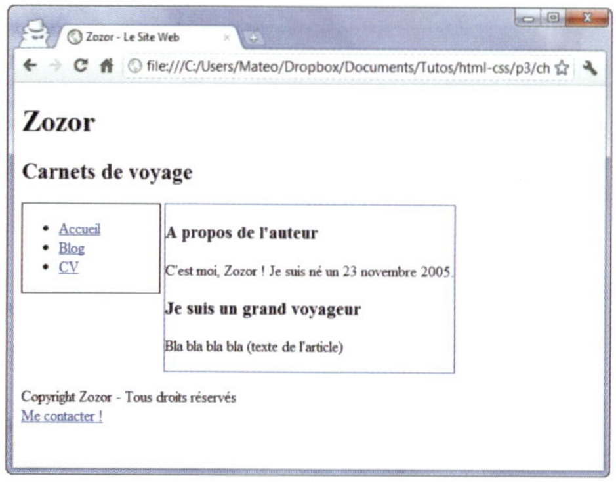

Le menu et le corps sont alignés en haut et côte à côte.

Vous noterez que le corps (la `<section>`) ne prend pas toute la largeur. En effet, ce n'est plus un bloc. La section occupe seulement la place dont elle a besoin.
Si cela ne convient à votre design, modifiez sa taille avec `width`.

Et voilà ! Pas besoin de s'embêter avec les marges, aucun risque que le texte passe sous le menu... Bref, c'est parfait !

Les positionnements absolu, fixe et relatif

Il existe d'autres techniques un peu particulières pour positionner avec précision des éléments sur la page :

- **Le positionnement absolu :** on place un élément n'importe où sur la page (en haut à gauche, en bas à droite, tout au centre, etc.).
- **Le positionnement fixe :** identique au positionnement absolu mais, cette fois, l'élément reste toujours visible, même si on descend plus bas dans la page. C'est un peu le même principe que `background-attachment: fixed;`.
- **Le positionnement relatif :** décale l'élément par rapport à sa position normale.

Comme pour les flottants, les positionnements absolu, fixe et relatif fonctionnent aussi sur des balises de type `inline`. Toutefois, vous verrez qu'on l'utilise bien plus souvent sur des balises `block`.

Il faut d'abord faire son choix entre les trois modes de positionnement disponibles. Pour cela, on utilise la propriété CSS `position` à laquelle on donne une des valeurs suivantes :

- `absolute` : positionnement absolu ;
- `fixed` : positionnement fixe ;
- `relative` : positionnement relatif.

Nous allons étudier un à un chacun de ces positionnements.

Le positionnement absolu

Le positionnement absolu permet de placer un élément (réellement) n'importe où sur la page :

```
element
{
   position: absolute;
}
```

Cela ne suffit pas. On a dit qu'on voulait un positionnement absolu, mais encore faut-il préciser *où l'on veut que le bloc soit positionné sur la page*.

Pour ce faire, on va utiliser quatre propriétés CSS :

- `left` : position par rapport à la gauche de la page ;
- `right` : position par rapport à la droite de la page ;
- `top` : position par rapport au haut de la page ;
- `bottom` : position par rapport au bas de la page.

On peut leur donner une valeur en pixels ou bien en pourcentage. La figure suivante devrait vous aider à comprendre.

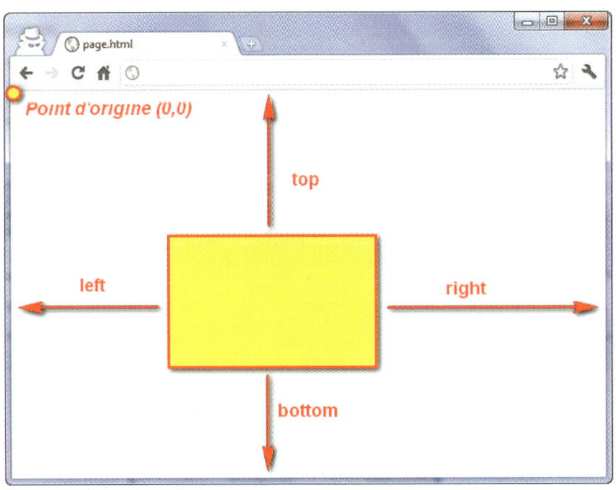

Positionnement absolu de l'élément sur la page

Avec cela, vous devriez être capables de positionner correctement votre bloc.

Il faut donc utiliser la propriété `position` et au moins une des quatre propriétés précédentes (`top`, `left`, `right` ou `bottom`).

```
element
{
  position: absolute;
  right: 0px;
  bottom: 0px;
}
```

Cet exemple signifie que le bloc doit être positionné tout en bas à droite (0 pixel par rapport à la droite de la page et 0 par rapport au bas).

Si on essaye de placer notre bloc `<nav>` en bas à droite de la page, on obtient le même résultat qu'à la figure suivante.

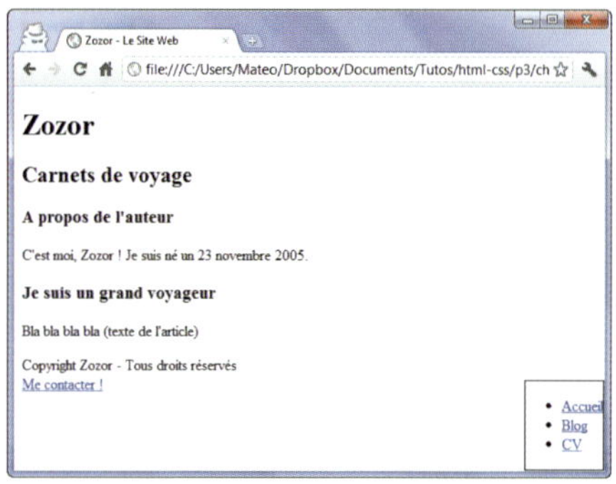

Le menu est positionné en bas à droite de l'écran.

On peut bien entendu ajouter une marge intérieure (`padding`) au menu pour qu'il soit moins collé à sa bordure.

Les éléments positionnés en absolu sont placés par-dessus le reste des éléments de la page. Par ailleurs, si vous placez deux éléments en absolu vers le même endroit, ils risquent de se chevaucher. Dans ce cas, utilisez la propriété `z-index` pour indiquer celui qui doit apparaître au-dessus des autres.

```
element
{
  position: absolute;
  right: 0px;
  bottom: 0px;
  z-index: 1;
}
element2
{
  position: absolute;
  right: 30px;
  bottom: 30px;
  z-index: 2;
}
```

L'élément ayant la valeur de `z-index` la plus élevée sera placé par-dessus les autres, comme le montre la figure suivante.

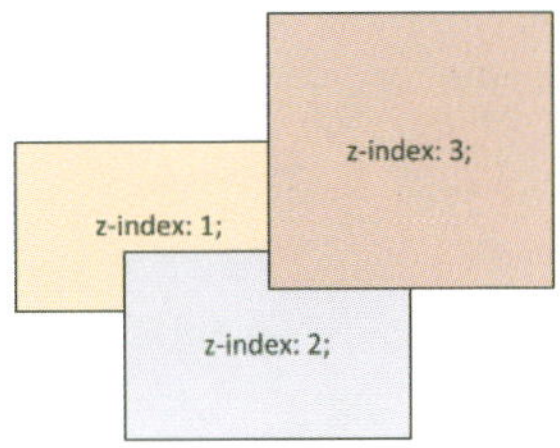

Positionnement des éléments absolus

Une petite précision technique qui a son importance : le positionnement absolu ne se fait pas forcément toujours par rapport au coin en haut à gauche de la fenêtre. Si vous positionnez en absolu un bloc A qui se trouve dans un autre bloc B, lui-même positionné en absolu (ou fixe ou relatif), alors votre bloc A se positionnera par rapport au coin supérieur gauche du bloc B.

Le positionnement fixe

Le principe est *exactement le même* que pour le positionnement absolu sauf que, cette fois, le bloc reste fixe à sa position, même si on descend plus bas dans la page.

```
element
{
   position: fixed;
   right: 0px;
   bottom: 0px;
}
```

Observez le résultat : vous verrez que le menu reste, dans le cas présent, affiché en bas à droite même si on descend plus bas dans la page.

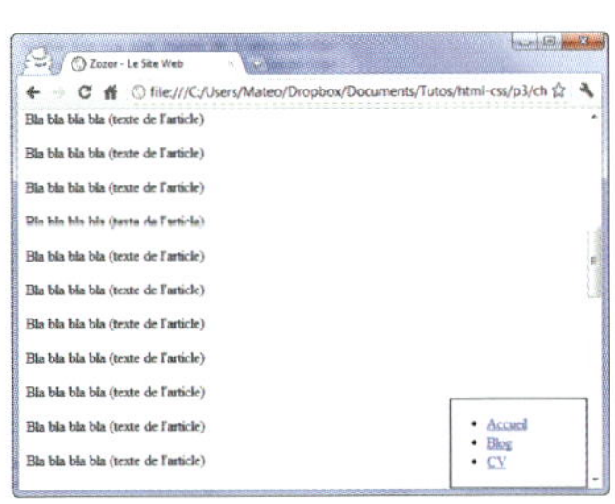

Le menu reste affiché en bas à droite en toutes circonstances.

Le positionnement relatif

Plus délicat, le positionnement relatif devient vite difficile à utiliser. Ce positionnement permet d'effectuer des « ajustements » : l'élément est décalé par rapport à sa position initiale.

Prenons par exemple un texte important, situé entre deux balises <strong>. Pour commencer, plaçons-le sur fond rouge pour mieux le repérer :

```
strong
{
   background-color: red; /* Fond rouge */
   color: yellow; /* Texte de couleur jaune */
}
```

Cette fois, le schéma pour les positions absolue et fixe ne marche plus. En effet, l'origine a changé : le point de coordonnées (0,0) ne se trouve plus en haut à gauche de votre fenêtre, mais en haut à gauche… de la position actuelle de votre élément. C'est le principe de la position relative. Le schéma en figure suivante devrait vous aider à comprendre où se trouve l'origine des points.

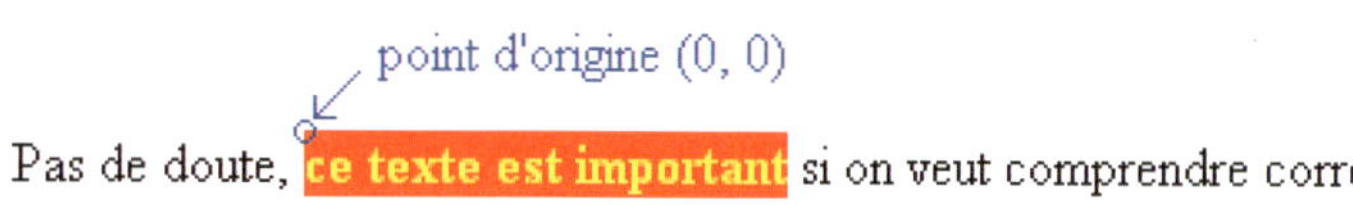

Origine de la position relative

Donc, si vous écrivez un position: relative; et appliquez une des propriétés top, left, right ou bottom, le texte sur fond rouge va se déplacer par rapport à la position où il se trouve.

Prenons un exemple : je veux que mon texte se décale de 55 pixels vers la droite et de 10 pixels vers le bas. Je vais donc demander qu'il soit décalé de 55 pixels par rapport au « bord gauche » et de 10 pixels par rapport au « bord haut » :

```
strong
{
   background-color: red;
   color: yellow;

   position: relative;
   left: 55px;
   top: 10px;
}
```

Le texte est décalé.

En résumé

- La technique de mise en page la plus récente et la plus puissante est Flexbox. C'est celle que vous devriez utiliser si vous en avez la possibilité.
- D'autres techniques de mise en page restent employées, notamment sur des sites plus anciens : le positionnement flottant et le positionnement `inline-block` . Il est conseillé de les connaître.
- Le positionnement flottant (avec la propriété `float`) est l'un des plus utilisés à l'heure actuelle. Il permet par exemple de placer un menu à gauche ou à droite de la page. Néanmoins, cette propriété n'a pas été initialement conçue pour cela et il est préférable de l'éviter.
- Le positionnement `inline-block` consiste à affecter un type `inline-block` à nos éléments grâce à la propriété `display`. Ils se comporteront comme des `inline` (placement de gauche à droite) mais pourront être redimensionnés comme des `block` (avec `width` et `height`). Cette technique est à préférer au positionnement flottant.
- Le positionnement absolu sert à placer un élément où l'on souhaite sur la page, au pixel près.
- Le positionnement fixe est identique au positionnement absolu, mais l'élément restera toujours visible même si on descend plus bas dans la page.
- Le positionnement relatif sert à décaler un bloc par rapport à sa position normale.
- Un élément A positionné en absolu à l'intérieur d'un autre élément B (lui-même positionné en absolu, fixe ou relatif) se positionnera par rapport à l'élément B et non par rapport au coin en haut à gauche de la page.

16 TP : créer un site pas à pas

> **Vidéo d'introduction**
>
> Mathieu Nebra nous présente dans cette vidéo de près de 10 minutes, accessible depuis cette adresse *https://goo.gl/UtsFbt*, un TP visant à créer un site pas à pas.

Enfin, nous y voilà. C'est un chapitre un peu particulier, puisqu'il s'agit maintenant de mettre la main à la pâte.

Vous avez lu beaucoup de théorie jusqu'ici mais vous vous demandez sûrement comment font les webmasters pour créer d'aussi beaux sites. Vous vous dites que vous êtes encore loin d'avoir les connaissances nécessaires pour construire tout un site… Eh bien vous vous trompez !

Maquetter le design

Il est inutile d'ouvrir votre éditeur de texte en vous demandant par quelle ligne de code commencer. Prenez un crayon et un papier : il faut d'abord réfléchir à ce que vous voulez créer comme site. De quoi va-t-il parler ? Avez-vous un thème, un objectif ?

Vous n'avez peut-être pas encore d'idée précise en tête. Dans ce cas, je vous suggère de créer un site pour vous présenter, pour assurer votre présence sur le Web : ce site parlera de vous, il y aura votre CV, vos futures réalisations et pourquoi pas votre blog.

Dans ce TP, je vais réaliser le site web de notre ami Zozor. Zozor a décidé de partir en voyage à travers le monde et sa première étape sera… San Francisco. Il veut créer un site web pour qu'on le connaisse et pour qu'on suive son périple à travers le monde.

Zozor part en voyage et a besoin d'un site web.

La première étape consiste à *maquetter le design*, pour avoir un objectif du site web à réaliser. Deux possibilités s'offrent à vous :

- soit vous êtes graphiste (ou vous en connaissez un) ayant l'habitude d'imaginer des designs, avec des logiciels comme Photoshop ;
- soit vous n'êtes pas très créatif, dans ce cas, allez chercher des idées sur des sites web comme *https://HTML5up.net/*, qui vous proposent des modèles de design et peuvent même vous donner le code HTML/CSS tout prêt.

Pour ma part, j'ai fait appel à un graphiste, Fan Jiyong, qui m'a proposé le design (qui me plaît beaucoup !) présenté à la figure suivante.

La maquette du site web que nous allons réaliser.
Conception de la maquette : Fan Jiyong

Cette maquette est en fait une simple image du résultat qu'on veut obtenir. Je demande au graphiste de me fournir les éléments qui vont m'aider à construire le design, c'est-à-dire les codes couleurs utilisés, les images découpées (figure précédente), ainsi que les polices dont j'aurai besoin.

Téléchargez les images et les polices : *http://course.oc-static.com/ftp-tutos/cours/html-css/p3/ch4/tp_images_polices.zip*.

Il ne nous reste plus qu'à réaliser ce site web ! Nous procéderons en deux temps :

- Nous construirons le squelette **HTML** de la page.
- Puis nous le mettrons en forme et en page avec **CSS**.

Organiser le contenu en HTML

La première chose à faire est de distinguer les principaux blocs sur la maquette. Ils vont constituer le squelette de notre page.

Nous allons utiliser différentes balises HTML :

- les balises structurantes de HTML 5, que nous connaissons : `<header>`, `<section>`, `<nav>`, etc. ;
- la balise universelle `<div>`, quand aucune balise structurante ne convient.

Comment savoir quelle balise utiliser ?

C'est à vous de décider. De préférence, utilisez une balise qui a du sens (`<header>`, `<section>`, `<nav>`) mais, si aucune ne vous semble mieux convenir, optez pour la balise générique `<div>`.

Regardez la figure suivante pour voir ce que je vous propose comme structure.

Maquette découpée en différentes sections

On peut imaginer d'autres façons de faire le découpage ; retenez bien que ma proposition n'est pas forcément la seule et unique solution !

Toutes les balises qu'on va utiliser n'apparaissent pas sur cette maquette, mais cela vous donne une idée de l'imbrication des éléments.

Le HTML n'est pas vraiment la partie complexe de la réalisation du site web. En fait, si vous avez bien compris comment imbriquer des balises, vous ne devriez pas avoir de mal à réaliser un code approchant du mien :

```
<!DOCTYPE html>
<html>
  <head>
    <meta charset="utf-8" />
    <link rel="stylesheet" href="style.css" />
    <title>Zozor - Carnets de voyage</title>
  </head>

  <body>
    <div id="bloc_page">
      <header>
        <div id="titre_principal">
          <div id="logo">
            <img src="images/zozor_logo.png" alt="Logo de Zozor" />
            <h1>Zozor</h1>
          </div>
          <h2>Carnets de voyage</h2>
        </div>

        <nav>
          <ul>
            <li><a href="#">Accueil</a></li>
            <li><a href="#">Blog</a></li>
            <li><a href="#">CV</a></li>
            <li><a href="#">Contact</a></li>
          </ul>
        </nav>
      </header>

      <div id="banniere_image">
        <div id="banniere_description">
          Retour sur mes vacances aux États-Unis...
          <a href="#" class="bouton_rouge">Voir l'article
<img src="images/flecheblanchedroite.png" alt="" /></a>
        </div>
      </div>

      <section>
        <article>
          <h1><img src="images/ico_epingle.png" alt="Catégorie voyage"
class="ico_categorie" />Je suis un grand voyageur</h1>
```

```
            <p>Lorem ipsum dolor sit amet, consectetur adipiscing elit.
Aliquam nec sagittis massa. Nulla facilisi. Cras id arcu lorem, et semper
purus. Cum sociis natoque penatibus et magnis dis parturient montes,
nascetur ridiculus mus. Duis vel enim mi, in lobortis sem. Vestibulum
luctus elit eu libero ultrices id fermentum sem sagittis. Nulla imperdiet
mauris sed sapien dignissim id aliquam est aliquam. Maecenas non odio
ipsum, a elementum nisi. Mauris non erat eu erat placerat convallis.
Mauris in pretium urna. Cras laoreet molestie odio, consequat consequat
velit commodo eu. Integer vitae lectus ac nunc posuere pellentesque non at
eros. Suspendisse non lectus lorem.</p>
            <p>Vivamus sed libero nec mauris pulvinar facilisis ut non
sem. Quisque mollis ullamcorper diam vel faucibus. Vestibulum sollicitudin
facilisis feugiat. Nulla euismod sodales hendrerit. Donec quis orci arcu.
Vivamus fermentum magna a erat ullamcorper dignissim pretium nunc aliquam.
Aenean pulvinar condimentum enim a dignissim. Vivamus sit amet lectus at
ante adipiscing adipiscing eget vitae felis. In at fringilla est. Cras id
velit ut magna rutrum commodo. Etiam ut scelerisque purus. Duis risus
elit, venenatis vel rutrum in, imperdiet in quam. Sed vestibulum, libero
ut bibendum consectetur, eros ipsum ultrices nisl, in rutrum diam augue
non tortor. Fusce nec massa et risus dapibus aliquam vitae nec diam.</p>
            <p>Phasellus ligula massa, congue ac vulputate non,
dignissim at augue. Sed auctor fringilla quam quis porttitor. Praesent
vitae dignissim magna. Pellentesque quis sem purus, vel elementum mi.
Pellentesque habitant morbi tristique senectus et netus et malesuada fames
ac turpis egestas. Maecenas consectetur euismod urna. In hac habitasse
platea dictumst. Quisque tincidunt porttitor vestibulum. Ut iaculis, lacus
at molestie lacinia, ipsum mi adipiscing ligula, vel mollis sem risus eu
lectus. Nunc elit quam, rutrum ut dignissim sit amet, egestas at sem.</p>
         </article>
         <aside>
            <h1>À propos de l'auteur</h1>
            <img src="images/bulle.png" alt="" id="fleche_bulle" />
            <p id="photo_zozor"><img src="images/zozor_classe.png"
alt="Photo de Zozor" /></p>
            <p>Laisse-moi le temps de me présenter : je m'appelle
Zozor, je suis né le 23 novembre 2005.</p>
            <p>Bien maigre, n'est-ce pas ? C'est pourquoi, aujourd'hui,
j'ai décidé d'écrire ma biographie afin que vous sachiez qui je suis
réellement.</p>
            <p><img src="images/facebook.png" alt="Facebook" /><img
src="images/twitter.png" alt="Twitter" /><img src="images/vimeo.png"
alt="Vimeo" /><img src="images/flickr.png" alt="Flickr" /><img src="images/
rss.png" alt="RSS" /></p>
         </aside>
      </section>

      <footer>
         <div id="tweet">
            <h1>Mon dernier tweet</h1>
            <p>Hii haaaaaan !</p>
            <p>le 12 mai à 23h12</p>
         </div>
         <div id="mes_photos">
            <h1>Mes photos</h1>
            <p><img src="images/photo1.jpg" alt="Photographie" /><img
src="images/photo2.jpg" alt="Photographie" /><img src="images/photo3.jpg"
alt="Photographie" /><img src="images/photo4.jpg" alt="Photographie" /></p>
         </div>
```

```
          <div id="mes_amis">
            <h1>Mes amis</h1>
            <div id="listes_amis">
              <ul>
                <li><a href="#">Pupi le lapin</a></li>
                <li><a href="#">Mr Baobab</a></li>
                <li><a href="#">Kaiwaii</a></li>
                <li><a href="#">Perceval.eu</a></li>
              </ul>
              <ul>
                <li><a href="#">Belette</a></li>
                <li><a href="#">Le concombre masqué</a></li>
                <li><a href="#">Ptit prince</a></li>
                <li><a href="#">Mr Fan</a></li>
              </ul>
            </div>
          </div>
        </footer>
      </div>
    </body>
</html>
```

Petite particularité : comme vous le voyez, tout le contenu de la page est placé dans une grande balise `<div>` ayant pour `id bloc_page` (on l'appelle aussi parfois `main_wrapper` en anglais). Cette balise englobe tout le contenu, ce qui va nous permettre de fixer facilement les dimensions de la page et de centrer notre site à l'écran.

Pour le reste, aucune grosse difficulté n'est à signaler. Notez que je n'ai pas forcément pensé à toutes les balises du premier coup : en écrivant le CSS, il m'est parfois apparu qu'il était nécessaire d'englober une partie des balises d'un bloc `<div>` pour m'aider dans la réalisation du design.

Pour le moment, comme vous vous en doutez, le site web n'est pas très beau (et encore, je suis gentil).

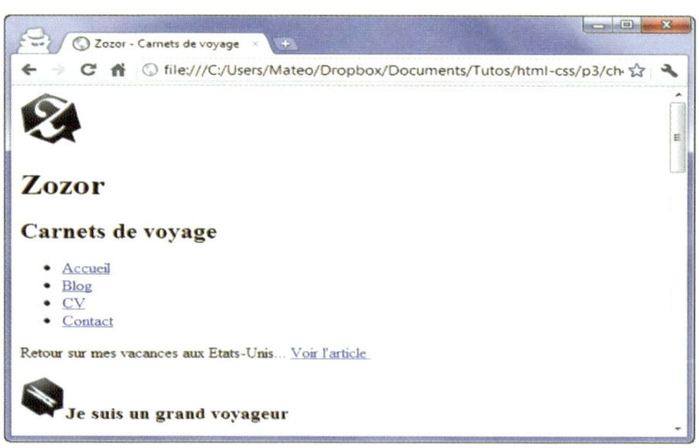

Apparence du site web constitué uniquement du HTML

Mettre en forme en CSS

Les choses se compliquent un peu lorsqu'on arrive au CSS. En effet, il faut du travail (et parfois un peu d'astuce) pour obtenir un résultat se rapprochant de la maquette. Je dis bien « se rapprochant » car vous ne pourrez jamais obtenir un résultat identique au pixel près.

Mettez-vous bien cela en tête : le but est d'obtenir le rendu *le plus proche possible*, sans chercher la perfection. Même si vous obtenez selon vous « la perfection » sur un navigateur, vous pouvez être sûrs qu'il y aura des différences sur un autre navigateur (plus ancien) ou sur une autre machine que la vôtre. Nous allons donc faire au mieux et ce sera déjà du travail, vous verrez.

Nous allons procéder en plusieurs étapes et nous occuper des éléments suivants, dans cet ordre :

1. Polices personnalisées.
2. Définition des styles principaux de la page (largeur du site, fond, couleur par défaut du texte).
3. En-tête et liens de navigation.
4. Bannière (représentant le pont de San Francisco).
5. Section principale du corps de page, au centre.
6. Pied de page *(footer)*.

Les polices personnalisées

Pour les besoins du design, mon graphiste a utilisé trois polices sur sa maquette :

- `Trebuchet MS` (police courante) ;
- `BallparkWeiner` (police exotique) ;
- `Day Roman` (police exotique).

Vous trouverez ces polices dans le fichier téléchargé précédemment. Si ce n'est pas encore fait, je vous encourage fortement à le télécharger.

Les ordinateurs sont pour la plupart équipés de `Trebuchet MS`. En revanche, les deux autres polices sont un peu originales et sont sûrement absentes des ordinateurs de vos visiteurs. Nous allons les leur faire télécharger.

Comme vous le savez, il faut proposer plusieurs versions de ces polices pour les différents navigateurs. `Dafont` ne donne que le `.ttf` en téléchargement. En revanche, `FontSquirrel` propose un générateur de polices (*http://www.fontsquirrel.com/fontface/generator*) à utiliser en CSS 3 avec `@font-face` : vous lui envoyez un `.ttf`, l'outil transforme le fichier dans tous les autres formats nécessaires et vous fournit même le code CSS prêt à l'emploi.

Je m'en suis servi pour générer les différentes versions des deux polices exotiques à utiliser. Ensuite, dans mon fichier CSS, j'ajoute ce code qui m'a été fourni par `FontSquirrel` pour déclarer les nouvelles polices :

```
/* Définition des polices personnalisées */

@font-face
{
   font-family: 'BallparkWeiner';
   src: url('polices/ballpark.eot');
   src: url('polices/ballpark.eot?#iefix') format('embedded-opentype'),
        url('polices/ballpark.woff') format('woff'),
        url('polices/ballpark.ttf') format('truetype'),
        url('polices/ballpark.svg#BallparkWeiner') format('svg');
   font-weight: normal;
   font-style: normal;
}

@font-face
{
   font-family: 'Dayrom';
   src: url('polices/dayrom.eot');
   src: url('polices/dayrom.eot?#iefix') format('embedded-opentype'),
        url('polices/dayrom.woff') format('woff'),
        url('polices/dayrom.ttf') format('truetype'),
        url('polices/dayrom.svg#Dayrom') format('svg');
   font-weight: normal;
   font-style: normal;
}
```

En plus de cela, il faut bien entendu mettre à disposition les fichiers des polices. Comme vous le voyez, j'ai créé un sous-dossier `polices` dans lequel j'ai mis les différentes versions de mes polices.

Définition des styles principaux

On peut maintenant s'attaquer à définir quelques styles globaux pour tout le design de notre page. On va déclarer une image de fond, une police et une couleur de texte par défaut. Surtout, on va dimensionner notre page et la centrer à l'écran.

```
/* Éléments principaux de la page */

body
{
   background: url('images/fond_jaune.png');
   font-family: 'Trebuchet MS', Arial, sans-serif;
   color: #181818;
}

#bloc_page
{
   width: 900px;
```

```
    margin: auto;
}

Section h1, footer h1, nav a
{
    font-family: Dayrom, serif;
    font-weight: normal;
    text-transform: uppercase;
}
```

Avec `#bloc_page`, le bloc qui englobe toute la page, j'ai fixé les limites à 900 pixels de large. Avec les marges automatiques, l'ensemble sera centré.

> Si vous souhaitez créer un design qui s'adapte aux dimensions de l'écran du visiteur, définissez une largeur en pourcentage plutôt qu'en pixels.

La propriété CSS `text-transform: uppercase;` (que nous n'avons pas vue auparavant) assure que les titres seront toujours écrits en majuscules (elle peut aussi faire l'inverse avec `lowercase`). Notez qu'on aurait aussi pu écrire les titres directement en majuscules dans le code HTML.

La figure suivante vous montre ce qu'on obtient pour le moment avec le code CSS. On est encore loin du résultat final mais on se sent déjà un petit peu plus « chez soi ».

Le fond et les limites de la page commencent à apparaître.

En-tête et liens de navigation

D'après la structure proposée, l'en-tête contient aussi les liens de navigation. Commençons par définir l'en-tête et, en particulier, le logo en haut à gauche. Nous verrons ensuite comment mettre en forme les liens de navigation.

L'en-tête

```
/* Header */

header
{
   background: url('images/separateur.png') repeat-x bottom;
   display: flex;
   justify-content: space-between;
   align-items: flex-end;
}

#titre_principal
{
   display: flex;
   flex-direction: column;
}

#logo
{
   display: flex;
   flex-direction: row;
   align-items: baseline;
}

#logo img
{
   width: 59px;
   height: 60px;
}

Header h1
{
   font-family: 'BallparkWeiner', serif;
   font-size: 2.5em;
   font-weight: normal;
   margin: 0 0 0 10px;
}

Header h2
{
   font-family: Dayrom, serif;
   font-size: 1.1em;
   margin-top: 0px;
   font-weight: normal;
}
```

Nous créons une distinction entre l'en-tête et le corps de page grâce à une image de fond. Les éléments sont positionnés avec Flexbox : il existe plusieurs niveaux d'imbrication, certains sont positionnés verticalement d'autres horizontalement. Nous personnalisons aussi les polices et les dimensions.

Les liens de navigation

La mise en forme des liens de navigation est intéressante. Vous l'avez vu, j'ai créé une liste à puces pour les liens... mais une telle liste s'affiche habituellement en hauteur, non en largeur. Heureusement, cela se change facilement :

```
/* Navigation */

nav ul
{
   list-style-type: none;
   display: flex;
}

nav li
{
   margin-right: 15px;
}

nav a
{
   font-size: 1.3em;
   color: #181818;
   padding-bottom: 3px;
   text-decoration: none;
}

nav a:hover
{
   color: #760001;
   border-bottom: 3px solid #760001;
}
```

La principale nouveauté est la définition CSS `list-style-type: none;`, qui retire l'image ronde servant de puce. Chaque élément de la liste (`<li>`) est positionné dans une Flexbox, ce qui nous permet de placer les liens côte à côte comme nous le souhaitions.

Le reste des définitions ne contient rien d'extraordinaire : des dimensions, des couleurs, des bordures... autant de choses que vous connaissez déjà. Notez que je ne trouve pas forcément les bonnes valeurs du premier coup, il me faut parfois tâtonner un peu pour trouver une apparence proche de la maquette d'origine.

La figure suivante représente le résultat que nous obtenons avec les derniers ajouts de CSS.

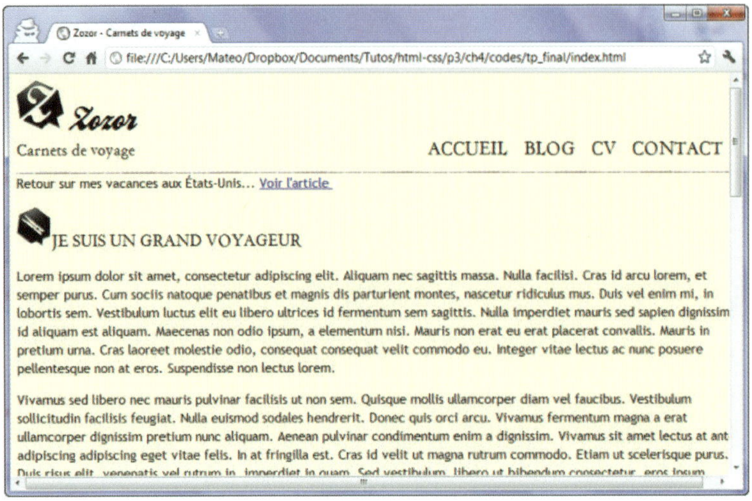

L'en-tête est mis en page.

La bannière

Passons maintenant à un exercice un peu plus difficile mais très intéressant : la bannière. Notre maquette comporte une jolie bannière représentant le pont de San Francisco. Sur votre site, elle peut être amenée à évoluer. Ici, elle illustrera, par exemple, le dernier billet de blog de notre ami Zozor.

La bannière est intéressante à plus d'un titre :

- elle comporte des angles arrondis ;
- la description est écrite sur un fond légèrement transparent ;
- le bouton ***Voir l'article*** est réalisé en CSS, avec des angles arrondis ;
- une ombre vient donner du volume à la bannière.

Voici son code :

```
/* Bannière */

#banniere_image
{
   margin-top: 15px;
   height: 200px;
   border-radius: 5px;
   background: url('images/sanfrancisco.jpg') no-repeat;
   position: relative;
   box-shadow: 0px 4px 4px #1c1a19;
   margin-bottom: 25px;
}
```

```
#banniere_description
{
   position: absolute;
   bottom: 0;
   border-radius: 0px 0px 5px 5px;
   width: 99.5%;
   height: 33px;
   padding-top: 15px;
   padding-left: 4px;
   background-color: rgba(24,24,24,0.8);
   color: white;
   font-size: 0.8em;
}

.bouton_rouge
{
   height: 25px;
   position: absolute;
   right: 5px;
   bottom: 5px;
   background: url('images/fond_degraderouge.png') repeat-x;
   border: 1px solid #760001;
   border-radius: 5px;
   font-size: 1.2em;
   text-align: center;
   padding: 3px 8px 0px 8px;
   color: white;
   text-decoration: none;
}

.bouton_rouge img
{
   border: 0;
}
```

Ce code est assez technique et riche en fonctionnalités CSS. C'est peut-être la partie la plus délicate à réaliser dans cette page.

Vous pouvez constater que j'ai choisi d'afficher le pont sous forme d'image de fond dans le bloc <div> de la bannière.

J'ai aussi donné une position relative à la bannière, sans utiliser de propriétés pour en modifier le décalage. Pourquoi ? *A priori*, une position relative sans décalage ne sert à rien… Et pourtant, cela m'a été particulièrement utile pour placer le bouton ***Voir l'article*** en bas à droite de la bannière. En effet, j'ai placé le bouton en absolu à l'intérieur.

Le bouton ne devrait-il pas se placer en bas à droite de la page ?

Non, souvenez-vous : si un bloc est positionné en absolu dans un autre bloc lui-même positionné en absolu, fixe ou relatif, alors il se positionne *à l'intérieur* de ce bloc. Notre bannière est positionnée en relatif (sans décalage). Le bouton est positionné en absolu à l'intérieur, c'est pourquoi il se place en bas à droite de la bannière.

C'est une technique particulièrement utile et puissante dans la réalisation d'un design, souvenez-vous en !

Dernier détail : pour la légende de la bannière, j'ai choisi d'utiliser la transparence avec la notation `RGBa`, plutôt que la propriété `opacity`. En effet, `opacity` aurait rendu tout le contenu du bloc transparent, y compris le bouton ***Voir l'article*** à l'intérieur. J'ai préféré rendre transparente seulement la couleur de fond plutôt que tout le bloc.

Le résultat est plutôt élégant.

La bannière est mise en forme.

Pour réaliser le dégradé du bouton ***Voir l'article***, j'ai utilisé une image de fond représentant le dégradé et j'ai répété cette image horizontalement. Sachez qu'il existe une propriété CSS3 `linear-gradient` qui permet de réaliser des dégradés sans avoir à recourir à une image de fond. Son usage est un peu complexe, mais vous pouvez vous documenter à son sujet si vous le souhaitez !

Le corps

Le corps, au centre de la page, est dans notre cas constitué d'une unique balise `<section>` (mais il pourrait y en avoir plusieurs, bien sûr).

Le positionnement du bloc « À propos de l'auteur » se fait grâce à Flexbox. J'ai choisi de répartir la taille des éléments avec la propriété `flex`, ce qui permet à l'article et au bloc sur le côté d'équilibrer leurs largeurs.

On joue avec les angles arrondis et les ombres, on ajuste un peu les marges et les dimensions du texte et nous y voilà !

```
/* Corps */

section
{
   display: flex;
   margin-bottom: 20px;
}

article, aside
{
   text-align: justify;
}

article
{
   margin-right: 20px;
   flex: 3;
}

.ico_categorie
{
   vertical-align: middle;
   margin-right: 8px;
}

Article p
{
   font-size: 0.8em;
}

aside
{
   flex: 1.2;
   position: relative;
   background-color: #706b64;
   box-shadow: 0px 2px 5px #1c1a19;
   border-radius: 5px;
   padding: 10px;
   color: white;
   font-size: 0.9em;
}

#fleche_bulle
{
   position: absolute;
   top: 100px;
   left: -12px;
}

#photo_zozor
{
   text-align: center;
}

#photo_zozor img
{
   border: 1px solid #181818;
}
```

```
aside img
{
  margin-right: 5px;
}
```

La petite difficulté ici était de réussir à placer la flèche à gauche du bloc <aside> « À propos de l'auteur » pour donner l'effet d'une bulle. Là encore, notre meilleur ami est le positionnement absolu. La technique est la même : positionner le bloc <aside> en relatif (sans effectuer de décalage), ce qui permet ensuite de positionner l'image de la flèche en absolu par rapport au bloc <aside> (et non par rapport à la page entière). En jouant sur le décalage de l'image, on peut la placer où on veut, au pixel près (figure suivante).

Le corps de la page est mis en forme.

Le pied de page

Il ne nous reste plus que le pied de page à mettre en forme. Celui-ci est constitué de trois sous-blocs matérialisés par des <div> auxquels j'ai donné des id pour mieux les repérer. Ces blocs sont positionnés grâce à une Flexbox les uns à côté des autres.

```
/* Footer */

footer
{
  display: flex;
  background: url('images/ico_top.png') no-repeat top center, url('images/
separateur.png') repeat-x top, url('images/ombre.png') repeat-x top;
  padding-top: 25px;
}
```

```
Footer p, footer ul
{
   font-size: 0.8em;
}

Footer h1
{
   font-size: 1.1em;
}

#tweet
{
   width: 28%;
}

#mes_photos
{
   width: 35%;
}

#mes_amis
{
   width: 31%;
}

#mes_photos img
{
   border: 1px solid #181818;
   margin-right: 2px;
}

#listes_amis
{
   display: flex;
   justify-content: space-between;
   margin-top: 0;
}

#mes_amis ul
{
   list-style-image: url('images/ico_liensexterne.png');
   padding-left: 2px;
}

#mes_amis a
{
   text-decoration: none;
   color: #760001;
}
```

Deux petites particularités sont à signaler sur le pied de page.

- J'ai utilisé la fonctionnalité des images de fond multiples de CSS 3, ce qui m'a permis de réaliser le séparateur entre le corps et le pied de page. Il est constitué de trois images : le séparateur, la petite flèche vers le haut et un léger dégradé.

- J'ai modifié la puce de la liste « Mes amis », en bas à droite, avec la propriété `list-style-image` qui m'a permis d'utiliser une image personnalisée plutôt que les puces habituelles. Il existe de nombreuses propriétés CSS spécifiques comme celle-ci et nous ne pouvons pas toutes les voir une par une dans ce cours mais, maintenant que vous êtes des habitués du CSS, vous n'aurez aucun mal à apprendre à les utiliser simplement en lisant l'annexe C qui liste les principales (http://openclassrooms.com/courses/apprenez-a-creer-votre-site-web-avec-html5-et-css3/memento-des-proprietes-css).

Et voilà, notre design est terminé.

Le pied de page est mis en forme.

Il reste hélas encore un peu de travail : il faut tester notre site sur différents navigateurs. Idéalement, il vaut mieux le faire au fur et à mesure de la mise en place du design. Ouvrez-le donc sur d'autres navigateurs pour vérifier que tout est en ordre.

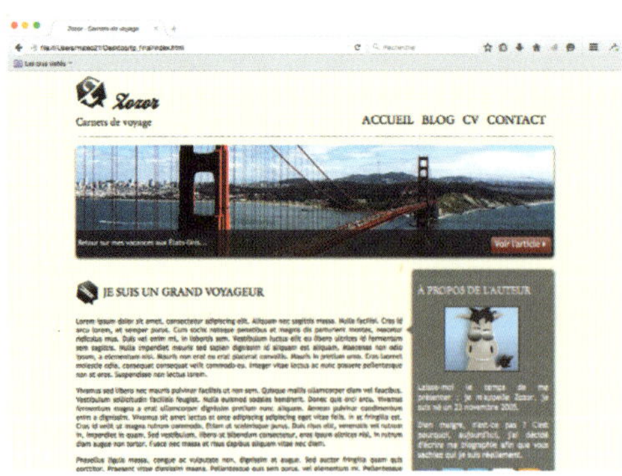

Ouf ! Le site s'affiche bien aussi sur Firefox !

Vérifier la validité

Le W3C propose sur son site web un outil appelé le « Validateur » (« Validator » en anglais).

Le validateur est une sorte de programme qui va analyser votre code source et vous dire s'il est correctement écrit ou s'il comporte des erreurs que vous devez corriger.

Souvenez-vous : le W3C a établi des normes. Il est nécessaire de les respecter, pour être sûr que tous les sites web parlent la même « langue ».

Il existe un validateur pour HTML et un validateur pour CSS (à mettre dans vos favoris). Celui pour CSS comportant quelques bogues (il signale comme invalides des feuilles qui sont tout à fait valides), nous ne nous y attarderons pas. En revanche, le validateur HTML va être très intéressant pour nous (voici son adresse : *http://validator.w3.org/*).

Vous pouvez valider votre page web de trois façons différentes. C'est pour cela qu'il y a trois onglets :

- adresse (URL) ;
- envoi du fichier `.html` ;
- copier-coller du code HTML.

Pour le moment, notre site n'est pas encore disponible sur le Web, ce qui fait qu'il n'a pas d'adresse URL. Le mieux est donc d'envoyer le fichier `.html` qu'on a écrit ou encore de copier-coller directement le code HTML.

Si vous envoyez votre code HTML et que tout se passe bien, le validateur va vous répondre par ce message :

Le validateur du W3C nous informe que notre page ne comporte pas d'erreur.

Malheureusement, il arrivera souvent que vous ayez des erreurs. Dans ce cas, évitez de paniquer.

Vous aviez une belle page web, elle s'affichait bien, elle était jolie et pourtant le validateur vous répond avec un message rouge inquiétant, en vous affirmant qu'elle n'est pas bien construite.

Tout d'abord, ayez bien ceci en tête : ce n'est pas parce que votre page s'affiche correctement qu'elle ne comporte pas d'erreur. Bien au contraire.

Quel est l'intérêt de les corriger alors ?

Il faut savoir que les navigateurs « essaient » de ne pas afficher les erreurs, lorsqu'ils en rencontrent, pour ne pas perturber l'internaute. Cependant, rien ne vous dit que d'autres navigateurs ne vont pas se comporter bizarrement.

Avoir une page valide, c'est donc la possibilité de dormir tranquille en sachant qu'on a bien fait les choses. Cela simplifie le travail des programmes qui lisent les pages web.

De plus, et c'est vérifié, une page web correctement construite aura des chances d'être mieux positionnée dans les résultats de recherche de Google, ce qui vous apportera… plus de visiteurs.

Voici une liste de conseils pour vous aider à résoudre les erreurs qui risquent de vous être signalées tôt ou tard.

- *Tous vos textes doivent en général être dans des balises de paragraphes.* Il est interdit de mettre du texte directement entre les balises `<body></body>` sans l'avoir entouré des fameux `<p></p>`. Ceci est aussi valable pour les retours à la ligne `<br />`, qui doivent être à l'intérieur de paragraphes. C'est une erreur ultra-courante chez les débutants.

```
<p>Ceci est un texte correctement placé dans un paragraphe.
<br />
Les balises <br /> doivent se trouver à l'intérieur d'un paragraphe, ne
l'oubliez pas</p>

Ceci est un texte en-dehors d'un paragraphe. C'est interdit.
<br />
```

- *Toutes vos images doivent comporter un attribut* `alt` qui indique ce qu'elle contient. Si elle est purement décorative (vous ne pouvez pas en trouver de description), vous êtes autorisé à ne rien mettre comme valeur pour l'attribut `alt`.

```
<!-- L'image comporte une description. -->
<img src="photo.jpg" alt="Une photo de moi" />

<!-- L'image ne comporte pas de description mais a quand même un attribut
alt -->
<img src="deco.png" alt="" />
```

- Vos balises doivent être *fermées dans l'ordre*.

```
<!-- Les balises ne sont pas fermées dans leur ordre d'ouverture -->
<p>Texte <em>important</p></em>

<!-- Les balises sont fermées dans leur ordre d'ouverture -->
<p>Texte <em>important</em></p>
```

Gardez bien ce schéma en tête, beaucoup de débutants commettent cette erreur.

- Si vos liens comportent des `&`, vous devez les remplacer par le code `&` pour éviter toute confusion au navigateur.

```
<!-- Exemple d'un mauvais lien en HTML -->
<a href="http://www.site.com/?jour=15&mois=10&an=2000">

<!-- Exemple d'un bon lien en HTML -->
<a href="http://www.site.com/?jour=15&amp;mois=10&amp;an=2000">
```

- Vérifiez enfin que vous n'avez pas utilisé des balises anciennes et désormais obsolètes en HTML 5 (comme le vieux `<frame>` ou la balise `<marquee>`).

Le validateur vous dira « Element *XXX* undefined » (balise inconnue) ou encore « There is no attribute *XXX* » (attribut inconnu).

Tout le monde commet des erreurs, alors ne paniquez pas. Corrigez pas à pas votre page web jusqu'à ce que le validateur vous affiche un beau résultat en vert.

Le code final

Vous avez à votre disposition le code final de la page web que nous avons réalisée. Voici à quoi ça ressemble :

Apparence finale du site web

Vous pouvez télécharger un fichier ZIP (500 ko) contenant tous les fichiers du site pour le tester chez vous : *https://course.oc-static.com/ftp-tutos/cours/html-css/p3/ch4/tp_final.zip*.

Essayez de refaire le site sans la solution sous les yeux maintenant. Cela va vous prendre du temps, vous n'y arriverez sûrement pas du premier coup, mais persévérez, ça finira par marcher !

Quatrième partie

Fonctionnalités avancées

À ce stade, vous êtes déjà capables de réaliser sans problème votre site web.

Nous allons découvrir, dans cette partie, de nouvelles fonctionnalités de HTML et CSS, qu'on peut considérer comme un peu plus évoluées, donc un peu plus complexes.

17 Les tableaux

> **Vidéo d'introduction**
>
> Mathieu Nebra nous présente dans cette vidéo de près de 4 minutes, accessible depuis cette adresse *https://goo.gl/TEzs2m*, comment organiser les informations dans des tableaux.

Indispensables pour organiser les informations, les tableaux sont un petit peu délicats à construire en HTML, c'est pourquoi je vous les présente seulement maintenant. Il faut en effet imbriquer de nouvelles balises HTML dans un ordre précis.

Nous allons commencer par construire des tableaux basiques, puis nous les complexifierons au fur et à mesure : fusion de cellules, division en multiples sections… Nous découvrirons aussi les propriétés CSS liées aux tableaux, qui serviront à personnaliser leur apparence.

Un tableau simple

La première balise à connaître est `<table></table>`. C'est elle qui indique les limites d'un tableau.

Cette balise est de type `block` ; il faut donc la placer en dehors d'un paragraphe :

```
<p>Ceci est un paragraphe avant le tableau.</p>

<table>
   <!-- Ici, on écrira le contenu du tableau -->
</table>

<p>Ceci est un paragraphe après le tableau.</p>
```

Comment remplit-on l'intérieur du tableau ?

Là, préparez-vous à subir une avalanche de nouvelles balises. Pour commencer en douceur, en voici deux très importantes :

- `<tr></tr>` : délimite une ligne du tableau ;
- `<td></td>` : délimite le contenu d'une cellule.

En HTML, un tableau se construit ligne par ligne (`<tr>`). Dans chacune, on indique le contenu des différentes cellules (`<td>`).

Schématiquement, un tableau se construit comme à la figure suivante.

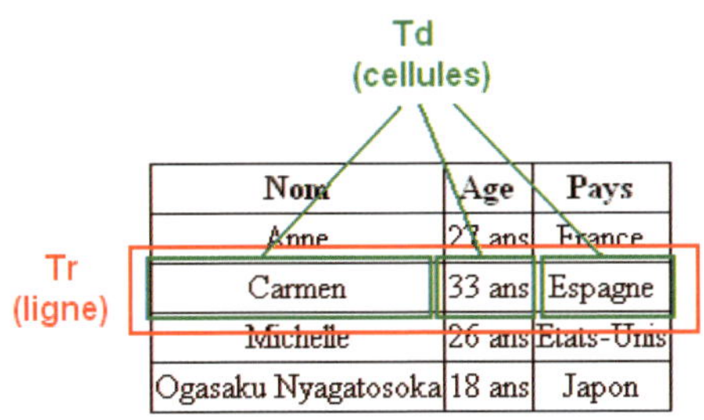

Un tableau, avec des cellules contenues dans des lignes

Par exemple, créons un tableau à deux lignes, avec trois cellules par ligne (donc trois colonnes) :

```
<table>
  <tr>
    <td>Carmen</td>
    <td>33 ans</td>
    <td>Espagne</td>
  </tr>
  <tr>
    <td>Michelle</td>
    <td>26 ans</td>
    <td>États-Unis</td>
  </tr>
</table>
```

Le résultat est un peu déprimant (figure suivante).

Carmen	33 ans	Espagne
Michelle	26 ans	Etats-Unis

Un tableau sans bordures

C'est un tableau ça ? Le texte s'est écrit à la suite et il n'y a même pas de bordures !

Oui, un tableau sans CSS paraît bien vide. Toutefois, ajouter des bordures est très simple ; vous connaissez déjà le code correspondant :

```
td /* Toutes les cellules des tableaux... */
{
  border: 1px solid black; /* auront une bordure de 1px. */
}
```

Carmen	33 ans	Espagne
Michelle	26 ans	Etats-Unis

Chaque cellule a sa propre bordure.

Ce n'est pas encore aussi parfait que ce qu'on voudrait. En effet, on aimerait qu'il n'y ait qu'une seule bordure entre deux cellules, or ce n'est pas le cas ici.

Heureusement, il existe une propriété CSS spécifique aux tableaux, `border-collapse`, qui signifie « coller les bordures entre elles ». Elle peut prendre deux valeurs :

- `collapse` : les bordures seront collées entre elles ;
- `separate` : les bordures seront dissociées (valeur par défaut).

```
table
{
  border-collapse: collapse; /* Les bordures du tableau seront collées
(plus joli). */
}
td
{
  border: 1px solid black;
}
```

Carmen	33 ans	Espagne
Michelle	26 ans	Etats-Unis

Les bordures sont collées les unes aux autres.

La ligne d'en-tête

Maintenant, on va ajouter la ligne d'en-tête du tableau. Dans l'exemple, les en-têtes sont : « Nom », « Âge » et « Pays ».

La ligne d'en-tête se crée avec un <tr>, comme on l'a fait jusqu'ici, mais les cellules qu'elle contient sont, cette fois, encadrées par des balises <th> et non pas <td>.

```
<table>
  <tr>
    <th>Nom</th>
    <th>Âge</th>
    <th>Pays</th>
  </tr>

  <tr>
    <td>Carmen</td>
    <td>33 ans</td>
    <td>Espagne</td>
  </tr>
  <tr>
    <td>Michelle</td>
    <td>26 ans</td>
    <td>États-Unis</td>
  </tr>
</table>
```

La ligne d'en-tête est très facile à reconnaître pour deux raisons :

- les cellules sont des <th> au lieu des <td> habituels ;
- c'est la première ligne du tableau (c'est idiot, mais mieux vaut le préciser).

Comme le nom des cellules est un peu différent, il faut penser à mettre à jour le CSS pour lui dire d'appliquer une bordure sur les cellules normales *et* sur l'en-tête (figure suivante) :

```
table
{
  border-collapse: collapse;
}
td, th /* Mettre une bordure sur les td ET les th. */
{
  border: 1px solid black;
}
```

Nom	Age	Pays
Carmen	33 ans	Espagne
Michelle	26 ans	Etats-Unis

Un tableau avec un en-tête

Comme vous pouvez le constater, votre navigateur a mis en gras le texte des cellules d'en-tête. Si vous le désirez, vous pouvez changer ce comportement dans votre CSS : modifier la couleur de fond des cellules d'en-tête, leur police, leur bordure, etc.

Le titre du tableau

Normalement, tout tableau doit avoir un titre qui renseigne rapidement le visiteur sur son contenu.

Notre exemple est constitué d'une liste de personnes… oui mais alors ? Qu'est-ce que cela représente ? Sans titre de tableau, vous le voyez, on est un peu perdu.

Heureusement, il y a <caption>. Cette balise se place tout au début du tableau, juste avant l'en-tête. C'est elle qui contient le titre (figure suivante) :

```
<table>
  <caption>Passagers du vol 377</caption>

  <tr>
    <th>Nom</th>
    <th>Âge</th>
    <th>Pays</th>
  </tr>
  <tr>
    <td>Carmen</td>
    <td>33 ans</td>
    <td>Espagne</td>
  </tr>
  <tr>
    <td>Michelle</td>
    <td>26 ans</td>
    <td>États-Unis</td>
  </tr>
</table>
```

Passagers du vol 377

Nom	Age	Pays
Carmen	33 ans	Espagne
Michelle	26 ans	Etats-Unis

Un tableau avec un titre

Sachez que vous pouvez changer la position du titre avec la propriété CSS `caption-side` qui peut prendre deux valeurs :

- `top` : le titre sera placé au-dessus du tableau (par défaut) ;
- `bottom` : le titre sera placé en dessous du tableau.

Un tableau structuré

Nous avons appris à construire des petits tableaux simples. Ils suffisent dans la plupart des cas, mais il arrivera que vous ayez besoin de réaliser des tableaux plus complexes.

Nous allons découvrir deux techniques particulières :

- Pour les gros tableaux, il est possible de les **diviser** en trois parties :
  - En-tête ;
  - Corps du tableau ;
  - Pied de tableau.
- Dans certains cas, vous aurez besoin de **fusionner** des cellules entre elles.

Diviser un gros tableau

Si votre tableau est assez gros, vous aurez tout intérêt à le découper en plusieurs parties. Pour cela, il existe des balises HTML qui définissent les trois « zones » :

- **l'en-tête (en haut)** se définit avec les balises `<thead></thead>` ;
- **le corps (au centre)** se définit avec les balises `<tbody></tbody>` ;
- **le pied du tableau (en bas)** se définit avec les balises `<tfoot></tfoot>`.

Que mettre en pied de tableau ?

Généralement, si c'est un long tableau, vous y recopiez les cellules d'en-tête afin d'en faciliter la lecture. Schématiquement, un tableau en trois parties se découpe donc comme illustré à la figure suivante.

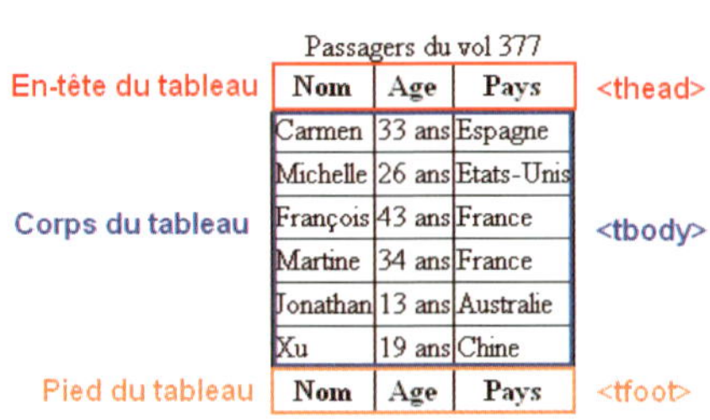

Un tableau découpé en plusieurs parties

C'est un peu déroutant, mais il est conseillé d'écrire les balises dans l'ordre suivant :

1. <thead>
2. <tfoot>
3. <tbody>

Dans le code, on renseigne donc d'abord la partie du haut, ensuite celle du bas et enfin la partie principale (<tbody>). Le navigateur se chargera d'afficher chaque élément au bon endroit :

```
<table>
  <caption>Passagers du vol 377</caption>

  <thead> <!-- En-tête du tableau -->
    <tr>
      <th>Nom</th>
      <th>Âge</th>
      <th>Pays</th>
    </tr>
  </thead>

  <tfoot> <!-- Pied de tableau -->
    <tr>
      <th>Nom</th>
      <th>Âge</th>
      <th>Pays</th>
    </tr>
  </tfoot>

  <tbody> <!-- Corps du tableau -->
    <tr>
      <td>Carmen</td>
      <td>33 ans</td>
      <td>Espagne</td>
    </tr>
    <tr>
      <td>Michelle</td>
      <td>26 ans</td>
      <td>États-Unis</td>
    </tr>
    <tr>
      <td>François</td>
      <td>43 ans</td>
      <td>France</td>
    </tr>
    <tr>
      <td>Martine</td>
      <td>34 ans</td>
      <td>France</td>
    </tr>
    <tr>
      <td>Jonathan</td>
      <td>13 ans</td>
      <td>Australie</td>
    </tr>
    <tr>
```

```
        <td>Xu</td>
        <td>19 ans</td>
        <td>Chine</td>
      </tr>
    </tbody>
</table>
```

Il n'est pas obligatoire d'utiliser ces trois balises (`<thead>`, `<tbody>`, `<tfoot>`) dans tous les cas. En réalité, vous vous en servirez surtout si votre tableau est assez gros et si vous avez besoin de l'organiser plus clairement.

Pour les « petits » tableaux, vous garderez sans problème l'organisation plus simple que nous avons vue au début.

3, 2, 1... Fusioooon !

Dans certains tableaux complexes, vous aurez besoin de « fusionner » des cellules entre elles.

Titre du film	Pour enfants ?	Pour adolescents ?
Massacre à la tronçonneuse	Non, trop violent	Oui
Les bisounours font du ski	Oui, adapté	Pas assez violent...
Lucky Luke, seul contre tous	Pour toute la famille !	

Un tableau contenant des titres de films et leur public

Pour le dernier film, vous voyez que les cellules ont été fusionnées : elles ne font plus qu'une. C'est exactement l'effet qu'on cherche à obtenir.

Pour cela, on ajoute un attribut à la balise `<td>`. Il existe deux types de fusion :

- **la fusion de colonnes** : s'effectue horizontalement. On utilisera l'attribut `colspan` ;
- **La fusion de lignes :** là, deux lignes seront groupées entre elles. La fusion s'effectuera verticalement. On utilisera l'attribut `rowspan`.

Comme vous le savez, vous devez donner une valeur à l'attribut (que ce soit `colspan` ou `rowspan`). Il faut indiquer le nombre de cellules à fusionner. Dans notre exemple, nous avons fusionné deux cellules : celle de la colonne « Pour enfants ? » et celle intitulée « Pour adolescents ? ». On devra donc écrire :

```
<td colspan="2">
```

Il est possible de fusionner plus de cellules à la fois (trois, quatre, cinq... autant que vous voulez).

Voilà le code HTML du tableau précédent :

```
<table>
  <tr>
    <th>Titre du film</th>
    <th>Pour enfants ?</th>
    <th>Pour adolescents ?</th>
  </tr>
  <tr>
    <td>Massacre à la tronçonneuse</td>
    <td>Non, trop violent</td>
    <td>Oui</td>
  </tr>
  <tr>
    <td>Les bisounours font du ski</td>
    <td>Oui, adapté</td>
    <td>Pas assez violent...</td>
  </tr>
  <tr>
    <td>Lucky Luke, seul contre tous</td>
    <td colspan="2">Pour toute la famille !</td>
  </tr>
</table>
```

Une remarque importante : vous voyez que la quatrième ligne du tableau ne contient que deux cellules au lieu de trois (il n'y a que deux balises `<td>`). C'est tout à fait normal et le `<td colspan="2">` indique que cette cellule prend la place de deux à la fois.

?

Et pour la fusion verticale avec rowspan, comment fait-on ?

Cela se complique un petit peu. Pour notre exemple, nous allons « inverser » l'ordre de notre tableau : au lieu de mettre les titres de films à gauche, on va les placer en haut. Dans ce cas, le `colspan` n'est plus adapté, c'est un `rowspan` qu'il faut utiliser :

```
<table>
  <tr>
    <th>Titre du film</th>
    <td>Massacre à la tronçonneuse</td>
    <td>Les bisounours font du ski</td>
    <td>Lucky Luke, seul contre tous</td>
  </tr>
  <tr>
    <th>Pour enfants ?</th>
    <td>Non, trop violent</td>
    <td>Oui, adapté</td>
    <td rowspan="2">Pour toute la famille !</td>
  </tr>
  <tr>
    <th>Pour adolescents ?</th>
    <td>Oui</td>
    <td>Pas assez violent...</td>
  </tr>
</table>
```

Titre du film	Massacre à la tronçonneuse	Les bisounours font du ski	Lucky Luke, seul contre tous
Pour enfants ?	Non, trop violent	Oui, adapté	Pour toute la famille !
Pour adolescents ?	Oui	Pas assez violent...	

Les cellules ont été fusionnées verticalement.

Notez qu'il est possible de modifier l'alignement vertical du texte dans les cellules de tableaux avec la propriété `vertical-align` (voir chapitre 12).

En résumé

- Un tableau s'insère avec la balise `<table>` et se définit ligne par ligne avec `<tr>`.
- Chaque ligne comporte des cellules `<td>` (normales) ou `<th>` (en-tête).
- Le titre du tableau se définit avec `<caption>`.
- On peut ajouter une bordure aux cellules du tableau avec `border`. Pour fusionner les bordures, on utilise la propriété CSS `border-collapse`.
- Un tableau peut être divisé en trois sections : `<thead>` (en-tête), `<tbody>` (corps) et `<tfoot>` (bas du tableau). L'utilisation de ces balises n'est pas obligatoire.
- On fusionne des cellules horizontalement avec l'attribut `colspan` ou verticalement avec `rowspan`. Il faut indiquer combien de cellules doivent être fusionnées.

18 Les formulaires

Vidéo d'introduction

Mathieu Nebra nous présente dans cette vidéo de près de 10 minutes, accessible depuis cette adresse *https://goo.gl/RPeu4Q*, comment créer des formulaires.

Toute page HTML peut être enrichie de formulaires interactifs, qui invitent vos visiteurs à renseigner des informations : saisir du texte, sélectionner des options, valider avec un bouton… tout est possible.

Nous arrivons cependant aux limites du langage HTML car il faut ensuite pouvoir analyser les informations que le visiteur a saisies… et cela doit s'effectuer dans un autre langage, par exemple le PHP.

En attendant, nous avons un grand nombre de nouvelles balises HTML à découvrir. Bienvenue dans le monde merveilleux des formulaires, un monde où les boutons, les cases à cocher et les listes déroulantes vivent en harmonie (enfin presque).

Créer un formulaire

Pour insérer un formulaire dans votre page HTML, vous devez commencer par écrire une balise `<form></form>`. C'est la balise principale du formulaire, elle permet d'en indiquer le début et la fin.

```
<p>Texte avant le formulaire</p>

<form>
   <p>Texte à l'intérieur du formulaire</p>
</form>

<p>Texte après le formulaire</p>
```

Notez qu'il faut obligatoirement insérer des balises de type `block` (comme `<p></p>`) à l'intérieur de votre formulaire si vous souhaitez y faire figurer du texte.

On va prendre un exemple pour que les choses soient claires. Supposons que votre visiteur vienne de taper un commentaire dans votre formulaire, par exemple un message qu'il aimerait publier sur vos forums. Ce message doit être *envoyé* pour que vous puissiez le recevoir (logique, non ?) et l'afficher pour vos autres visiteurs.

Eh bien c'est là le problème, ou plutôt les problèmes qui vont se poser :

- **Problème n°1 :** comment envoyer le texte saisi par le visiteur ? Par quel moyen ?
- **Problème n°2 :** une fois que les données ont été envoyées, comment les traiter ? Souhaitez-vous recevoir le message automatiquement par mail ou préférez-vous qu'un programme se charge de l'enregistrer quelque part, puis de l'afficher sur une page visible par tout le monde ?

Pour fournir les réponses à ces deux problèmes, vous devez ajouter deux attributs à la balise `<form>` :

- `method` : cet attribut indique par quel moyen les données vont être envoyées (réponse au **problème n° 1**). Il existe deux solutions pour envoyer des données sur le Web :
  - `method="get"` : c'est une méthode en général assez peu adaptée car elle est limitée à 255 caractères. La particularité vient du fait que les informations seront envoyées dans l'adresse de la page (`http://`...), mais ce détail ne nous intéresse pas vraiment pour le moment.
  - `method="post"` : c'est la méthode la plus utilisée pour les formulaires car elle permet d'envoyer un grand nombre d'informations. Les données saisies dans le formulaire ne transitent pas par la barre d'adresse.
- `action` : c'est l'adresse de la page ou du programme qui va *traiter* les informations (réponse au **problème n°2**). Cette page se chargera de vous envoyer un e-mail avec le message si c'est ce que vous voulez, ou bien d'enregistrer le message avec tous les autres dans une base de données.
- Cela ne peut pas se faire en HTML et CSS. On utilisera en général un autre langage dont vous avez peut-être entendu parler : PHP.

Complétons donc la balise `<form>` avec ces deux attributs. Pour `method`, vous l'aurez deviné, je vais mettre la valeur `post`. Pour `action`, je vais donner le nom d'une page fictive en PHP (`traitement.php`). C'est cette page qui sera appelée lorsque le visiteur cliquera sur le bouton d'envoi du formulaire.

```
<p>Texte avant le formulaire</p>

<form method="post" action="traitement.php">
   <p>Texte à l'intérieur du formulaire</p>
</form>

<p>Texte après le formulaire</p>
```

Pour le moment, on ne sait pas ce qui se passe à l'intérieur de la page `traitement.php` : je vous demande de me faire confiance et d'imaginer que cette page existe et fonctionne.

Notre priorité est de découvrir en HTML/CSS comment insérer des zones de texte, des boutons et des cases à cocher dans notre page web.

Les zones de saisie basiques

Nous allons passer en revue les différentes balises HTML permettant de saisir du texte dans un formulaire.

Il faut savoir qu'il y a deux zones de texte différentes :

- **La zone de texte monoligne** : comme son nom l'indique, on ne peut y écrire qu'une seule ligne. Elle sert à saisir des textes courts, par exemple un pseudo ;
- **La zone de texte multiligne** : elle permet d'écrire une quantité importante de texte sur plusieurs lignes, par exemple une dissertation sur l'utilité du HTML dans le développement des pays d'Asie du Sud-Est (ce n'est qu'une suggestion).

Zone de texte monoligne

Pour insérer une zone de texte monoligne, on va utiliser la balise `<input />`.

On retrouvera cette balise plusieurs fois dans la suite de ce chapitre. À chaque fois, c'est la valeur de son attribut `type` qui va changer.

Une zone de texte monoligne

Pour créer une zone de texte à une ligne, on doit écrire :

```
<input type="text" />
```

Ce n'est pas encore suffisant : il faut donner un nom à votre zone de texte. Ce nom n'apparaît pas sur la page mais il vous sera indispensable par la suite. En effet, cela vous permettra (en PHP par exemple) de reconnaître d'où viennent les informations : vous saurez que tel texte est le pseudo du visiteur, tel autre est son mot de passe, etc.

Pour donner un nom à un élément de formulaire, on utilise l'attribut `name`. Ici, supposons qu'on demande au visiteur de rentrer son pseudo :

```
<input type="text" name="pseudo" />
```

Essayons donc de créer un formulaire très basique avec notre champ de texte :

```
<form method="post" action="traitement.php">
  <p><input type="text" name="pseudo" /></p>
</form>
```

Les libellés

Cette zone de texte est bien jolie mais, si votre visiteur tombe dessus, il ne saura pas ce qu'il doit écrire. C'est justement ce que va lui indiquer la balise `<label>` :

```
<form method="post" action="traitement.php">
  <p>
    <label>Votre pseudo</label> : <input type="text" name="pseudo" />
  </p>
</form>
```

Ce code donne exactement le résultat que vous avez pu observer à la figure précédente.

Toutefois, cela ne suffit pas. Il faut lier le label à la zone de texte. Pour ce faire, on doit donner un nom à la zone de texte, non pas avec l'attribut `name` mais avec `id` (qu'on peut utiliser sur toutes les balises).

Un name et un id sur le champ ? Cela ne va-t-il pas faire double emploi ?

Si, un peu. Personnellement, je donne la même valeur au `name` et à l'`id`, cela ne pose pas de problème.

Pour lier le label au champ, il faut lui donner un attribut `for` qui a la même valeur que l'`id` du champ… Le mieux est de le voir sur un exemple :

```
<form method="post" action="traitement.php">
  <p>
    <label for="pseudo">Votre pseudo</label> : <input type="text"
name="pseudo" id="pseudo" />
  </p>
</form>
```

Essayez de cliquer sur le texte « Votre pseudo » : vous allez voir que le curseur se place automatiquement dans la zone de texte correspondante.

Quelques attributs supplémentaires

On peut ajouter un certain nombre d'autres attributs à la balise `<input />` pour personnaliser son fonctionnement :

- agrandir le champ avec `size` ;
- limiter le nombre de caractères qu'on peut saisir avec `maxlength` ;
- pré-remplir le champ avec une valeur par défaut à l'aide de `value` ;
- donner une indication sur le contenu du champ avec `placeholder`. Cette indication disparaîtra dès que le visiteur aura cliqué à l'intérieur du champ.

Dans l'exemple suivant, la zone de texte contient un texte indiquant ce qu'il faut saisir ; le champ fait 30 caractères de long mais on ne peut écrire que 10 caractères maximum à l'intérieur :

```
<form method="post" action="traitement.php">
   <p>
      <label for="pseudo">Votre pseudo :</label>
      <input type="text" name="pseudo" id="pseudo" placeholder="Ex : Zozor"
size="30" maxlength="10" />
   </p>
</form>
```

Un champ de texte avec une indication (placeholder)

Zone de mot de passe

Il est facile de faire en sorte que la zone de texte se comporte comme une « zone de mot de passe », c'est-à-dire qu'on ne voit pas à l'écran les caractères saisis. Pour cela, utilisez l'attribut `type="password"`.

Complétons notre formulaire. Il demande maintenant au visiteur son pseudo *et* son mot de passe :

```
<form method="post" action="traitement.php">
   <p>
      <label for="pseudo">Votre pseudo :</label>
      <input type="text" name="pseudo" id="pseudo" />
      <br />
      <label for="pass">Votre mot de passe :</label>
      <input type="password" name="pass" id="pass" />
   </p>
</form>
```

Une zone de saisie de mot de passe

Zone de texte multiligne

Pour créer une zone de texte multiligne, nous allons utiliser `<textarea></textarea>`.

Comme pour tout autre élément du formulaire, il faut lui donner un nom avec `name` et utiliser un `label` qui explique de quoi il s'agit.

```
<form method="post" action="traitement.php">
   <p>
      <label for="ameliorer">Comment pensez-vous que je pourrais améliorer
mon site ?</label><br />
      <textarea name="ameliorer" id="ameliorer"></textarea>
   </p>
</form>
```

Une (petite) zone de saisie multiligne

Comme vous pouvez le constater, c'est un peu petit. Heureusement, on peut modifier la taille du `<textarea>` de deux façons différentes.

- **En CSS** : il suffit d'appliquer les propriétés CSS `width` et `height` au `<textarea>`.
- **Avec des attributs** `rows` et `cols` sur la balise `<textarea>`. Le premier indique le nombre de lignes de texte qui peuvent être affichées simultanément et le second le nombre de colonnes.

Pourquoi ouvre-t-on la balise <textarea> si on la referme juste après ?

Vous pouvez pré-remplir le `<textarea>` avec une valeur par défaut. Dans ce cas, on n'utilise pas l'attribut `value` : on écrit tout simplement le texte par défaut entre les balises ouvrante et fermante.

```
<form method="post" action="traitement.php">
   <p>
      <label for="ameliorer">
         Comment pensez-vous que je puisse améliorer mon site ?
      </label>
      <br />
      <textarea name="ameliorer" id="ameliorer" rows="10" cols="50">
         Améliorer ton site ?!
         Mais enfin ! Il est tellement génialissime qu'il n'est pas
nécessaire de l'améliorer !
      </textarea>
   </p>
</form>
```

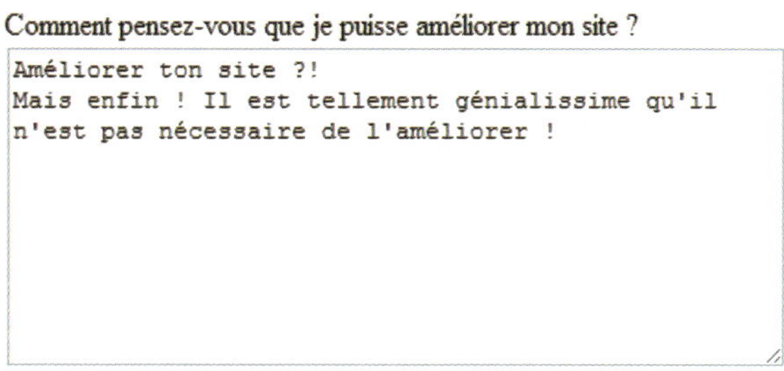

Une zone de saisie multiligne pré-remplie

Les zones de saisie enrichies

HTML 5 apporte de nombreuses fonctionnalités nouvelles relatives aux formulaires. De nouveaux types de champs sont en effet apparus avec cette version. Il suffit de donner à l'attribut `type` de la balise `<input />` l'une des nouvelles valeurs disponibles. Faisons un petit tour d'horizon.

Tous les navigateurs ne connaissent pas encore ces zones de saisie enrichies. À leur place, les anciennes versions des navigateurs afficheront une simple zone de saisie monoligne (comme si on avait écrit `type="text"`).

Vous avez donc tout intérêt à utiliser ces nouvelles zones de saisie dès aujourd'hui. Au mieux, vos visiteurs profiteront des nouvelles fonctionnalités, au pire, ils ne verront aucun problème.

Adresse e-mail

Vous pouvez demander à saisir une adresse e-mail :

```
<input type="email" />
```

Le champ vous semblera *a priori* identique, mais votre navigateur sait désormais que l'utilisateur doit saisir une adresse e-mail. Il peut afficher une indication si la saisie n'est pas correcte ; c'est ce que fait Firefox par exemple (figure suivante).

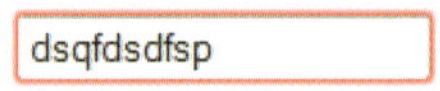

Un champ e-mail mal renseigné est entouré de rouge dans Firefox.

Sachez que certains navigateurs, comme les navigateurs mobiles sur iPhone et Android, affichent un clavier adapté à la saisie d'adresse e-mail (figure suivante).

Clavier de saisie d'adresse e-mail sur un iPhone

URL

Avec le type `url`, on demande à saisir une adresse absolue (commençant généralement par `http://`) :

```
<input type="url" />
```

Même principe : si le champ ne vous semble pas différent sur votre ordinateur, sachez qu'il comprend bel et bien que le visiteur est censé saisir une adresse. Les navigateurs mobiles affichent par exemple un clavier adapté à la saisie d'URL (figure suivante).

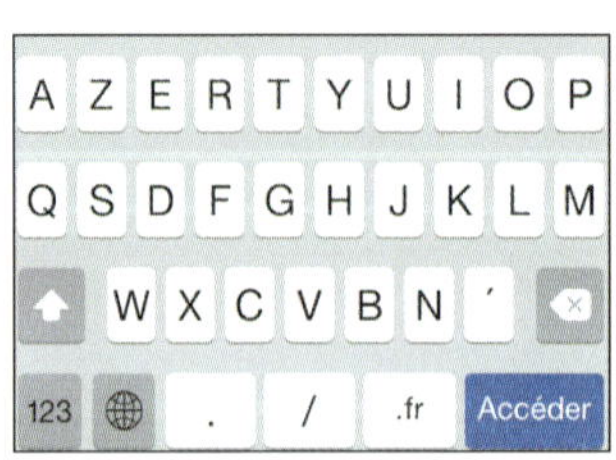

Clavier de saisie d'URL sur iPhone

Numéro de téléphone

Ce champ est dédié à la saisie de numéros de téléphone :

```
<input type="tel" />
```

Sur iPhone, par exemple, un clavier adapté s'affiche lorsqu'on doit remplir le champ (figure suivante).

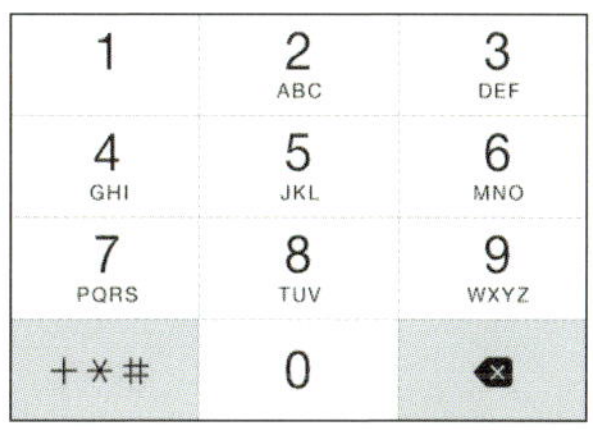

Clavier de saisie de numéro de téléphone sur un iPhone

Nombre

Ce champ demande de saisir un nombre entier :

```
<input type="number" />
```

Il s'affichera en général avec des petites flèches pour changer la valeur (figure suivante).

Champ de saisie de nombre

Vous pouvez personnaliser le fonctionnement du champ avec les attributs suivants :

- `min` : valeur minimale autorisée ;
- `max` : valeur maximale autorisée ;
- `step` : c'est le « pas » de déplacement. Si vous indiquez un pas de 2, le champ n'acceptera que des valeurs paires (0, 2, 4, 6...).

Curseur

Le type `range` demande à sélectionner un nombre avec un curseur (aussi appelé *slider*), comme à la figure suivante :

```
<input type="range" />
```

Un curseur grâce au type range

Vous pouvez utiliser là aussi les attributs `min`, `max` et `step` pour restreindre les valeurs disponibles.

Couleur

Ce champ permet de saisir une couleur :

```
<input type="color" />
```

Un champ de type color

Attention, tous les navigateurs ne connaissent pas encore ce type de champ (*http://caniuse.com/#feat=input-color*), mais la compatibilité progresse.

Date

Différents types de champs de sélection de date existent :

- `date` : pour la date (05/08/1985 par exemple) ;
- `time` : pour l'heure (13:37 par exemple) ;
- `week` : pour la semaine ;
- `month` : pour le mois ;
- `datetime` : pour la date et l'heure (avec gestion du décalage horaire) ;
- `datetime-local` pour la date et l'heure (sans gestion du décalage horaire).

Exemple :

```
<input type="date" />
```

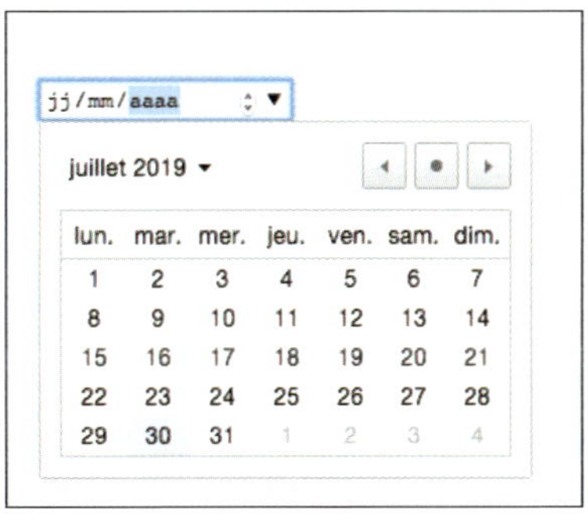

Un champ de type date

Surveillez bien quels navigateurs gèrent ce type de champ (*http://caniuse.com/#feat=input-datetime*), car il n'est pas encore complètement reconnu.

Recherche

On peut créer un champ de recherche comme suit :

```
<input type="search" />
```

Le navigateur décide ensuite comment l'afficher. Ainsi, il peut ajouter une petite loupe au champ pour signifier que c'est un champ de recherche et éventuellement mémoriser les dernières recherches effectuées par le visiteur.

Éléments d'options

HTML vous offre de nombreux éléments d'options à utiliser dans votre formulaire. Ce sont des éléments qui demandent au visiteur de faire un choix parmi une liste de possibilités. Nous allons passer en revue :

- les cases à cocher ;
- les zones d'options ;
- les listes déroulantes.

Cases à cocher

Rien n'est plus simple à créer que des cases à cocher. Nous allons réutiliser la balise `<input />`, en spécifiant cette fois le type `checkbox` :

```
<input type="checkbox" name="choix" />
```

Ajoutez un `<label>` bien placé et le tour est joué !

```
<form method="post" action="traitement.php">
  <p>
    Cochez les aliments que vous aimez manger :<br />
    <input type="checkbox" name="frites" id="frites" />
<label for="frites">Frites</label><br />
    <input type="checkbox" name="steak" id="steak" /> <label for="steak">
Steak haché</label><br />
    <input type="checkbox" name="epinards" id="epinards" />
<label for="epinards">Epinards</label><br />
    <input type="checkbox" name="huitres" id="huitres" />
<label for="huitres">Huitres</label>
  </p>
</form>
```

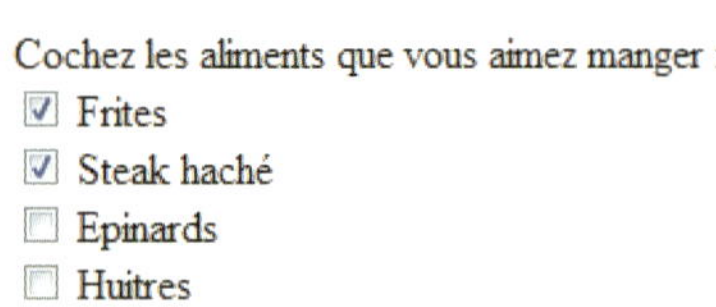

Des cases à cocher

N'oubliez pas de donner un nom différent à chaque case à cocher ; ainsi, vous saurez identifier plus tard lesquelles ont été cochées par le visiteur.

Enfin, sachez que vous pouvez faire en sorte qu'une case soit cochée par défaut avec l'attribut `checked` :

```
<input type="checkbox" name="choix" checked />
```

Normalement, tout attribut possède une valeur. Dans le cas présent, en revanche, ajouter une valeur n'est pas obligatoire : la présence de l'attribut suffit à faire comprendre à l'ordinateur que la case doit être cochée.

Si cela vous perturbe, sachez que vous pouvez donner n'importe quelle valeur à l'attribut (certains webmasters écrivent parfois `checked="checked"` mais c'est un peu redondant). Dans tous les cas, la case sera cochée.

Zones d'options

Les zones d'options servent à faire un choix (et un seul) parmi une liste de possibilités. Elles ressemblent un peu aux cases à cocher, mais il y a une petite difficulté supplémentaire : elles doivent être organisées en groupes. Les options d'un même groupe possèdent le même nom (`name`), mais doivent avoir des valeurs (`value`) différentes.

La balise à utiliser est toujours un `<input />`, avec cette fois la valeur `radio` pour l'attribut `type`.

```
<form method="post" action="traitement.php">
  <p>
    Veuillez indiquer la tranche d'âge dans laquelle vous vous
situez :<br />
    <input type="radio" name="age" value="moins15" id="moins15" />
<label for="moins15">Moins de 15 ans</label><br />
    <input type="radio" name="age" value="medium15-25" id="medium15-25" />
<label for="medium15-25">15-25 ans</label><br />
    <input type="radio" name="age" value="medium25-40" id="medium25-40" />
<label for="medium25-40">25-40 ans</label><br />
    <input type="radio" name="age" value="plus40" id="plus40" />
<label for="plus40">Encore plus vieux que ça ?!</label>
  </p>
</form>
```

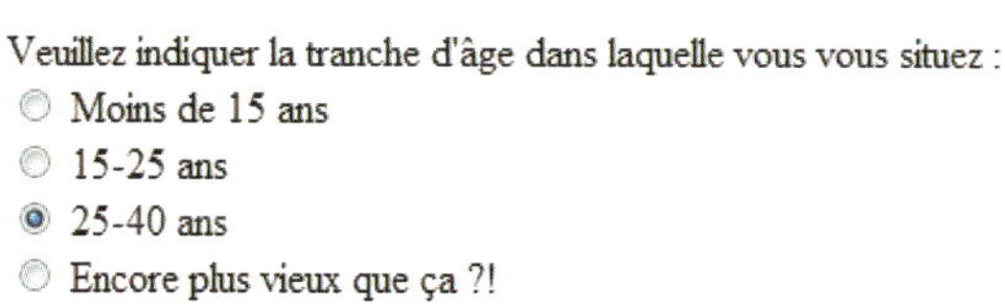

Des boutons radio

Pourquoi avoir mis le même nom pour chaque option ? Tout simplement pour que le navigateur sache à quel « groupe » le bouton appartient.

Essayez d'enlever les attributs `name` et vous verrez qu'il devient possible de sélectionner tous les éléments d'options. Or, ce n'est pas ce qu'on veut, c'est pour cela qu'on les « lie » entre eux en leur donnant un nom identique.

Vous noterez que cette fois on a choisi un `id` différent de `name`. En effet, les valeurs de `name` étant identiques, on n'aurait pas pu différencier les différentes options (et vous savez bien qu'un `id` doit être unique). Voilà donc pourquoi on a choisi de donner à l'`id` la même valeur que `value`.

Si vous avez deux zones d'options différentes, il faut donner un `name` unique à chaque groupe :

```
<form method="post" action="traitement.php">
   <p>
      Veuillez indiquer la tranche d'âge dans laquelle vous vous
situez :<br />
      <input type="radio" name="age" value="moins15" id="moins15" />
<label for="moins15">Moins de 15 ans</label><br />
      <input type="radio" name="age" value="medium15-25" id="medium15-25" />
<label for="medium15-25">15-25 ans</label><br />
      <input type="radio" name="age" value="medium25-40" id="medium25-40" />
<label for="medium25-40">25-40 ans</label><br />
      <input type="radio" name="age" value="plus40" id="plus40" />
<label for="plus40">Encore plus vieux que ça ?!</label>
   </p>
   <p>
      Sur quel continent habitez-vous ?<br />
      <input type="radio" name="continent" value="europe" id="europe" />
<label for="europe">Europe</label><br />
      <input type="radio" name="continent" value="afrique" id="afrique" />
<label for="afrique">Afrique</label><br />
      <input type="radio" name="continent" value="asie" id="asie" />
<label for="asie">Asie</label><br />
      <input type="radio" name="continent" value="amerique" id="amerique" />
<label for="amerique">Amérique</label><br />
      <input type="radio" name="continent" value="australie"
id="australie" /> <label for="australie">Australie</label>
   </p>
</form>
```

L'attribut `checked` est, là aussi, disponible pour sélectionner une valeur par défaut.

Listes déroulantes

Les listes déroulantes sont un autre moyen élégant de faire un choix parmi plusieurs possibilités. Le fonctionnement est un peu différent. On va utiliser la balise `<select>` `</select>` qui indique le début et la fin de la liste déroulante. On ajoute l'attribut `name` à la balise pour donner un nom à la liste.

Puis, à l'intérieur du `<select></select>`, nous allons placer plusieurs balises `<option></option>` (une par choix possible). On ajoute à chacune d'elles un attribut `value` pour identifier ce que le visiteur a choisi.

```
<form method="post" action="traitement.php">
  <p>
    <label for="pays">Dans quel pays habitez-vous ?</label><br />
    <select name="pays" id="pays">
      <option value="france">France</option>
      <option value="espagne">Espagne</option>
      <option value="italie">Italie</option>
      <option value="royaume-uni">Royaume-Uni</option>
      <option value="canada">Canada</option>
      <option value="etats-unis">États-Unis</option>
      <option value="chine">Chine</option>
      <option value="japon">Japon</option>
    </select>
  </p>
</form>
```

Une liste déroulante

Si vous voulez qu'une option soit sélectionnée par défaut, utilisez cette fois l'attribut `selected` :

```
<option value="canada" selected>Canada</option>
```

Vous pouvez aussi grouper vos options avec la balise <optgroup></optgroup>. Dans notre exemple, pourquoi ne pas séparer les pays en fonction de leur continent ?

```
<form method="post" action="traitement.php">
  <p>
    <label for="pays">Dans quel pays habitez-vous ?</label><br />
    <select name="pays" id="pays">
      <optgroup label="Europe">
        <option value="france">France</option>
        <option value="espagne">Espagne</option>
        <option value="italie">Italie</option>
        <option value="royaume-uni">Royaume-Uni</option>
      </optgroup>
      <optgroup label="Amérique">
        <option value="canada">Canada</option>
        <option value="etats-unis">Etats-Unis</option>
      </optgroup>
      <optgroup label="Asie">
        <option value="chine">Chine</option>
        <option value="japon">Japon</option>
      </optgroup>
    </select>
  </p>
</form>
```

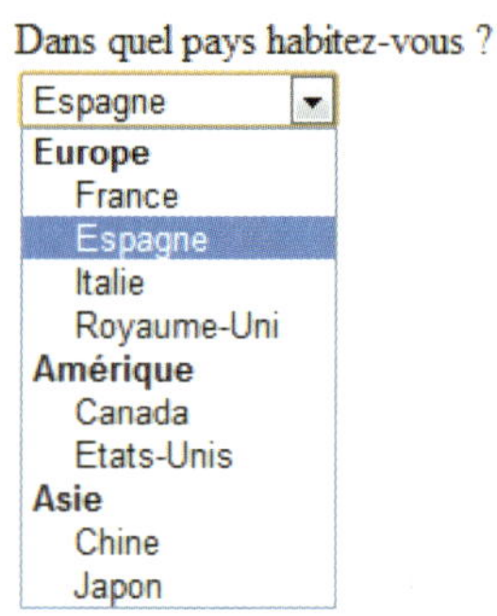

Les options sont regroupées par continent.

Les groupes ne peuvent pas être sélectionnés. Ainsi, dans notre exemple, on ne peut pas choisir « Europe », seuls les noms de pays sont disponibles pour la sélection.

Finaliser et envoyer le formulaire

Nous y sommes presque. Il ne nous reste plus qu'à agrémenter notre formulaire de quelques dernières fonctionnalités (comme la validation), puis nous pourrons ajouter son bouton d'envoi.

Regrouper les champs

Si votre formulaire grossit et comporte beaucoup de champs, il est parfois utile de les regrouper au sein de plusieurs balises <fieldset>. Chaque <fieldset> peut contenir une légende (<legend>).

```
<form method="post" action="traitement.php">

  <fieldset>
    <legend>Vos coordonnées</legend> <!-- Titre du fieldset -->

    <label for="nom">Quel est votre nom ?</label>
    <input type="text" name="nom" id="nom" />

    <label for="prenom">Quel est votre prénom ?</label>
    <input type="text" name="prenom" id="prenom" />

    <label for="email">Quel est votre e-mail ?</label>
    <input type="email" name="email" id="email" />
  </fieldset>

  <fieldset>
    <legend>Votre souhait</legend> <!-- Titre du fieldset -->

    <p>
      Faites un souhait que vous voudriez voir exaucé :
      <input type="radio" name="souhait" value="riche" id="riche" />
<label for="riche">Etre riche</label>
      <input type="radio" name="souhait" value="celebre" id="celebre" />
<label for="celebre">Etre célèbre</label>
      <input type="radio" name="souhait" value="intelligent"
id="intelligent" /> <label for="intelligent">Etre <strong>encore</strong>
plus intelligent</label>
      <input type="radio" name="souhait" value="autre" id="autre" />
<label for="autre">Autre...</label>
    </p>

    <p>
      <label for="precisions">Si "Autre", veuillez préciser :</label>
      <textarea name="precisions" id="precisions" cols="40" rows="4">
</textarea>
    </p>
  </fieldset>
</form>
```

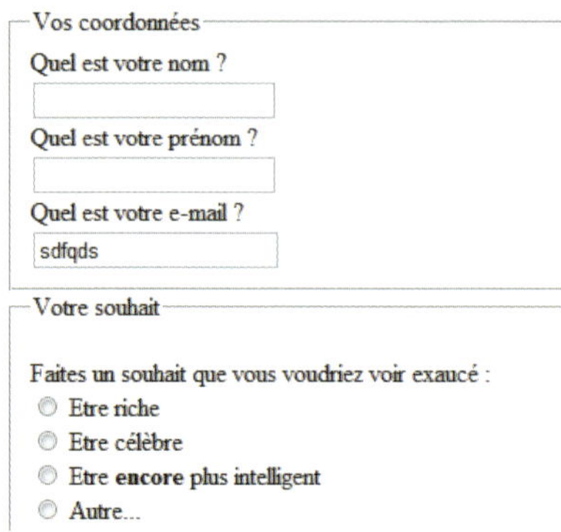

Les champs sont regroupés.

Sélectionner automatiquement un champ

Vous pouvez placer automatiquement le curseur dans l'un des champs de votre formulaire dès que le visiteur charge la page, avec l'attribut `autofocus`.

Par exemple, plaçons le curseur par défaut dans le champ `prenom` :

```
<input type="text" name="prenom" id="prenom" autofocus />
```

Rendre un champ obligatoire

Pour imposer qu'un champ soit renseigné, ajoutez-lui l'attribut `required`.

```
<input type="text" name="prenom" id="prenom" required />
```

Le navigateur indiquera alors au visiteur, si le champ est vide au moment de l'envoi, qu'il doit impérativement être rempli.

Les anciens navigateurs, qui ne reconnaissent pas cet attribut, enverront le contenu du formulaire sans vérification. Pour ces navigateurs, il sera nécessaire de compléter les tests avec, par exemple, des scripts JavaScript.

On dispose de pseudo-formats en CSS pour changer le style des éléments requis (`:required`) et invalides (`:invalid`). N'oubliez pas non plus que vous disposez du pseudo-format `:focus` pour changer l'apparence d'un champ lorsque le curseur se trouve à l'intérieur.

```
:required
{
   background-color: red;
}
```

Ajouter le bouton d'envoi

Il ne nous reste plus qu'à créer le bouton d'envoi. Là encore, la balise <input /> vient à notre secours. Elle existe en quatre versions :

- type="submit" : le principal bouton d'envoi de formulaire. C'est celui que vous utiliserez le plus souvent. Le visiteur sera conduit à la page indiquée dans l'attribut action du formulaire.
- type="reset" : remise à zéro du formulaire.
- type="image" : équivalent du bouton submit, présenté cette fois sous forme d'image. Ajoutez l'attribut src pour indiquer l'URL de l'image.
- type="button" : bouton générique, qui n'aura (par défaut) aucun effet. En général, ce bouton est géré en JavaScript pour exécuter des actions sur la page. Nous ne l'utiliserons pas ici.

> On peut changer le texte affiché à l'intérieur des boutons avec l'attribut value.

Pour créer un bouton d'envoi on écrira donc par exemple :

```
<input type="submit" value="Envoyer" />
```

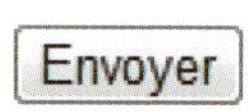

Un bouton d'envoi

Lorsque vous cliquez sur le bouton ***Envoyer***, le formulaire vous amène alors à la page indiquée dans l'attribut action. Souvenez-vous, nous avions imaginé une page fictive : traitement.php.

Le problème, c'est que vous ne pouvez pas créer cette page seulement en HTML. Il est nécessaire d'apprendre un nouveau langage, comme le PHP, pour pouvoir « récupérer » les informations saisies et décider quoi en faire.

> Cela tombe bien, j'ai aussi rédigé un cours sur le langage PHP (*http://openclassrooms.com/courses/concevez-votre-site-web-avec-php-et-mysql*).

En résumé

- Un formulaire est une zone interactive de la page, dans laquelle vos visiteurs peuvent saisir des informations.
- On délimite un formulaire avec la balise `<form>` à laquelle il faut ajouter deux attributs : `method` (mode d'envoi des données) et `action` (page vers laquelle le visiteur sera redirigé après envoi du formulaire et qui traitera les informations).
- Une grande partie des éléments du formulaire peut s'insérer avec la balise `<input />`. La valeur de son attribut `type` indique quel type de champ doit être inséré :
  - `text` : zone de texte ;
  - `password` : zone de texte pour mot de passe ;
  - `tel` : numéro de téléphone ;
  - `checkbox` : case à cocher ;
  - etc.
- La balise `<label>` permet d'écrire un libellé. On l'associe à un champ de formulaire avec l'attribut `for`, qui doit avoir la même valeur que l'`id` du champ.
- On peut rendre un champ obligatoire avec l'attribut `required`, faire en sorte qu'il soit sélectionné par défaut avec `autofocus`, donner une indication dans le champ avec `placeholder`…
- Pour récupérer ce que les visiteurs ont saisi, le langage HTML ne suffit pas. Il faut utiliser un langage « serveur » comme PHP… Si vous voulez aller plus loin, il va donc falloir apprendre un nouveau langage.

19 La vidéo et l'audio

Vidéo d'introduction

Mathieu Nebra nous présente dans cette vidéo de près de 3 minutes, accessible depuis cette adresse https://goo.gl/9wXnug, comment ajouter de la vidéo et de l'audio sur une page web.

Depuis l'arrivée de YouTube et Dailymotion, il est devenu courant aujourd'hui de regarder des vidéos sur des sites web. Il faut dire que le haut débit a aidé cette démocratisation.

Cependant, aucune balise HTML ne permettait jusqu'ici de gérer la vidéo. Il fallait à la place utiliser un **plug-in**, comme Flash. Celui-ci reste encore en partie utilisé pour regarder des vidéos sur YouTube, Dailymotion, Vimeo et ailleurs. Cependant, utiliser un plug-in a de nombreux défauts : on dépend de ceux qui le gèrent (en l'occurence, l'entreprise Adobe, qui possède Flash), on ne peut pas toujours contrôler son fonctionnement, il y a parfois des failles de sécurité… Au final, c'est assez lourd.

C'est pour cela que deux nouvelles balises ont été créées en HTML 5 : `<video>` et `<audio>`.

Les formats audio et vidéo

Lorsque je vous ai présenté les images et la balise `<img />`, j'ai commencé par un petit tour d'horizon des différents formats d'images (JPEG, PNG, GIF, etc.). Pour la vidéo et l'audio, je vais faire pareil… mais c'est plus compliqué.

En fait, le fonctionnement des vidéos est même tellement complexe qu'on pourrait faire un cours entier à ce sujet. Étant donné qu'on parle ici de HTML, nous allons simplifier les choses et expliquer juste ce que vous avez besoin de savoir.

Les formats audio

Pour diffuser de la musique ou n'importe quel son, il existe de nombreux formats. Pour la plupart, ils sont compressés, comme les images JPEG, PNG et GIF, ce qui réduit leur poids, donc leur temps de chargement :

- **MP3 :** vous ne pouvez *pas* ne pas en avoir entendu parler ! C'est l'un des plus vieux, mais aussi l'un des plus compatibles (tous les appareils savent lire des MP3), ce qui fait qu'il est toujours très utilisé aujourd'hui.
- **AAC :** utilisé majoritairement par Apple sur iTunes, c'est un format de bonne qualité. Les iPod, iPhone et autres iPad savent les lire sans problème.
- **OGG :** le format Ogg Vorbis est très répandu dans le monde du logiciel libre, notamment sous Linux. Il a l'avantage d'être libre, c'est-à-dire qu'il n'est protégé par aucun brevet.
- **WAV (format non compressé) :** évitez autant que possible de l'utiliser car le fichier est très volumineux avec ce format. C'est un peu l'équivalent du Bitmap (BMP) pour l'audio.

La compatibilité dépend des navigateurs, mais elle évolue dans le bon sens au fil du temps. Pensez à consulter *Caniuse.com* pour connaître la compatibilité actuelle du MP3 (*http://caniuse.com/#feat=mp3*), AAC (*http://caniuse.com/#feat=aac*), OGG (*http://caniuse.com/#feat=ogg-vorbis*), WAV (*http://caniuse.com/#feat=wav*)…

Les formats vidéo

Le stockage de la vidéo est autrement plus complexe. On a besoin de trois éléments :

- **Un format conteneur** : c'est un peu comme une boîte qui sert à contenir les deux éléments ci-après. On reconnaît en général le type de conteneur à l'extension du fichier : AVI, MP4, MKV…
- **Un codec audio** : c'est le format du son de la vidéo, généralement compressé : MP3, AAC, OGG…
- **Un codec vidéo** : c'est le format qui va compresser les images. C'est là que les choses se corsent, car ils sont complexes et on ne peut pas toujours les utiliser gratuitement. Les principaux à connaître pour le Web sont les suivants :
  - **H.264** : l'un des plus puissants et des plus utilisés aujourd'hui… mais il n'est pas 100 % gratuit. En fait, on peut l'utiliser gratuitement dans certains cas (comme la diffusion de vidéos sur un site web personnel), mais il y a un flou juridique qui fait qu'il est risqué de l'utiliser à tout va.
  - **Ogg Theora** : un codec gratuit et libre de droits, mais moins puissant que H.264. Il est bien reconnu sous Linux mais, sous Windows, il faut installer des programmes pour pouvoir le lire.
  - **WebM** : un autre codec gratuit et libre de droits, plus récent. Proposé par Google, c'est le concurrent le plus sérieux de H.264 à l'heure actuelle.

Là encore, surveillez bien la compatibilité sur *Caniuse.com*. Le format H.264 semble sortir du lot. Il est quand même conseillé si possible de proposer chaque vidéo dans plusieurs formats pour qu'elle soit lisible sur un maximum de navigateurs.

Outil

Pour convertir une vidéo dans ces différents formats, je vous conseille l'excellent logiciel gratuit Miro Video Converter (pour Mac OS X *http://telecharger.tomsguide.fr/Miro-Video-Converter,0301-27503-20324.html*, pour Windows *http://miro-video-converter.fr.malavida.com/*).

Il vous suffit de glisser-déposer votre vidéo dans la fenêtre du programme et de sélectionner le format de sortie souhaité. Cela vous aidera à créer plusieurs versions de votre vidéo.

Insérer un élément audio

En théorie, il suffit d'une simple balise pour jouer un son sur notre page :

```
<audio src="musique.mp3"></audio>
```

En pratique, c'est un peu plus compliqué que cela. Si vous testez ce code… vous n'entendrez rien. En effet, le navigateur va seulement télécharger les informations générales sur le fichier (on parle de **métadonnées**), mais il ne se passera rien de particulier.

Complétez la balise avec les attributs suivants :

- `controls` : pour ajouter les boutons ***Lecture***, ***Pause*** et la barre de défilement. Cela semble indispensable et vous vous demandez peut-être pourquoi cela n'y figure pas par défaut, mais certains sites web préfèrent créer leurs propres boutons et commander la lecture avec du JavaScript.
- `width` : pour modifier la largeur de l'outil de lecture audio.
- `loop` : la musique sera jouée en boucle.
- `autoplay` : la musique sera jouée dès le chargement de la page. Évitez d'en abuser, c'est en général irritant d'arriver sur un site qui joue de la musique tout seul.
- `preload` : indique si la musique doit être préchargée dès le chargement de la page ou non. Cet attribut peut prendre les valeurs suivantes :
  - `auto` (par défaut) : le navigateur décide s'il doit précharger toute la musique, uniquement les métadonnées ou rien du tout.
  - `metadata` : charge uniquement les métadonnées (la durée, par exemple).
  - `none` : pas de préchargement. Utile si vous ne voulez pas gaspiller de bande passante sur votre site.

On ne peut pas forcer le préchargement de la musique, c'est toujours le navigateur qui décide.

Les navigateurs mobiles, par exemple, ne préchargent jamais la musique pour économiser la bande passante (le temps de chargement étant long sur un portable).

Ajoutons les contrôles et ce sera déjà mieux :

```
<audio src="hype_home.mp3" controls></audio>
```

L'apparence du lecteur audio change en fonction du navigateur. La figure suivante représente par exemple le lecteur audio dans Chrome.

Le lecteur audio dans Chrome

Pourquoi ouvrir la balise pour la refermer immédiatement après ?

Cela vous permet d'afficher un message ou de proposer une solution de secours pour les navigateurs qui ne gèrent pas cette nouvelle balise. Par exemple :

```
<audio src="hype_home.mp3" controls>Veuillez mettre à jour votre
navigateur !</audio>
```

Ceux qui ont un navigateur récent ne verront pas le message. Les anciens navigateurs, qui ne comprennent pas la balise, afficheront en revanche le texte qui se trouve à l'intérieur.

Et si le navigateur ne gère pas le MP3, comment faire ?

Il faut proposer plusieurs versions du fichier audio. Dans ce cas, on va construire notre balise comme ceci :

```
<audio controls>
   <source src="hype_home.mp3">
   <source src="hype_home.ogg">
</audio>
```

Le navigateur prendra automatiquement le format qu'il reconnaît.

Insérer une vidéo

Il suffit d'une simple balise `<video>` pour insérer une vidéo dans la page :

```
<video src="sintel.webm"></video>
```

Cependant, là encore, vous risquez d'être déçus si vous utilisez seulement ce code. Aucun contrôle ne permet de lancer la vidéo.

Ajoutons quelques attributs (pour la plupart les mêmes que pour la balise `<audio>`) :

- `poster` : image à afficher à la place de la vidéo tant que celle-ci n'est pas lancée. Par défaut, le navigateur prend la première image de la vidéo mais, comme il s'agit souvent d'un fond noir ou d'une image peu représentative de la vidéo, je vous conseille d'en créer une. Vous pouvez tout simplement faire une capture d'écran d'un moment de la vidéo.
- `controls` : pour ajouter les boutons ***Lecture***, ***Pause*** et la barre de défilement. Là encore, certains sites web préfèrent créer leurs propres boutons et commander la lecture avec du JavaScript. En ce qui nous concerne, ce sera largement suffisant.
- `width` : pour modifier la largeur de la vidéo.
- `height` : pour modifier la hauteur de la vidéo.
- `loop` : la vidéo sera jouée en boucle.
- `autoplay` : la vidéo sera jouée dès le chargement de la page. Là encore, n'en abusez pas ; c'est assez irritant d'arriver sur un site qui lance quelque chose tout seul.
- `preload` : indique si la vidéo doit être préchargée dès le chargement de la page ou non. Cet attribut peut prendre les valeurs suivantes :
  - `auto` (par défaut) : le navigateur décide s'il doit précharger toute la vidéo, uniquement les métadonnées ou rien du tout.
  - `metadata` : charge uniquement les métadonnées (durée, dimensions).
  - `none` : pas de préchargement. Utile si vous souhaitez éviter le gaspillage de bande passante sur votre site.

On ne peut pas forcer le préchargement de la vidéo, c'est toujours le navigateur qui décide.

Les proportions de la vidéo sont toujours conservées. Si vous définissez une largeur et une hauteur, le navigateur fera en sorte de ne pas dépasser les dimensions indiquées, mais il conservera les proportions.

Voici un code un peu plus complet :

```
<video src="sintel.webm" controls poster="sintel.jpg" width="600"></video>
```

Une vidéo avec les options de lecture et une taille définie

Pourquoi ouvrir et refermer immédiatement après la balise ?

La réponse est la même que pour la balise <audio>. Cela vous permet d'afficher un message ou d'utiliser une technique de secours (en Flash) si le navigateur ne reconnaît pas la balise :

```
<video src="sintel.webm" controls poster="sintel.jpg" width="600">
  Il est temps de mettre à jour votre navigateur !
</video>
```

Comment contenter tous les navigateurs, puisque chacun reconnaît des formats vidéo différents ?

Vous utiliserez la balise <source> à l'intérieur de la balise <video> pour proposer différents formats. Le navigateur prendra celui qu'il reconnaît :

```
<video controls poster="sintel.jpg" width="600">
  <source src="sintel.mp4">
  <source src="sintel.webm">
  <source src="sintel.ogv">
</video>
```

Les iPhone, iPad et iPod ne reconnaissent à l'heure actuelle que le format H.264 (fichier `.mp4`)... et uniquement si celui-ci apparaît en premier dans la liste. Je vous recommande donc d'indiquer le format H.264 en premier pour assurer une compatibilité maximale.

Comment afficher la vidéo en plein écran ?

Ce n'est pas possible à l'heure actuelle. En fait, il existe bien un moyen sous Firefox, mais il est un peu caché : il faut cliquer-droit sur la vidéo, puis sélectionner ***Plein écran***.

Il n'y a pas de moyen de forcer le plein écran, même en JavaScript. Cela peut se comprendre, car des sites pourraient perturber fortement la navigation des visiteurs en affichant des vidéos en plein écran sans leur demander leur accord.

Comment protéger ma vidéo ? Je ne veux pas qu'on puisse la copier facilement !

Ce n'est pas possible. Les balises n'ont pas été conçues pour limiter ou empêcher le téléchargement. C'est assez logique quand on y pense : pour que le visiteur puisse voir la vidéo, il faut bien de toute façon qu'il la télécharge d'une manière ou d'une autre.

N'espérez donc pas empêcher le téléchargement de votre vidéo avec cette méthode.

Les lecteurs Flash permettent de « protéger » le contenu des vidéos mais, là encore, des solutions de contournement existent. De nombreux *plug-ins* servent à télécharger les vidéos, de YouTube par exemple.

En résumé

- Insérer de la musique ou de la vidéo était autrefois impossible en HTML. Il fallait recourir à un plug-in comme Flash.
- Depuis HTML 5, les balises `<audio>` et `<video>` ont été introduites et jouent de la musique et des vidéos sans plug-in.
- Il existe plusieurs formats audio et vidéo. Il faut notamment connaître :
  - pour l'audio : MP3 et Ogg Vorbis ;
  - pour la vidéo : H.264, Ogg Theora et WebM.
- Aucun format n'est reconnu par l'ensemble des navigateurs : il faut proposer différentes versions de sa musique ou de sa vidéo pour satisfaire tout le monde.
- Il faut ajouter l'attribut `controls` aux balises `<audio>` et `<video>` pour que le visiteur soit en mesure de lancer ou d'arrêter le média.
- Ces balises ne sont pas conçues pour empêcher le téléchargement de la musique et de la vidéo. Vous ne pouvez pas protéger votre média contre la copie.

20 Le responsive design avec les media queries

Vidéo d'introduction

Mathieu Nebra nous présente dans cette vidéo de près de 6 minutes, accessible depuis cette adresse *https://goo.gl/Vp4zsj*, le principe de responsive design avec les media queries.

Savez-vous quelle est la première préoccupation des webmasters qui mettent en place le design de leur site ? C'est de connaitre la résolution d'écran de leurs visiteurs. En effet, selon les écrans, il y a plus ou moins de place, plus ou moins de pixels de largeur.

Cette information est importante : comment votre site doit-il s'afficher en fonction des différentes résolutions d'écran ? Si vous avez un écran large, vous risquez d'oublier que certaines personnes naviguent avec des écrans plus petits, sans parler des smartphones qui sont encore moins larges.

C'est là que les *media queries* entrent en jeu. Ce sont des règles à appliquer pour changer l'aspect d'un site en fonction des caractéristiques de l'écran. Grâce à cette technique, notre site s'adaptera automatiquement au matériel de chaque visiteur.

Mettre en place des media queries

Les *media queries* font partie des nouveautés de CSS 3. Il ne s'agit pas de nouvelles propriétés mais de *règles* qu'on peut appliquer dans certaines conditions. Concrètement, vous serez capables de dire « Si la résolution de l'écran du visiteur est inférieure à tant, alors applique les propriétés CSS suivantes ». Ainsi, vous changerez l'apparence du site sous certaines conditions : augmenter la taille du texte, changer la couleur de fond, positionner différemment votre menu dans certaines résolutions, etc.

Contrairement à ce qu'on pourrait penser, les media queries ne concernent pas que les résolutions d'écran. Vous pouvez changer l'apparence de votre site en fonction d'autres critères comme le type d'écran (smartphone, télévision, projecteur...), le nombre de couleurs, l'orientation de l'écran (portrait ou paysage), etc. Les possibilités sont très nombreuses.

Appliquer une media query

Les media queries sont donc des règles qui indiquent quand on doit appliquer des propriétés CSS. Il existe deux façons de les utiliser :

- en chargeant une feuille de styles `.css` différente en fonction de la règle (ex : « Si la résolution est inférieure à `1280px` de large, charge le fichier `petite_resolution.css` ») ;
- en écrivant la règle directement dans le fichier `.css` habituel (ex : « Si la résolution est inférieure à `1280px` de large, charge les propriétés CSS ci-dessous »).

Charger une feuille de styles différente

Vous souvenez-vous de la balise `<link />` qui permet, dans notre code HTML, de charger un fichier `.css` ?

```
<link rel="stylesheet" href="style.css" />
```

Il est possible de lui ajouter un attribut `media`, dans lequel on va écrire la règle qui doit s'appliquer pour que le fichier soit chargé. On dit qu'on fait une « requête de media » (*media query* en anglais). Voici un exemple :

```
<link rel="stylesheet" media="screen and (max-width: 1280px)"
href="petite_resolution.css" />
```

Au final, votre code HTML pourrait proposer plusieurs fichiers CSS : un par défaut (qui est chargé dans tous les cas) et un ou deux autres qui seront chargés en supplément uniquement si la règle correspondante s'applique.

```
<!DOCTYPE html>
<html>
  <head>
    <meta charset="utf-8" />
    <link rel="stylesheet" href="style.css" /><!-- Pour tout le monde -->
    <link rel="stylesheet" media="screen and (max-width: 1280px)"
href="petite_resolution.css" /> <!-- Pour ceux qui ont une résolution
inférieure à 1280px -->
    <title>Media queries</title>
  </head>
```

Charger des règles directement dans la feuille de styles

Une autre technique, que je préfère pour des raisons pratiques, consiste à écrire ces règles dans le même fichier CSS que d'habitude :

```
@media screen and (max-width: 1280px)
{
   /* Rédigez vos propriétés CSS ici. */
}
```

Les règles disponibles

Il existe de nombreuses règles pour construire des media queries. Voici les principales :

- `color` : gestion de la couleur (en bits/pixel) ;
- `height` : hauteur de la zone d'affichage (fenêtre) ;
- `width` : largeur de la zone d'affichage (fenêtre) ;
- `device-height` : hauteur du périphérique ;
- `device-width` : largeur du périphérique ;
- `orientation` : orientation du périphérique (portrait ou paysage) ;
- `media` : type d'écran de sortie, dont les suivants :
  - `screen` : écran « classique » ;
  - `handheld` : périphérique mobile ;
  - `print` : impression ;
  - `tv` : télévision ;
  - `projection` : projecteur ;
  - `all` : tous les types d'écran.

> On peut ajouter le préfixe `min-` ou `max-` devant la plupart de ces règles. Ainsi, `min-width` signifie « Largeur minimale », `max-height` « Hauteur maximale », etc.
> La différence entre `width` et `device-width` se perçoit surtout sur les navigateurs mobiles des smartphones, nous en reparlerons plus loin.

Les règles peuvent être combinées à l'aide des mots suivants :

- `only` : « uniquement » ;
- `and` : « et » ;
- `not` : « non ».

Voici quelques exemples de media queries pour vous aider à bien en comprendre le principe :

```
/* Sur les écrans, quand la largeur de la fenêtre fait au maximum
1 280 px */
@media screen and (max-width: 1280px)

/* Sur tous types d'écran, quand la largeur de la fenêtre est comprise
entre 1 024 px et 1 280 px */
@media all and (min-width: 1024px) and (max-width: 1280px)

/* Sur les téléviseurs */
@media tv

/* Sur tous types d'écrans orientés verticalement */
@media all and (orientation: portrait)
```

Tester les media queries

Les media queries sont surtout utilisées pour adapter le design du site aux différentes largeurs d'écran.

Réalisons un test tout simple : nous allons changer la couleur et la taille du texte si la fenêtre mesure plus ou moins `1024px` de large. Pour ce test, je vais utiliser la seconde méthode qui consiste à écrire la règle directement dans le même fichier `.css` que d'habitude :

```
/* Paragraphes en bleu par défaut */
p
{
  color: blue;
}

/* Nouvelles règles si la fenêtre fait au plus 1 024 px de large */
@media screen and (max-width: 1024px)
{
  p
  {
    color: red;
    background-color: black;
    font-size: 1.2em;
  }
}
```

Dans notre feuille CSS, nous avons d'abord demandé que le texte des paragraphes soit écrit en bleu. Nous avons ajouté une media query qui s'applique à tous les écrans dont la largeur ne dépasse pas `1024px`. À l'intérieur, nous avons appliqué des règles CSS sur les paragraphes pour les écrire plus gros et en rouge.

Résultat : la page n'a pas la même apparence selon la taille de la fenêtre (figure suivante). Essayez de la redimensionner pour voir !

Testez ce code : *https://course.oc-static.com/ftp-tutos/cours/html-css/p4/ch5/media_query_base/index.html*.

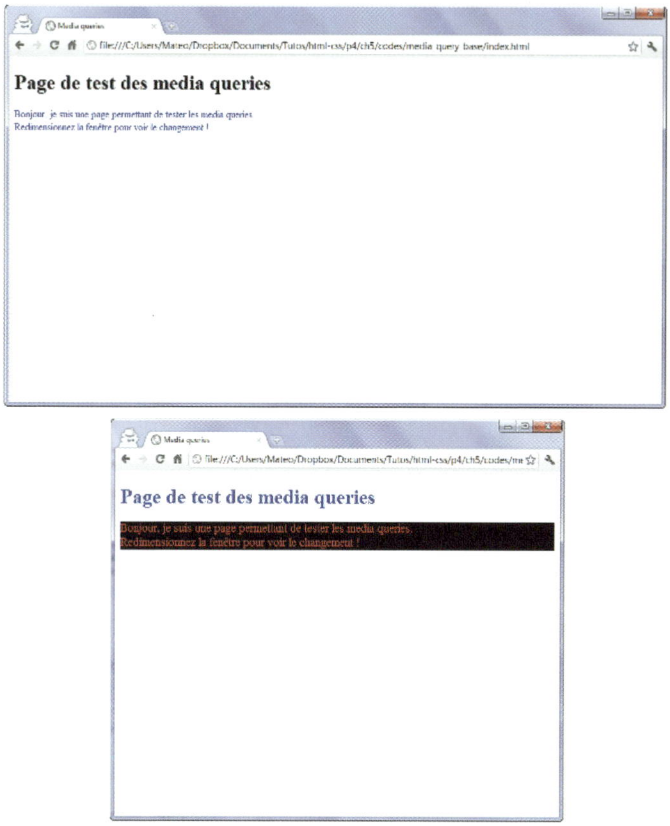

L'apparence du texte change en fonction de la taille de la fenêtre.

Mettre en pratique des media queries sur le design

Changer la couleur du texte, c'est bien joli mais cela n'apporte pas grand-chose. En revanche, cela devient tout de suite plus intéressant quand on se sert des media queries pour modifier l'apparence de son site en fonction de la résolution. Vous allez voir qu'on peut faire tout ce qu'on veut.

Pour cet exemple, je vous propose de reprendre le design que nous avons créé pour le site web de Zozor (figure suivante).

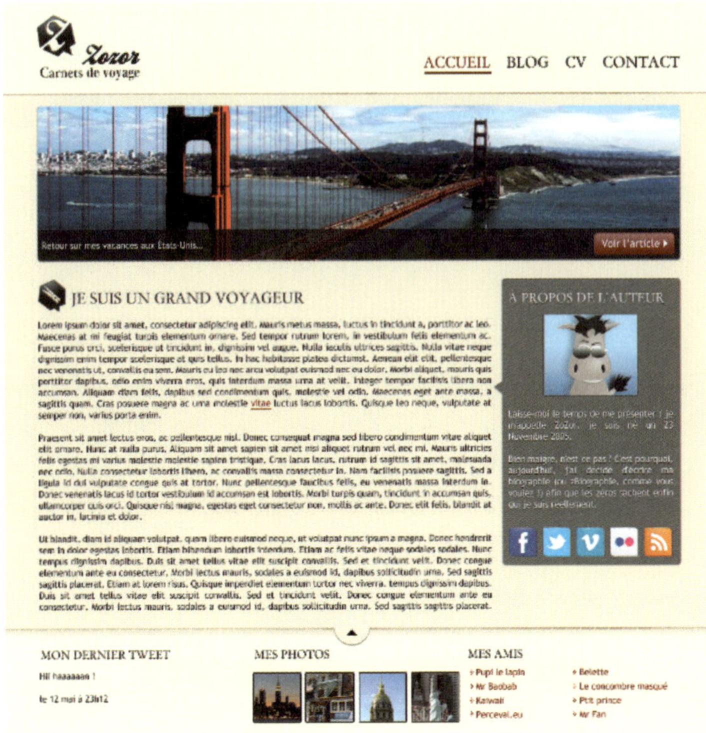

Le site web réalisé lors du TP

Le site est bien adapté à la plupart des résolutions d'écran mais, quand l'écran est plus petit que `1024px`, il devient nécessaire de faire défiler vers la droite pour voir toute la page. Le site n'est donc pas très pratique à consulter sur un petit écran.

Utilisons les media queries pour changer l'apparence du site sur les résolutions inférieures à `1024px` de largeur. Nous allons opérer les modifications suivantes :

- le menu de navigation en haut à droite sera disposé en hauteur plutôt qu'en largeur et les liens seront écrits en plus petit ;
- la bannière avec le pont de San Francisco (le *Golden Gate*) sera supprimée, car elle prend beaucoup de place et n'apporte pas beaucoup d'informations ;
- le bloc `<aside>` « À propos de l'auteur » sera placé sous l'article (et non pas à côté) et son contenu sera réorganisé (la photo de Zozor sera positionnée en flottant).

On pourrait bien entendu apporter beaucoup d'autres modifications : changer la couleur, la disposition du pied de page, etc. Néanmoins, cela sera déjà bien suffisant pour nous entraîner avec les media queries.

Nous allons travailler directement à l'intérieur du fichier `style.css` que nous avons réalisé lors du TP. Nous y ajouterons quelques instructions media queries pour adapter le design. Je vous invite à télécharger les fichiers du TP si vous ne les avez pas déjà.

Téléchargez le TP : *https://course.oc-static.com/ftp-tutos/cours/html-css/p3/ch4/tp_final.zip*.

La page

Pour le moment, la largeur de la page est fixée à `900px` et le contenu est centré :

```
#bloc_page
{
   width: 900px;
   margin: auto;
}
```

À la suite de ces lignes, je vous propose d'ajouter la règle media query suivante :

```
@media all and (max-width: 1024px)
{
   #bloc_page
   {
      width: auto;
   }
}
```

La règle signifie : « Pour tous les types d'écrans, si la largeur de la fenêtre ne dépasse pas `1024px`, alors exécuter les règles CSS suivantes ».

Les règles CSS en question sont très simples : il n'y en a en fait qu'une seule, qui donne une largeur automatique à la page (plutôt qu'une largeur fixe de `900px`). La page prendra alors tout l'espace disponible dans la fenêtre. Cela évite l'apparition de barres de défilement horizontales sur les petites résolutions.

`auto` est la valeur par défaut de la propriété `width`. Par défaut, les blocs ont une largeur automatique (ils prennent toute la place disponible). Cette valeur « écrase » celle que nous avions forcée à `900px` un peu plus haut : nous revenons donc au comportement par défaut du bloc.

Le menu de navigation

Nous voulons que le menu de navigation prenne moins de place sur les petites résolutions. Au lieu d'une dimension fixe, nous allons lui redonner sa dimension automatique flexible d'origine. Chaque élément du menu s'écrira en dessous du précédent : pour cela, nous demandons à ce que les éléments de la Flexbox soient organisés en colonne.

Enfin, le texte sera écrit plus petit et nous retirons la bordure en bas des liens lors du survol, car elle est moins adaptée à cette disposition.

```
@media all and (max-width: 1024px)
{
  nav
  {
    width: auto;
    text-align: left;
  }

  nav ul
  {
    flex-direction: column;
  }

  nav li
  {
    padding-left: 4px;
  }

  nav a
  {
    font-size: 1.1em;
  }

  nav a:hover
  {
    border-bottom: 0;
  }
}
```

La bannière

Pour retirer la bannière, rien de plus simple : nous utilisons la propriété `display` à laquelle nous affectons la valeur `none`. Si la fenêtre est trop petite, nous préférons masquer complètement la bannière :

```
@media all and (max-width: 1024px)
{
  #banniere_image
  {
    display: none;
  }
}
```

Le bloc « À propos de l'auteur »

Plutôt que de placer ce bloc à droite de l'article, nous allons le faire passer en dessous grâce à des Flexbox en colonne. Ce type de disposition « de haut en bas » est plus adapté aux petits écrans.

À l'intérieur du bloc, nous réajustons un peu la position des éléments : la photo de Zozor, notamment, sera placée en flottant à droite.

```
@media all and (max-width: 1024px)
{
   section
   {
      flex-direction: column;
   }

   article, aside
   {
      width: auto;
      margin-bottom: 15px;
   }

   #fleche_bulle
   {
      display: none;
   }

   #photo_zozor img
   {
      width: 110px;
      float: right;
      margin-left: 15px;
   }

   aside p:last-child
   {
      text-align: center;
   }
}
```

Que signifie aside `p:last-child` ?

C'est un sélecteur avancé que nous n'avons pas utilisé jusqu'ici. `Aside p` signifie : « Tous les paragraphes à l'intérieur de la balise `<aside>` ». Avec `:last-child`, on cible uniquement le dernier paragraphe du bloc `aside` (celui qui contient les liens vers Facebook et Twitter), pour pouvoir centrer les images. Bien entendu, on aurait aussi pu affecter une `class` ou un `id` à ce paragraphe pour le cibler directement, mais je n'ai pas voulu modifier le code HTML.

Le résultat

La page est désormais complètement réorganisée lorsque la fenêtre a une largeur de `1024px` ou moins. Regardez par vous-mêmes le résultat, la figure suivante parle d'elle-même.

Le même site est présenté différemment en fonction de la largeur de l'écran.

Essayez ce code : *https://course.oc-static.com/ftp-tutos/cours/html-css/p4/ch5/tp_media_queries/index.html*.

Media queries et navigateurs mobiles

Les écrans des smartphones sont beaucoup moins larges que nos écrans habituels (seulement quelques centaines de pixels de large). Pour s'adapter, les navigateurs mobiles affichent le site en « dézoomant », ce qui donne un aperçu d'ensemble. La zone d'affichage simulée est appelée le **viewport** : c'est la largeur de la fenêtre du navigateur sur le mobile.

En CSS, avec les media queries, si vous ciblez l'écran avec `max-width` sur un mobile, celui-ci va comparer la largeur que vous indiquez avec celle de son viewport. Le problème, c'est que le viewport change selon le navigateur mobile utilisé !

Navigateur	Largeur du viewport par défaut
Opera Mobile	850 pixels
iPhone Safari	980 pixels
Android	800 pixels
Windows Phone	1 024 pixels

Un iPhone se comporte comme si la fenêtre faisait `980px` de large, tandis qu'un Android se comporte comme si elle mesurait `800px`.

Pour cibler les smartphones, plutôt que d'utiliser `max-width`, il peut être intéressant de recourir à `max-device-width` : c'est la largeur du périphérique. Les mobiles ne dépassant pas 480px de large, on pourra viser uniquement leurs navigateurs avec la media query suivante :

```
@media all and (max-device-width: 480px)
{
   /* Vos règles CSS pour les mobiles ici */
}
```

Pourquoi ne pas cibler les mobiles avec la règle media handheld ?

En effet, on peut (en théorie) cibler les écrans mobiles avec le `media handheld`... Malheureusement, aucun navigateur mobile à part Opera ne le reconnaît ; ils se comportent tous comme s'ils étaient des écrans normaux (`screen`). `handheld` n'est donc pas vraiment utilisable pour viser les mobiles.

Vous pouvez modifier la largeur viewport du navigateur mobile avec une balise `meta` à insérer dans l'en-tête (`<head>`) du document :

```
<meta name="viewport" content="width=320" />
```

Vous utiliserez cette balise pour modifier la façon dont le contenu de votre page s'organise sur les mobiles. Pour obtenir un rendu facile à lire, sans zoom, demandez à ce que le viewport soit le même que la largeur de l'écran :

```
<meta name="viewport" content="width=device-width" />
```

En résumé

- Les media queries servent à charger des styles CSS différents en fonction de certains paramètres.
- Les paramètres autorisés par les media queries sont nombreux : nombre de couleurs, résolution de l'écran, orientation... En pratique, on s'en sert surtout pour modifier l'apparence du site en fonction des différentes résolutions d'écran.
- On crée une media query avec la directive `@media` suivie du type d'écran et d'une ou plusieurs conditions (comme la largeur maximale d'écran). Le style CSS qui suit sera activé uniquement si les conditions sont remplies.
- Les navigateurs mobiles simulent une largeur d'écran : on appelle cela le *viewport*.
- On peut cibler les smartphones grâce à une règle basée sur le nombre réel de pixels affichés à l'écran : `max-device-width`.

21 Aller plus loin

Alors que ce cours touche à sa fin, la tentation est grande de penser qu'on a tout vu. Pourtant, il vous reste des centaines de choses à découvrir, que ce soit sur HTML, CSS, ou les technologies liées (PHP, JavaScript).

Ce chapitre a pour but de vous donner quelques directions pour compléter votre apprentissage. Vous n'avez pas fini de faire des découvertes !

Du site web à l'application web (JavaScript, Ajax...)

JavaScript est un langage qui existe depuis de nombreuses années maintenant et qu'on utilise fréquemment sur le Web. C'est probablement l'un des premiers langages que vous voudrez apprendre maintenant que vous avez des connaissances en HTML et CSS.

À quoi JavaScript peut-il bien servir ? Ne peut-on pas tout faire avec HTML et CSS ?

On peut déjà réaliser beaucoup de choses en HTML et CSS mais, lorsqu'on veut rendre sa page plus interactive, un langage comme JavaScript devient indispensable.

Voici quelques exemples de ce à quoi peut servir JavaScript :

- On l'utilisera le plus souvent pour modifier des propriétés CSS sans avoir à recharger la page. Par exemple, vous pointez sur une image et le fond de votre site change de couleur (ce n'est pas possible à faire avec un `:hover` car cela concerne deux balises différentes, c'est bien là une limite du CSS).
- On peut l'utiliser aussi pour modifier le code source HTML sans avoir à recharger la page, *pendant* que le visiteur consulte la page.

- Il permet aussi d'afficher des boîtes de dialogue à l'écran du visiteur…
- … ou encore de modifier la taille de la fenêtre.

JavaScript se rapproche des langages de programmation tels que C, C++, Python, Ruby… À l'inverse, HTML et CSS sont davantage des langages de description : ils décrivent comment la page doit apparaître, mais ils ne donnent pas d'ordres directs à l'ordinateur (« fais ceci, fais cela… »), contrairement à JavaScript.

JavaScript n'a *aucun* rapport avec le langage Java. Seuls les noms se ressemblent.

JavaScript est régulièrement utilisé aujourd'hui pour faire de l'Ajax (*Asynchronous JavaScript And XML*). Cette technique permet de modifier une partie de la page web que le visiteur consulte en échangeant des données avec le serveur. Cela donne l'impression que les pages sont plus dynamiques et plus réactives. Le visiteur n'a plus besoin de recharger systématiquement toute la page.

Les navigateurs sont de plus en plus efficaces dans leur traitement de JavaScript, ce qui rend les pages utilisant ce langage de plus en plus réactives. On arrive ainsi aujourd'hui à créer des sites qui deviennent littéralement des applications web, l'équivalent de logiciels mais disponibles sous forme de sites web. Un exemple célèbre est Google Docs, la suite bureautique de Google, disponible sur le Web (figure suivante).

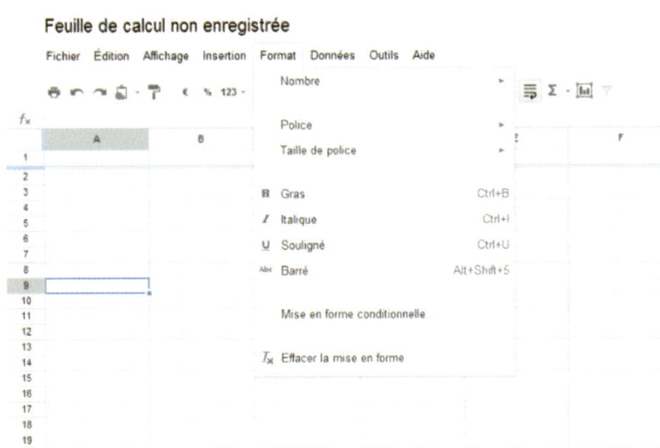

Le tableur Google Docs

Pour en savoir plus sur JavaScript, lisez le cours *https://openclassrooms.com/courses/apprenez-a-coder-avec-javascript* (si vous débutez dans la programmation) ou bien *https://openclassrooms.com/courses/dynamisez-vos-sites-web-avec-javascript*.

Technologies liées à HTML 5 (Canvas, SVG, Web Sockets)

Le W3C ne travaille pas que sur les langages HTML et CSS. Ce sont certes les plus connus, mais le W3C cherche aussi à définir d'autres technologies qui viennent les compléter. Elles sont nombreuses et on les confond d'ailleurs souvent avec HTML 5.

En fait, HTML 5 est devenu un mot très utilisé qui fait référence à d'autres technologies. Quand quelqu'un vous parle de « HTML 5 » aujourd'hui, il fait peut-être aussi référence à d'autres éléments qui sortent du cadre strict du HTML.

Voici une petite liste de ces nouvelles technologies introduites en parallèle de HTML 5 (certaines ne sont pas vraiment « nouvelles » mais elles reviennent sur le devant de la scène) :

- **Canvas** sert à dessiner au sein de la page web, à l'intérieur de la balise HTML `<canvas>`. On peut dessiner des formes (triangles, cercles...), mais aussi ajouter des images, les manipuler, appliquer des filtres graphiques... Au final, cela nous permet de réaliser aujourd'hui de véritables jeux et des applications graphiques directement dans des pages web.
  En savoir plus sur Canvas :
  https://openclassrooms.com/courses/la-balise-canvas-avec-javascript
- **SVG** est un format de dessins vectoriels, insérables au sein des pages web. À la différence de Canvas, ces dessins peuvent être agrandis à l'infini (c'est le principe du vectoriel). Le logiciel Inkscape (*http://telecharger.tomsguide.fr/Inkscape,0301-6057-3462.html*) est connu pour dessiner des SVG.
  En savoir plus sur SVG *https://openclassrooms.com/courses/le-svg*
- **Drag & Drop** permet de « glisser-déposer » des objets dans la page web, de la même façon qu'avec des fichiers sur son bureau. Gmail l'utilise pour ajouter facilement des pièces jointes à un e-mail.
- **File API** donne accès aux fichiers stockés sur la machine du visiteur (avec son autorisation). On l'utilisera notamment en combinaison avec le Drag & Drop.
- **Géolocalisation**. En localisant le visiteur, il est possible de lui proposer des services liés au lieu où il se trouve (ex. : les horaires des salles de cinéma proches). La localisation n'est pas toujours très précise, mais est capable de repérer un visiteur à quelques kilomètres près (avec son accord).
- **Web Storage** permet de stocker un grand nombre d'informations sur la machine du visiteur. C'est une alternative plus puissante aux traditionnels cookies. Les informations sont hiérarchisées, comme dans une base de données.
- **AppCache** demande au navigateur de mettre en cache certains fichiers, qu'il ne cherchera alors plus à télécharger systématiquement. C'est très utile pour créer des applications web capables de fonctionner même en mode « hors ligne » (déconnecté).
- **Web Sockets** permet des échanges plus rapides, en temps réel, entre le navigateur du visiteur et le serveur qui gère le site web (c'est une sorte d'Ajax amélioré).

C'est un peu l'avenir des applications web, qui deviendront aussi réactives que les vrais programmes.

- **WebGL** introduit de la 3D dans les pages web, en utilisant le standard OpenGL (figure suivante). Les scènes 3D sont directement gérées par la carte graphique.

Pour la plupart, ces technologies s'utilisent avec JavaScript.

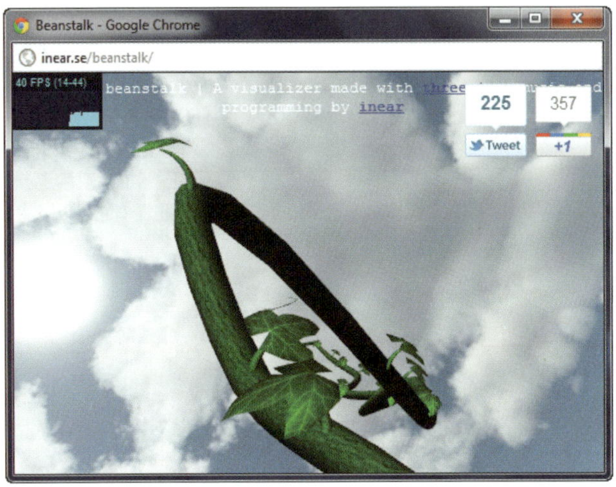

Une application web 3D utilisant WebGL

Comme vous le voyez, vous avez de nouveaux mondes à découvrir ! Dès que vous connaîtrez suffisamment JavaScript, vous pourrez aller encore plus loin dans la gestion de votre site web… que vous pourrez même transformer en véritable application !

Les sites web dynamiques (PHP, JEE, ASP .NET…)

Les langages dont nous allons parler ici sont eux aussi des langages de programmation. Comme JavaScript ? Oui, mais avec une différence importante : JavaScript s'exécute sur la machine de vos visiteurs, tandis que les langages que nous allons voir s'exécutent sur le « serveur » qui contient votre site web.

Quelle différence cela fait-il que le programme tourne sur la machine du visiteur ou sur le serveur ?

Les différences sont importantes. Tout d'abord, en termes de puissance, un serveur sera bien souvent plus rapide que la machine de vos visiteurs, ce qui permet d'effectuer des calculs plus complexes. Vous avez aussi davantage de contrôle côté serveur qu'en JavaScript… Toutefois, le JavaScript reste irremplaçable car il y a certaines actions que vous ne pouvez accomplir que du côté « visiteur ».

Les langages serveur permettent de générer la page web lorsque le visiteur arrive sur votre site (figure suivante). Chaque visiteur peut donc obtenir une page personnalisée suivant ses besoins.

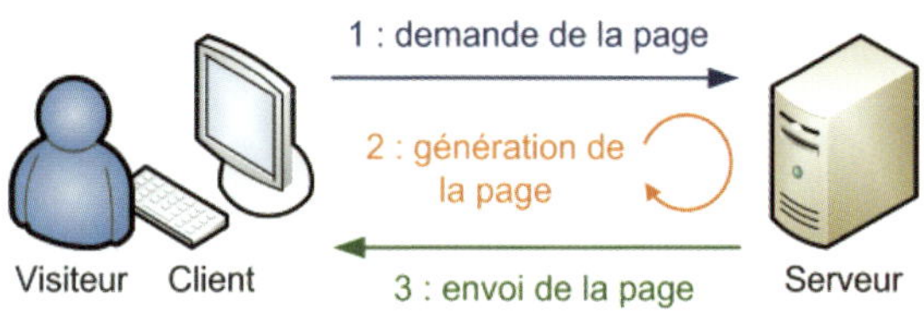

Échange de données avec un serveur

Les langages ne servent donc pas aux mêmes choses, mais ils se complètent. Si vous combinez HTML + CSS + JavaScript + PHP, par exemple, vous pouvez faire de l'Ajax (échanges de données entre la page et le serveur), effectuer des calculs, stocker des informations dans des bases de données… bref, construire de vrais sites web dynamiques.

Les langages « côté serveur » sont nombreux. Citons-en quelques-uns :

- **PHP** : l'un des plus connus. Facile à utiliser et puissant, il est utilisé notamment par Facebook… et OpenClassrooms. J'ai d'ailleurs rédigé un cours sur PHP (*https://openclassrooms.com/courses/concevez-votre-site-web-avec-php-et-mysql*), que vous êtres nombreux à suivre après avoir appris HTML et CSS.
- **Java EE** (Java) : très utilisé dans le monde professionnel, il s'agit d'une extension du langage Java avec laquelle on réalise des sites web dynamiques, puissants et robustes. Au début, il est un peu plus complexe à prendre en main que PHP. Voici un cours vidéo sur Java EE : *https://openclassrooms.com/courses/developpez-des-sites-web-avec-java-ee* et le cours texte : *https://openclassrooms.com/courses/creez-votre-application-web-avec-java-ee*.
- **ASP .NET** (C#) : assez semblable à JEE, c'est le langage de Microsoft. On l'utilise en combinaison avec d'autres technologies de cet éditeur (Windows Server). Il utilise le puissant framework .NET, véritable couteau suisse des développeurs, qui offre de nombreuses fonctionnalités.

- **Django** (Python) : une extension du langage Python qui permet de réaliser rapidement et facilement des sites web dynamiques. Il est connu pour générer des interfaces d'administration prêtes à l'emploi. Apprenez d'abord Python (*https://openclassrooms.com/courses/apprenez-a-programmer-en-python*), puis rendez-vous sur le cours Django (*https://openclassrooms.com/courses/developpez-votre-site-web-avec-le-framework-django*).
- **Ruby on Rails** (Ruby) : une extension du langage Ruby, assez similaire à Django, qui facilite la réalisation de sites web dynamiques. Commencez par apprendre Ruby (*https://openclassrooms.com/courses/lancez-vous-dans-la-programmation-avec-ruby*), puis découvrez Ruby on Rails (*https://openclassrooms.com/courses/initiez-vous-a-ruby-on-rails*).

Connaître l'un de ces langages est indispensable si vous voulez traiter le résultat des formulaires HTML. Souvenez-vous de la balise <form> : je vous avais expliqué comment créer des formulaires, mais pas comment *récupérer* les informations saisies par vos visiteurs. Il vous faut obligatoirement un langage serveur, comme PHP, pour récupérer et traiter ces données.

Au final, ces langages vous permettent de réaliser vos rêves les plus fous sur votre site web :

- forums ;
- newsletter ;
- compteur de visiteurs ;
- système de news automatisé ;
- gestion de membres ;
- jeux web (jeux de stratégie, élevage d'animaux virtuels…) ;
- etc.

Il est indispensable de connaître les langages HTML et CSS avant d'apprendre un langage serveur comme PHP.

Bonne découverte !

Cinquième partie

Annexes

Les annexes contiennent d'autres informations qui vous seront utiles lors de la création de votre site, comme des mémentos (résumés), ou encore des explications sur la façon dont on envoie un site sur le Web.

Vous n'êtes pas obligé de lire ces informations en dernier, vous pouvez vous en servir n'importe quand lors de votre lecture du cours.

A Publier son site sur le Web

Votre site est tout beau, tout propre, tout prêt… mais comme il est sur votre disque dur, personne d'autre ne va pouvoir en profiter.

Nous allons découvrir dans cette annexe tout ce qu'il faut savoir pour envoyer son site sur le Web.

- Comment réserver un **nom de domaine** ?
- Qu'est-ce qu'un **hébergeur** et comment cela fonctionne-t-il ?
- Enfin, comment utiliser un **client FTP** pour transférer les fichiers sur le Net ?

Le nom de domaine

Un **nom de domaine** est en fait une adresse sur le Web : openclassrooms.com en est un exemple.

Un nom de domaine est constitué de deux parties, ici openclassrooms et .com.

- Dans le cas présent, openclassrooms est le nom de domaine proprement dit. On peut en général le choisir librement, tant que personne ne l'a réservé avant nous. Il peut contenir des lettres, des chiffres et, depuis 2012, certains caractères accentués (comme le « ç » français, le « é » ou le « è »).
- Le .com est l'extension (aussi appelée TLD, de l'anglais *top-level domain*). Il existe grosso modo une extension par pays (.fr pour la France, .be pour la Belgique, .ca pour le Canada, etc.). Toutefois, certaines extensions sont utilisées au niveau international, comme .com, .net, .org. Elles étaient au départ réservées aux sites commerciaux, aux organisations… mais cela fait longtemps que tout le monde peut les réserver. D'ailleurs, .com est probablement l'extension la plus utilisée sur le Web.

En général, un site web voit son adresse précédée par *www*, par exemple *www.lemonde.fr*. Cela ne fait pas partie du nom de domaine : en fait, *www* est ce qu'on appelle un sous-domaine et on peut en théorie en créer autant qu'on veut une fois qu'on est propriétaire du nom de domaine.

Le *www* est présent sur la plupart des sites web ; c'est une sorte de convention, mais elle n'est absolument pas obligatoire.

Réserver un nom de domaine

Moi aussi je veux un nom de domaine pour mon site ! Comment dois-je faire ?

Alors j'ai une bonne et une mauvaise nouvelle. Comme d'habitude, on va commencer par la mauvaise :

- **la mauvaise** : ce n'est pas gratuit…
- **la bonne** : ce n'est vraiment pas cher du tout.

En effet, un nom de domaine coûte entre 7 et 12 euros par an.

Le prix varie en fonction de l'extension. Ainsi, l'extension *.info* est généralement proposée à plus bas prix et est parfois une alternative intéressante. Cependant, si vous voulez une adresse plus « courante », il faudra plutôt viser une extension de type *.com* ou encore *.fr*.

Pour réserver un nom de domaine, deux solutions s'offrent à vous :

- Passer par un **registrar** spécialisé. C'est un organisme qui sert d'intermédiaire entre l'ICANN (l'organisation qui gère l'ensemble des noms de domaines au niveau international) et vous. 1&1, OVH et Gandi sont de célèbres registrars français.
- Encore mieux : commander le nom de domaine en même temps que l'hébergement (c'est ce que je vous conseille). De cette manière, vous faites d'une pierre deux coups, vu que vous aurez de toute façon besoin de l'hébergement *et* du nom de domaine.

Dans ce chapitre, nous allons voir comment commander un nom de domaine en même temps que l'hébergement, c'est de loin la solution la plus simple et la moins coûteuse pour vous.

L'hébergeur

Intéressons-nous maintenant à l'hébergeur.

Qu'est-ce qu'un hébergeur et pourquoi aurais-je besoin de lui ?

Sur Internet, tous les sites web sont stockés sur des ordinateurs particuliers appelés **serveurs** (figure suivante). Ce sont des ordinateurs généralement très puissants, qui restent tout le temps allumés. Ils contiennent les pages des sites web et les délivrent aux internautes qui les demandent, à toute heure du jour et de la nuit.

Un serveur

Un serveur ne possède pas d'écran car, la plupart du temps, il tourne tout seul sans qu'il y ait besoin de faire quoi que ce soit dessus. Comme vous le voyez, les serveurs sont très plats : c'est un format spécial de serveur (appelé « 1U »). Cela permet de les empiler dans des **baies**, c'est-à-dire des sortes d'armoires climatisées pour serveurs (figure suivante).

Une baie de serveurs

Comme vous le voyez, il y a un écran pour toute la baie. C'est suffisant car on ne le branche sur un serveur que si celui-ci rencontre un problème. La plupart du temps, heureusement, le serveur travaille sans broncher.

Le rôle de l'hébergeur

L'hébergeur est une entreprise qui se charge de gérer des baies de serveurs. Elle s'assure du bon fonctionnement des serveurs 24h/24, 7j/7. En effet, si l'un d'eux tombe en panne, tous les sites présents sur la machine deviennent inaccessibles (et cela fait des clients mécontents).

Ces baies se situent dans des lieux particuliers appelés **datacenters** (figure suivante). Les datacenters sont donc en quelque sorte des « entrepôts à serveurs » et leur accès est très protégé.

Un datacenter, dans lequel on voit plusieurs baies de serveurs

Il est aussi possible, en théorie, d'héberger un site sur son propre ordinateur. Toutefois, c'est complexe : il vaut mieux avoir des connaissances en Linux, l'ordinateur doit être assez puissant, tourner jour et nuit et... surtout... la connexion doit être à très très haut débit (surtout en **upload**, la vitesse d'envoi des fichiers compte énormément). Les particuliers n'ont en règle générale pas une connexion suffisamment puissante pour héberger des sites, contrairement aux datacenters : ceux-ci sont câblés en fibre optique (ce qui permet d'atteindre des vitesses de plusieurs Gbps).

Gérer un serveur soi-même est complexe et, la plupart du temps, les particuliers et les entreprises font appel à un hébergeur dont c'est le métier.

Trouver un hébergeur

Les hébergeurs, contrairement aux registrars, sont très nombreux. Il y en a de tous types, à tous les prix. Il y a un vocabulaire à connaître pour vous repérer dans leurs offres :

- **Hébergement mutualisé** : si vous optez pour une offre d'hébergement mutualisé, votre site sera placé sur un serveur gérant plusieurs sites à la fois (une centaine, voire plus). *C'est l'offre la moins chère et c'est celle que je vous recommande de viser* si vous démarrez votre site web.
- **Hébergement dédié virtuel** : cette fois, le serveur ne gère que très peu de sites (généralement moins d'une dizaine). Cette offre est généralement adaptée aux sites qui d'un côté ne peuvent plus tenir sur un hébergement mutualisé car ils ont trop de trafic (trop de visiteurs), mais qui par ailleurs ne peuvent pas se payer un hébergement dédié (voir ci-après).
- **Hébergement dédié** (on parle aussi de « serveur dédié ») : c'est le nec plus ultra. Le serveur gère uniquement votre site et aucun autre. Attention, cela coûte assez cher et il vaut mieux avoir des connaissances en Linux pour administrer le serveur à distance.
- **Hébergement cloud** : de plus en plus en vogue, cela consiste à envoyer notre site sur des serveurs virtuels. En fait, c'est l'équivalent d'un hébergement dédié virtuel, mais avec tout un tas de services autour pour gérer plus facilement le réseau, les bases de données, etc. C'est la tendance pour de plus en plus de moyens et gros sites. Parmi les hébergeurs cloud, on peut citer Amazon Web Services, Google Cloud, Microsoft Azure, etc.
  Ce type d'hébergement est en revanche un peu *trop complexe* pour nous qui débutons dans la création de sites web. Je recommande plutôt un hébergement mutualisé dans notre cas.

Où puis-je trouver un hébergeur ?

Une recherche de « hébergeur web » dans Google vous donnera plusieurs millions de résultats. Vous n'aurez que l'embarras du choix.

Dans la suite de ce tutoriel, je vais vous montrer comment obtenir un hébergement mutualisé avec **1&1** (*http://oc.cm/2jFDkEu*), auprès de qui nous avons pu obtenir des réductions spécialement pour les visiteurs d'OpenClassrooms).

Si vous le souhaitez, vous pouvez bien entendu recourir à un autre hébergeur de votre choix. Je sais que les lecteurs de ce tutoriel utilisent parfois aussi PlanetHoster (http://www.planethoster.net/Site-du-Zero) et MavenHosting (https://www.mavenhosting.com/clients/aff.php?aff=006).

La procédure pour héberger votre site chez 1&1 décrite ici fonctionne quasiment de la même manière avec *PlanetHoster*, *MavenHosting* ou tout autre hébergeur.

1&1 propose plusieurs offres d'hébergement mutualisé, qui sont mensuelles et sans engagement. À tout moment de l'année, vous pouvez changer votre formule d'abonnement ou bien l'arrêter tout simplement.

Les offres d'hébergement 1&1

Commander un hébergement pour votre site web

Cliquez sur le bouton ***Continuer*** dans l'offre ***1&1 Unlimited***. On vous demande ensuite de choisir le nom de domaine de votre site, c'est-à-dire l'adresse à laquelle on pourra le trouver. Cochez la case en fonction des extensions que vous voulez utiliser (.com, .fr...). Un seul nom de domaine étant compris dans l'offre, je vous recommande de ne cocher qu'une seule case (par exemple .com) ; si vous en cochez plusieurs, il faudra payer un peu plus.

On vous demande de choisir le nom de domaine de votre site.

Si vous en avez les moyens, cela peut s'avérer judicieux d'acheter plusieurs noms de domaines similaires. Cela vous évite d'être victime de *domain parking*, c'est-à-dire de personnes qui achètent des noms de domaines semblables au vôtre pour vous les revendre au prix fort ensuite, quand vous voyez que vos visiteurs se trompent de site.

Une fois que c'est fait, 1&1 va vérifier que le nom de domaine que vous demandez n'est pas déjà pris.

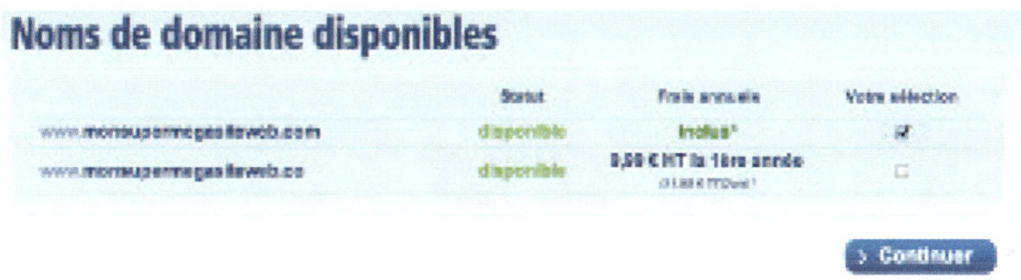

Vérifiez si le nom de domaine est libre avant de continuer.

Si le domaine est libre, cliquez simplement sur ***Continuer***. On vous propose ensuite plusieurs offres commerciales (acheter plus de domaines, un générateur de sites...). À moins qu'elles ne vous intéressent, je vous invite à cliquer sur ***Non merci*** à chaque fois

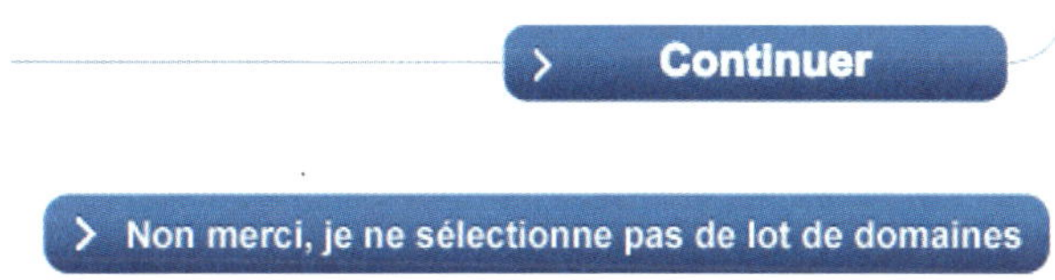

On vous propose d'acheter d'autres noms de domaines (facultatif).

Vous devriez à la fin arriver sur votre panier. Il ne vous reste plus qu'à renseigner vos coordonnées et finaliser l'achat.

Une fois les formalités et le paiement effectués, vous êtes redirigés vers *1&1*, qui vous confirme la prise en compte de votre commande. Vous devriez recevoir un peu plus tard un e-mail vous indiquant toutes les informations nécessaires pour mettre en place votre site. Conservez-les précieusement, vous en aurez besoin.

Lorsque vous avez reçu par e-mail vos identifiants pour vous connecter, passez à l'étape suivante : *envoyer votre site web sur le serveur de l'hébergeur.*

Utiliser un client FTP

Installer un client FTP

FTP signifie *File Transfer Protocol* et, pour faire court et simple, c'est le moyen qu'on utilise pour envoyer nos fichiers.

Il existe des centaines de logiciels permettant d'utiliser le FTP pour transférer vos fichiers sur Internet, gratuits, payants, français, anglais, etc.

En ce qui nous concerne, nous allons continuer ici avec **FileZilla** (figure suivante), gratuit et en français.

L'icône du célèbre client FTP FileZilla

La première étape est bien entendu de le télécharger (*http://filezilla-project.org/download.php?type=client*), dans la version correspondant à votre système d'exploitation (Windows, Mac OS X ou Linux). Vous ne devriez pas rencontrer de problème lors de l'installation, qui est très simple. Lancez ensuite le logiciel.

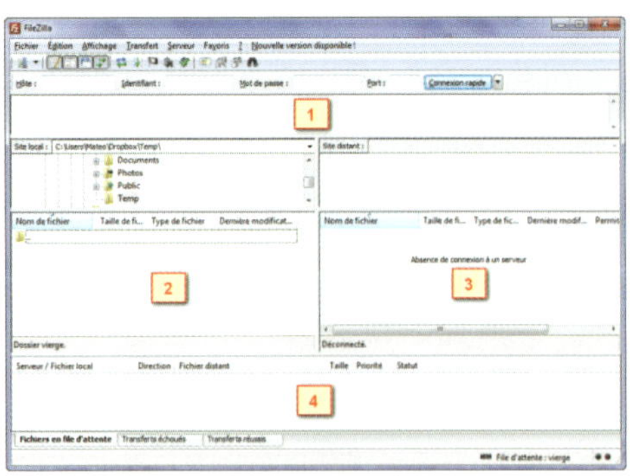

FileZilla est ouvert.

À première vue, cela semble un peu compliqué, mais en réalité le principe est très simple. Il y a quatre grandes zones à connaître dans la fenêtre.

- En haut s'affichent les messages qu'envoie et reçoit le logiciel. Si vous avez un peu de chance, vous verrez même la machine vous dire bonjour (si si, je vous jure). En général, cette zone ne nous intéresse pas vraiment, sauf s'il y a des messages d'erreur en rouge...
- À gauche, c'est votre disque dur. Dans la partie du haut, vous avez les dossiers et, dans la partie du bas, la liste des fichiers du dossier actuel.
- À droite, c'est la liste des fichiers envoyés vers le serveur sur Internet. Pour le moment, il n'y a rien car on ne s'est pas connecté.
- Enfin, en bas, vous verrez apparaître les fichiers en cours d'envoi (et le pourcentage d'envoi).

La première étape sera de se connecter au serveur de votre hébergeur.

Configurer le client FTP

Quel que soit l'hébergeur que vous avez choisi, cela fonctionne toujours de la même manière. On va vous fournir *trois informations* qui sont indispensables pour que FileZilla puisse se connecter au serveur :

- **L'IP** : c'est « l'adresse » du serveur. Le plus souvent, on vous donnera une information du type *ftp.mon-site.com*, mais il peut aussi s'agir d'une suite de nombres comme *122.65.203.27*.
- **Le login** : c'est votre identifiant, qu'on vous a probablement demandé de choisir. Vous avez peut-être mis votre pseudo, ou le nom de votre site. Mon login pourrait par exemple être `mateo21`.
- **Le mot de passe** : soit on vous a demandé de choisir un mot de passe, soit (c'est plus probable) on vous en a attribué un d'office (un truc imprononçable du genre `crf45u7h`).

> Si vous n'avez pas ces informations, il faut que vous les cherchiez, c'est indispensable. On vous les a probablement envoyées par e-mail. Sinon, n'hésitez pas à les redemander à votre hébergeur.

Nous allons donner ces informations à FileZilla, qui en a besoin pour se connecter au serveur.

Cliquez sur la petite icône en haut à gauche, représentée à la figure suivante.

L'icône de connexion de FileZilla

Une fenêtre s'ouvre. Cliquez sur ***Nouveau site*** et donnez-lui le nom que vous voulez (par exemple « Mon site »). À droite, vous devez indiquer les trois informations d'identification.

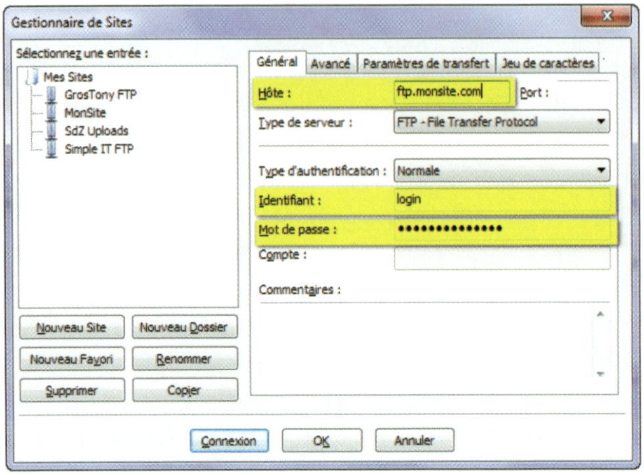

Les trois informations à donner à FileZilla

Vous distinguez en haut l'hôte (c'est là qu'il faut indiquer ftp.monsite.com, par exemple). Cochez ***Type d'authentification : Normale*** pour saisir le login et le mot de passe. Cliquez sur ***Connexion*** et le tour est (presque) joué.

Transférer les fichiers

À ce stade, vous avez deux possibilités :

- soit la connexion a réussi : vous voyez alors apparaître en haut des messages en vert comme « Connecté ». Dans ce cas, la zone de droite de la fenêtre de FileZilla devrait s'activer et vous montrer les fichiers qui se trouvent déjà sur le serveur (il se peut qu'il y en ait déjà quelques-uns).
- soit la connexion a échoué : vous voyez plusieurs messages écrits en rouge… Il n'y a pas trente-six solutions : vous vous êtes trompé en tapant l'IP, ou le login, ou le mot de passe. Un de ces éléments est incorrect, veillez à les redemander à votre hébergeur car, s'ils sont bons, cela *doit* marcher.

Si la connexion a réussi, alors ce que vous avez à faire est très simple : dans la partie de gauche, cherchez où se trouvent, sur votre disque dur, vos fichiers `.html` et `.css` (mais aussi vos images `.jpg`, `.png`, `.gif`, etc.).

À gauche, double-cliquez sur le fichier que vous voulez transférer. Au bout de quelques secondes, il apparaîtra à droite, ce qui signifiera qu'il a été correctement envoyé sur le serveur et donc qu'il est accessible sur Internet.

> Vous pouvez envoyer n'importe quel type de fichier. Bien entendu, généralement on envoie des fichiers `.php`, `.html`, `.css` et des images, mais vous pouvez aussi très bien envoyer des `.pdf`, des programmes, des `.zip`, etc.

La figure suivante, par exemple, représente le résultat qu'on obtient après avoir transféré un fichier `index.html` et quelques autres fichiers.

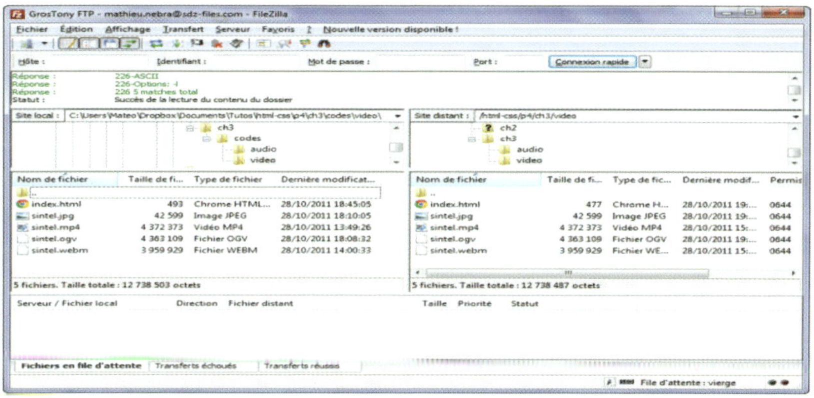

Des fichiers sont hébergés sur le serveur FTP. Ils apparaissent à droite, ce qui signifie qu'ils sont maintenant disponibles sur le serveur.

> Votre page d'accueil doit impérativement s'appeler `index.html`. C'est la page qui sera chargée lorsqu'un nouveau visiteur arrivera sur votre site.

Vous pouvez aussi transférer des dossiers entiers en une seule fois : il suffit de les glisser-déposer depuis la partie gauche (ou directement de la fenêtre de votre système d'exploitation) jusqu'à la partie droite de la fenêtre de FileZilla.

Une fois que la configuration est correctement paramétrée, vous constatez que l'envoi de fichiers est très simple.

En résumé

- Pour le moment, votre site web n'est visible que par vous, sur votre ordinateur. Il faut l'envoyer sur le Web pour qu'il soit visible par tout le monde.
- Vous avez besoin de deux éléments :
  - Un nom de domaine : c'est l'adresse de votre site web. Vous pouvez réserver une adresse en *.com*, *.fr*, *.net*... Par exemple : *openclassrooms.com*.
  - Un hébergeur : c'est lui qui va stocker votre site web sur une machine appelée « serveur ». Son rôle sera d'envoyer votre site à vos visiteurs à toute heure du jour et de la nuit.
- Pour transmettre les fichiers de votre site au serveur de votre hébergeur, il faut utiliser un client FTP comme FileZilla.
- Pour vous connecter au serveur, vous avez besoin de trois informations : l'adresse IP du serveur (ou son nom d'hôte), votre login et votre mot de passe. Ceux-ci vous sont fournis par votre hébergeur.

B Mémento des balises HTML

Cette page est une liste *non exhaustive* des balises HTML qui existent. Vous en trouverez ici un grand nombre ; nous en avons déjà vu certaines dans le cours, mais il y en a d'autres que nous n'avons pas eu l'occasion d'étudier. Généralement, celles que nous n'avons pas étudiées sont un peu plus rarement utilisées. Peut-être trouverez-vous votre bonheur dans ce lot de nouvelles balises.

Vous pouvez vous servir de cette annexe comme d'un aide-mémoire lorsque vous développez votre site web.

J'insiste : *cette annexe n'est pas complète et c'est volontaire*. Je préfère ne conserver ici que celles qui me semblent les plus utiles dans la pratique.

Balises de premier niveau

Les balises de premier niveau sont les principales, celles qui structurent une page HTML. Elles sont indispensables pour réaliser le « code minimal » d'une page web.

Balise	Description
`<html>`	Balise principale
`<head>`	En-tête de la page
`<body>`	Corps de la page

Code minimal d'une page HTML :

```
<!DOCTYPE html>
<html>
  <head>
    <meta charset="utf-8" />
    <title>Titre</title>
  </head>

  <body>
  </body>
</html>
```

Balises d'en-tête

Ces balises sont toutes situées dans l'en-tête de la page web, c'est-à-dire entre <head> et </head>.

Balise	Description
<link />	Liaison avec une feuille de styles
<meta />	Métadonnées de la page web (charset, mots-clés, etc.)
<script>	Code JavaScript
<style>	Code CSS
<title>	Titre de la page

Balises de structuration du texte

Balise	Description
<abbr>	Abréviation
<blockquote>	Citation (longue)
<cite>	Citation du titre d'une œuvre ou d'un événement
<q>	Citation (courte)
<sup>	Exposant
<sub>	Indice
<strong>	Mise en valeur forte
<em>	Mise en valeur normale
<mark>	Mise en valeur visuelle
<h1>	Titre de niveau 1
<h2>	Titre de niveau 2

Balise	Description
<h3>	Titre de niveau 3
<h4>	Titre de niveau 4
<h5>	Titre de niveau 5
<h6>	Titre de niveau 6
<img />	Image
<figure>	Figure (image, code, etc.)
<figcaption>	Description de la figure
<audio>	Son
<video>	Vidéo
<source>	Format source pour les balises <audio> et <video>
<a>	Lien hypertexte
 	Retour à la ligne
<p>	Paragraphe
<hr />	Ligne de séparation horizontale
<address>	Adresse de contact
<del>	Texte supprimé
<ins>	Texte inséré
<dfn>	Définition
<kbd>	Saisie clavier
<pre>	Affichage formaté (pour les codes sources)
<progress>	Barre de progression
<time>	Date ou heure

Balises de listes

Cette section énumère toutes les balises HTML servant à créer des listes (à puces, numérotées, de définitions).

Balise	Description
<ul>	Liste à puces, non numérotée
<ol>	Liste numérotée
<li>	Élément de la liste à puces
<dl>	Liste de définitions
<dt>	Terme à définir
<dd>	Définition du terme

Balises de tableau

Balise	Description
<table>	Tableau
<caption>	Titre du tableau
<tr>	Ligne de tableau
<th>	Cellule d'en-tête
<td>	Cellule
<thead>	Section de l'en-tête du tableau
<tbody>	Section du corps du tableau
<tfoot>	Section du pied du tableau

Balises de formulaire

Balise	Description
<form>	Formulaire
<fieldset>	Groupe de champs
<legend>	Titre d'un groupe de champs
<label>	Libellé d'un champ
<input />	Champ de formulaire (texte, mot de passe, case à cocher, bouton, etc.)
<textarea>	Zone de saisie multiligne
<select>	Liste déroulante
<option>	Élément d'une liste déroulante
<optgroup>	Groupe d'éléments d'une liste déroulante

Balises sectionnantes

Ces balises permettent de construire le squelette de notre site web.

Balise	Description
<header>	En-tête
<nav>	Liens principaux de navigation
<footer>	Pied de page
<section>	Section de page
<article>	Article (contenu autonome)
<aside>	Informations complémentaires

Balises génériques

Les balises génériques n'ont pas de sens sémantique, à l'inverse des autres, comme.

En effet, toutes les autres balises HTML ont un *sens* : `<p>` signifie « Paragraphe », `<h2>` signifie « Sous-titre », etc.

Parfois, on a besoin d'utiliser des balises génériques (aussi appelées **balises universelles**) car aucune des autres ne convient. On les utilise le plus souvent pour construire son design.

Il y a deux balises génériques : l'une est `inline`, l'autre est `block`.

Balise	Description
`<span>`	Balise générique de type `inline`
`<div>`	Balise générique de type `block`

Ces balises ont un intérêt uniquement si vous leur associez un attribut `class`, `id` ou `style` :

- `class` indique le nom de la classe CSS à utiliser.
- `id` donne un nom à la balise. Ce nom doit être unique sur toute la page. Vous pouvez vous servir de l'`id` pour de nombreuses actions, par exemple pour créer un lien vers une ancre, pour un style CSS de type `id`, pour des manipulations en JavaScript, etc.
- `style` indique directement le code CSS à appliquer. Vous n'êtes donc pas obligé d'avoir une feuille de styles à part. Notez qu'il est préférable de ne pas utiliser cet attribut et de passer à la place par une feuille de styles externe, car cela facilite la mise à jour ultérieure de votre site.

Ces trois attributs ne sont pas réservés aux balises génériques : vous pouvez aussi les utiliser sans aucun problème dans la plupart des autres balises.

C Mémento des propriétés CSS

Cette page est une liste *non exhaustive* des propriétés qui existent en CSS 3. Pour la plupart, nous les avons vues dans le cours, mais vous trouverez aussi quelques nouvelles propriétés que nous n'avons pas abordées.

La liste n'est pas exhaustive car il y en a vraiment trop (plus de deux cents) et certaines sont très rarement utilisées.

Propriétés de mise en forme du texte

Propriété	Valeurs (exemples)	Description
`font-family`	*police1, police2, police3*, `serif`, `sans-serif`, `monospace`	Nom de police
`@font-face`	*Nom et source de la police*	Police personnalisée
`font-size`	`1.3em, 16px, 120%...`	Taille du texte
`font-weight`	`bold`, `normal`	Gras
`font-style`	`italic`, `oblique`, `normal`	Italique
`text-decoration`	`underline`, `overline`, `line-through`, `blink`, `none`	Soulignement, ligne au-dessus, barré ou clignotant
`font-variant`	`small-caps`, `normal`	Petites capitales
`text-transform`	`capitalize`, `lowercase`, `uppercase`	Capitales initiales, minuscules, majuscules
`font`	-	Super propriété de police. Combine : `font-weight`, `font-style`, `font-size`, `font-variant`, `font-family`

Propriété	Valeurs (exemples)	Description
text-align	left, center, right, justify	Alignement horizontal
vertical-align	baseline, middle, sub, super, top, bottom	Alignement vertical (cellules de tableau ou éléments inline-block uniquement)
line-height	18px, 120%, normal...	Hauteur de ligne
text-indent	25px	Alinéa
white-space	pre, nowrap, normal	Césure
word-wrap	break-word, normal	Césure forcée
text-shadow	5px 5px 2px blue *(horizontale, verticale, fondu, couleur)*	Ombre de texte

Propriétés de couleur et de fond

Propriété	Valeurs (exemples)	Description
color	*nom*, rgb (rouge, vert, bleu), rgba (rouge, vert, bleu, transparence), #CF1A20...	Couleur du texte
background-color	*Identique à* color	Couleur de fond
background-image	url('image.png')	Image de fond
background-attachment	fixed, scroll	Fond fixe
background-repeat	repeat-x, repeat-y, no-repeat, repeat	Répétition du fond
background-position	*(x y)*, top, center, bottom, left, right	Position du fond
background	-	Super propriété du fond. Combine : background-image, background-repeat, background-attachment, background-position.
opacity	0.5	Transparence

Propriétés des boîtes

Propriété	Valeurs (exemples)	Description
`width`	`150px, 80%...`	Largeur
`height`	`150px, 80%...`	Hauteur
`min-width`	`150px, 80%...`	Largeur minimale
`max-width`	`150px, 80%...`	Largeur maximale
`min-height`	`150px, 80%...`	Hauteur minimale
`max-height`	`150px, 80%...`	Hauteur maximale
`margin-top`	`23px`	Marge en haut
`margin-left`	`23px`	Marge à gauche
`margin-right`	`23px`	Marge à droite
`margin-bottom`	`23px`	Marge en bas
`margin`	`23px 5px 23px 5px` *(haut, droite, bas, gauche)*	Super-propriété de marge. Combine : `margin-top`, `margin-right`, `margin-bottom`, `margin-left`.
`padding-left`	`23px`	Marge intérieure à gauche
`padding-right`	`23px`	Marge intérieure à droite
`padding-bottom`	`23px`	Marge intérieure en bas
`padding-top`	`23px`	Marge intérieure en haut
`padding`	`23px 5px 23px 5px` *(haut, droite, bas, gauche)*	Super-propriété de marge intérieure. Combine : `padding-top`, `padding-right`, `padding-bottom`, `padding-left`.
`border-width`	`3px`	Épaisseur de bordure
`border-color`	*nom*, `rgb` (rouge,vert,bleu), `rgba` (rouge,vert,bleu,transparence), `#CF1A20`...	Couleur de bordure
`border-style`	`solid`, `dotted`, `dashed`, `double`, `groove`, `ridge`, `inset`, `outset`	Type de bordure
`border`	`3px solid black`	Super-propriété de bordure. Combine `border-width`, `border-color`, `border-style`. Existe aussi en version `border-top`, `border-right`, `border-bottom`, `border-left`.
`border-radius`	`5px`	Bordure arrondie
`box-shadow`	`6px 6px 0px black` *(horizontale, verticale, fondu, couleur)*	Ombre de boîte

Propriétés de positionnement et d'affichage

Propriété	Valeurs (exemples)	Description
`display`	`block`, `inline`, `inline-block`, `table`, `table-cell`, `none`...	Type d'élément (`block`, `inline`, `inline-block`, `none`...)
`visibility`	`visible`, `hidden`	Visibilité
`clip`	`rect (0px, 60px, 30px, 0px)` *rect (haut, droite, bas, gauche)*	Affichage d'une partie de l'élément
`overflow`	`auto`, `scroll`, `visible`, `hidden`	Comportement en cas de dépassement
`float`	`left`, `right`, `none`	Flottant
`clear`	`left`, `right`, `both`, `none`	Arrêt d'un flottant
`position`	`relative`, `absolute`, `static`	Positionnement
`top`	`20px`	Position par rapport au haut
`bottom`	`20px`	Position par rapport au bas
`left`	`20px`	Position par rapport à la gauche
`right`	`20px`	Position par rapport à la droite
`z-index`	`10`	Ordre d'affichage en cas de superposition. La plus grande valeur est affichée par-dessus les autres.

Propriétés des listes

Propriété	Valeurs (exemples)	Description
`list-style-type`	`disc`, `circle`, `square`, `decimal`, `lower-roman`, `upper-roman`, `lower-alpha`, `upper-alpha`, `none`	Type de liste
`list-style-position`	`inside`, `outside`	Position en retrait
`list-style-image`	`url('puce.png')`	Puce personnalisée
`list-style`	-	Super-propriété de liste. Combine `list-style-type`, `list-style-position`, `list-style-image`.

Propriétés des tableaux

Propriété	Valeurs (exemples)	Description
`border-collapse`	`collapse`, `separate`	Fusion des bordures
`empty-cells`	`hide`, `show`	Affichage des cellules vides
`caption-side`	`bottom`, `top`	Position du titre du tableau

Autres propriétés

Propriété	Valeurs (exemple)	Description
`cursor`	`crosshair`, `default`, `help`, `move`, `pointer`, `progress`, `text`, `wait`, `e-resize`, `ne-resize`, `auto`...	Curseur de souris

Index

Symboles

A

B

C

I

J

K/L

M

N

O

P

R

S

T

U/V

W

X/Z

Deuxième tirage 2018

Imprimé en UE
Dépôt légal : mai 2018
Cet ouvrage est imprimé sur papier offset 90 g, papier issu de forêts gérées durablement.